POESÍA CUBANA DEL SIGLO XX

POESÍA CUBANA DEL SIGLO XX

ANTOLOGÍA

Selección y notas de
JESÚS J. BARQUET Y NORBERTO CODINA

Prólogo de
JESÚS J. BARQUET

FONDO DE CULTURA ECONÓMICA
MÉXICO

Primera edición, 2002

Comentarios y sugerencias: editor@fce.com.mx
Conozca nuestro catálogo: www.fce.com.mx

D. R. © 2002, FONDO DE CULTURA ECONÓMICA
Carretera Picacho-Ajusco, 227; 14200 México, D. F.

ISBN 968-16-6761-1

Impreso en México

Nueve criterios para armar
y una conclusión esperanzada

JESÚS J. BARQUET

Señala el crítico Virgilio López Lemus que aunque no haya fehacientes testimonios de la existencia de poesía en español en Cuba poco después de la llegada de los españoles en 1492, puede afirmarse que ya en el siglo XVI se había comenzado a practicar entre los primeros criollos una poesía oral cuyos rasgos característicos (el uso de la décima y el verso octosílabo) se logran rastrear en los primeros documentos líricos que "aparecen por fin en el cuarto final del siglo XVII". El "hallazgo" —realizado por el círculo de Domingo Delmonte en el siglo XIX— del largo poema épico *Espejo de paciencia,* así como su atribución al viajero canario Silvestre de Balboa y al año de 1608, resultan todavía datos dudosos que, de resultar ciertos, no harían de este poema el inicio de la poesía culta cubana, sino sólo su anticipo, nos dice también López Lemus (pp. 8-9).

Los siglos XVIII y XIX continúan entonces dicha labor poética y establecen, para el futuro, la doble vertiente (culta y popular) de la lírica cubana. En particular el siglo XIX descuella por su pronta madurez y exhibe con orgullo cuatro figuras de relieve internacional que pertenecen al canon de la poesía hispanoamericana: José María Heredia, Gertrudis Gómez de Avellaneda, Julián del Casal y José Martí. Formado dentro del neoclasicismo, Heredia expresa en su poesía el nuevo fermento romántico. Fija los conceptos-imágenes de la cubanidad y de la condición de exiliado, así como la terrible dicotomía entre mundo físico y mundo moral ("la belleza del físico mundo, / los horrores del mundo moral"

7

[en López Lemus, p. 56]) que caracterizaría desde entonces la circunstancia nacional. Plenamente dentro del movimiento romántico, Gómez de Avellaneda sobresale no sólo en poesía sino también en otros géneros como la narrativa, la epístola y el teatro, y continúa la senda abierta en el siglo XVII por sor Juana Inés de la Cruz para la escritura de mujeres en América Latina. Gracias a Heredia, Gómez de Avellaneda y otros románticos mayores como Gabriel de la Concepción Valdés (Plácido), José Jacinto Milanés, Juan Cristóbal Nápoles Fajardo (el Cucalambé), Juan Clemente Zenea y Luisa Pérez de Zambrana, cuando el importante y novedoso movimiento modernista y noventayochista de fines del XIX irrumpe en la literatura hispánica, ya cuenta la Isla, todavía colonia española, con una tradición poética que no cesará de seguir reclutando tanto poetas citadinos de relieve continental (Julián del Casal y José Martí) como anónimos poetas orales de origen campesino.

El largo periodo bélico independentista (1868-1898) no obstruye el proceso literario cubano. No obstante, las muertes prematuras de Casal en una tertulia habanera en 1893 y de Martí en el campo de batalla en 1895 (fantasmas o sombras tutelares ambos —aunque Martí como poeta haya tenido que esperar a la década de 1920 para su mejor divulgación en la Isla— que recorrerán toda la poesía del siglo XX cubano, asegura Jorge Luis Arcos [pp. XXI-XXII]) significan un fuerte golpe a una expresión y a un ser nacionales que no han hallado aún su configuración en la esfera política. En el periodo que va desde el fin de la guerra anticolonial contra España —también concebida por su ideólogo Martí, aunque sin este término, como antiimperialista, es decir, contra la expansión de la nueva potencia vecina, los Estados Unidos—, hasta la aparición de *Arabescos mentales* de Regino E. Boti en 1913, *Ala* de Agustín Acosta en 1915 y *Versos precursores* de José Manuel Poveda en 1917, pasando por la instauración de la República de Cuba en 1902, parece haber un *impasse* en la poesía culta cubana, pero éste no es tal si concordamos con López Lemus en que se da entonces una interesante efervescencia cultural en la Isla (regreso de poetas exiliados, visitas de poetas extranjeros, aparición de revistas y tertulias literarias, así como de una "poesía de

8

certamen, de Ateneo y Academia" y de "algunos líricos menores" como René López y Francisco J. Pichardo, según señala Cintio Vitier [p. 1]), y en que no hay que pedirle a toda época histórica que, como prueba de su vitalidad poética, ofrezca al proceso de la poesía "una o varias lumbreras o un movimiento pinacular" (López Lemus, p. 17), como había ocurrido en el siglo XIX. De todas formas, si la poesía culta parece ofrecer un relativo déficit de altura, la oral se mantiene activa y garantiza una forma de expresión nacional que no dejará de enriquecer a la poesía escrita durante el resto del siglo, como se comprobará después en la obra de Jesús Orta Ruiz (mejor conocido como el Indio Naborí).

Por razones principalmente históricas, no es raro que aparezcan esos momentos de pausa en la poesía cubana. Se repite durante el exilio de los años sesenta, periodo en que predomina una poesía política y patriótica de muy escasos valores literarios y sólo unos aislados poemarios de Gastón Baquero, Rita Geada, Rolando Campins e Isel Rivero resultan ser notorios. Esto lleva a Carlos Espinosa Domínguez a afirmar que no es hasta la década siguiente que la poesía de la diáspora logra "su etapa de despegue" *(La pérdida,* p. 12). Durante todo el siglo XX ha habido entonces, tanto dentro como fuera de Cuba, numerosísimos poetas mayores o menores que han sabido mantener viva la tradición poética. Por ello se ha llegado a hablar, no sin justificada sorna, del alto porcentaje de poetas a escala nacional y de que resultaría más fácil, por tanto, "confeccionar la lista de los [cubanos] que no son poetas" (Espina Pérez, p. xx).

Paso ahora a explicar los diversos criterios que, resumidos en nueve, animaron y orientaron la concepción, selección y ordenación de esta antología de la poesía cubana del siglo XX. Y digo "diversos criterios" porque, desde el inicio y durante la realización del proyecto, nos pareció a ambos editores, Norberto Codina y yo, que mantener un único criterio en la preparación de un texto de estas dimensiones, sobre un siglo tan rico y diverso tanto histórica como literariamente, resultaba ser en ocasiones inoperante, forzado y, para el lector contemporáneo, hasta tedioso. Además del consabido criterio estético basado en la calidad literaria del poema —criterio este que siempre puede (y debe) ser revisado por las nuevas promociones—, los restantes criterios manejados aquí fueron diversos y cambiantes, según fuera el objeto de análisis o nuestra intención.

Primero: el criterio genealógico. Nada surge de la nada, dicen. Mucho menos entonces esta antología, la cual no teme confesar su voluntad inicial de emparentarse con una serie de valiosísimas antologías de poesía cubana que han ido decantando —sin que el inherente resultado canonizador y excluyente de toda antología anule en las futuras generaciones la posibilidad de revisarla y proponer las suyas propias— y dando cuenta de una tradición culta y popular que, como hemos visto, no ha cesado en la Isla, especialmente a partir del siglo XVIII, ni siquiera en los momentos en que los sucesos históricos han parecido no favorecer la producción poética.

El lector encontrará al final de este libro un listado muy completo de las antologías dedicadas total o parcialmente a la poesía cubana del siglo XX, muchas de las cuales, conjuntamente con la obra específica de cada poeta, hemos utilizado como consulta. Destacan en dicho listado las siguientes: *Cincuenta años de poesía cubana* (1952) del ya mencionado Cintio Vitier; las antologías de "cien mejores poemas" debidas a José María Chacón y Calvo (1922), Rafael Esténger (1948) y Virgilio López Lemus (1999); algunas antologías sobre asuntos específicos, como la producción de la diáspora posterior a 1959 (*Poesía en éxodo* [1970] de Ana Rosa Núñez y *La pérdida y el sueño* [2001] de Carlos Espinosa Domínguez), la poesía escrita por mujeres (*Poetisas cubanas* [1985] de Alberto Rocasolano y *Voces viajeras* [2002] de Carlota Caulfield) y las obras de determinada tendencia, grupo o generación (*Órbita de la poesía afrocubana* [1939] de Ramón Guirao, *Diez poetas cubanos* [1948] de Cintio Vitier y *La generación de los años 50* [1984] de Luis Suardíaz y David Chericián, entre otras).

No desatendimos la antología pionera en unir en un volumen, después de 1959, la poesía publicada dentro o fuera de la Isla: *La última poesía cubana,* de Orlando Rodríguez Sardiñas, publicada en 1973.

Hubo que esperar más de dos décadas para que esa integradora concepción de Rodríguez Sardiñas comenzara a imitarse: aparecen entonces *La poesía de las dos orillas* (1994) de León de la Hoz, *Poesía cubana: la isla entera* (1995) de Bladimir Zamora y Felipe Lázaro —este último ha compilado, además, varias antologías valiosas de la diáspora—, *La isla en su tinta* (2000) de Francisco Morán y *Las palabras son islas* (1999) de Jorge Luis Arcos, esta última antecesora de la nuestra en el aliento y, de varias maneras, también cómplice de nuestro trabajo. Contrarios a cualquier parcialidad ante nuestra tradición lírica, no podíamos nosotros aquí sino continuar esa saludable labor de unir en un mismo corpus la poesía cubana del siglo XX publicada dentro o fuera de la Isla.

No nos interesaba esgrimir iconoclasias superficiales: nos animaba más la continuidad creativa dentro del criterio de herencia, es decir, la inserción de nuestra lectura entre las lecturas que nos han precedido. Entendemos que, aunque algunos lo duden, la crítica de poesía constituye también un género literario que tiene en Cuba una digna y extendida tradición, que coronó, a fines del siglo XIX, el propio José Martí. Refiriéndonos sólo a los estudios sobre la poesía del siglo XX cubano, dicha tradición ha contado con los compiladores y críticos antes mencionados, así como con otros igualmente importantes, a saber: Fina García Marruz, Eugenio Florit, Enrique Saínz, Yara González-Montes, Matías Montes Huidobro, José Prats Sariol, José Olivio Jiménez, Basilia Papastamatíu, Guillermo Rodríguez Rivera, Víctor Fowler Calzada, Octavio de la Suarée, Elías Miguel Muñoz, Víctor Rodríguez Núñez, Osmar Sánchez Aguilera, Efraín Rodríguez Santana, Armando González-Pérez, Arturo Arango y Madeline Cámara.

Muy particularmente, podríamos destacar tres nombres clave y tres libros abarcadores: Cintio Vitier, Premio Juan Rulfo en el 2002, y maestro de mucha crítica de poesía cubana del siglo XX, especialmente por su fundamental ensayo *Lo cubano en la poesía* (1958, 1970, 1998); Roberto Fernández Retamar, excelente crítico y profesor universitario de poesía hispanoamericana, a quien se le debe uno de los estudios más precisos e iluminadores sobre la poesía cubana de la primera mitad del siglo XX: *La*

11

poesía contemporánea en Cuba (1927-1953) (1954); y Carlos Espinosa Domínguez, autor de *El peregrino en comarca ajena* (2001), ingente trabajo de recopilación y comentario de los diferentes géneros de la literatura cubana del exilio. De todos ellos confesamos ser deudores también. Sin duda alguna, la poesía y la crítica de poesía cubanas son hoy, en los umbrales del siglo XXI, dos sólidas tradiciones que, aunque puedan presentar temporales zigzagueos o pausas por razones extraliterarias, se encuentran en excelente estado de salud creativa tanto fuera como dentro de la Isla.

Por buscar en todo momento una confluencia de intereses en el largo proceso coral de recepción y valoración de nuestra tradición poética, hemos incluido en esta antología a algunos autores e incluso algunos poemas que quizá no contaban con nuestro mayor fervor como lectores individuales, pero que sí lo habían tenido en el de nuestros predecesores y, como hijos ya adultos que no necesitan de la ruptura frontal y altisonante para poder expresar su individualidad, respetamos suficientemente sus propuestas. Pero, como era de esperar, hemos también sabido añadir, no con menor preferencia, "lo nuestro". El lector informado encontrará ahora aquí no sólo autores que tal vez fueron, por una u otra causa, olvidados o desconocidos o no suficientemente evaluados en las anteriores antologías, sino también algunas sutiles transgresiones o inesperadas inclusiones entre los poemas de algunos autores tenidos como clásicos. Ni cortapisas ideológicas ni morales ni sexuales ni religiosas o de cualquier otra índole extraliteraria limitaron nuestra selección: respetamos aquello "suyo" que cada poeta quiso, pudo y supo decir con calidad estética en "su" momento. Así, por ejemplo, divergimos de selecciones anteriores al no descuidar en autores como Regino E. Boti, Rubén Martínez Villena, Nicolás Guillén y Antón Arrufat ciertos deslices eróticos significativos dentro de sendas producciones poéticas, ni de Heberto Padilla (cuya ausencia solamente física en este libro explicaré más adelante) su angustiosa y valiente parábola ideológica desde los años cincuenta hasta su muerte en el año 2000.

mís, Pablo Armando Fernández, Manuel Díaz Martínez, Heberto Padilla, Antón Arrufat, César López, Francisco y Pedro de Oraá, Nivaria Tejera, José Álvarez Baragaño, Domingo Alfonso, Luis Marré, Mario Martínez Sobrino, Cleva Solís (a quien Alberto Rocasolano coloca en el "ámbito de Orígenes" [p. 16]), Rafael Alcides, Armando Álvarez Bravo y Roberto Friol, a quien Juan Carlos Flores, con su poema "Oración por Roberto Friol" (en Arcos, p. 559), inserta en esta "generación" y rescata para nuestra poesía. Fue en los años sesenta cuando muchos integrantes de esta "generación" muestran como impronta estética diferenciadora el conversacionalismo o coloquialismo, aunque vale señalar que éste se halla presente en poetas de otras promociones que fueron coetáneos al grupo.

En la poesía cubana ya habían ya aflorado algunos rasgos propios del coloquialismo en las dos décadas anteriores: en Virgilio Piñera ("Vida de Flora"), en Eliseo Diego (zonas de su poemario *En la Calzada de Jesús del Monte),* en Eugenio Florit ("Los poetas solos de Manhattan", "Conversación con mi padre"), en los francotiradores Samuel Feijoo (la segunda parte de su poema "Faz") y José Zacarías Tallet, en Dulce María Loynaz *(Últimos días de una casa)* y Oliver Labra, así como en algunas partes de los primeros poemarios de Fernández Retamar, Jamís y Pablo Armando Fernández. Pero fue en los años sesenta cuando dicha tendencia logró su apogeo tanto en Cuba como en el resto de América Latina, según lo han explicado certeramente Fernández Retamar ("Antipoesía y poesía conversacional en Hispanoamérica", en *Para una teoría de la literatura hispanoamericana y otras aproximaciones* [1975], pp. 111-126) y, centrándose específicamente en la poesía cubana, López Lemus *(Palabras del trasfondo* [1988]) y Teresa J. Fernández *(Revolución, poesía del ser* [1987]). La estética coloquialista no fue, sin embargo, impedimento para el desarrollo de otras poéticas individuales dentro de dicha "generación", la cual sufrió, junto a las restantes promociones que entonces convivían en la Isla, la conmoción psicosocial que significaron el impacto político del triunfo revolucionario de 1959, la instauración de un régimen socialista de corte marxista-leninista aliado por más de 20 años a la Unión Soviética, y la opción voluntaria o forzosa del destierro.

En el proceso de la poesía cubana del siglo XX, los años sesenta están entre los más ricos y complejos, no sólo porque entonces conviven con los jóvenes muchos poetas de las diferentes promociones y estilos anteriores (Acosta, Florit, Pedroso, Guillén, Tallet, Lezama, Baquero), sino también porque, producto del radical viraje sociopolítico y de la amplia gestión educacional, artística y editorial promovida por el nuevo gobierno a todo lo largo del país, se produjeron constantemente en la Isla novedosos debates de gran repercusión cultural que llevaron a numerosos poetas de varias promociones a realizar una profunda revisión ideoestética de sus respectivas poéticas, mientras que otros (ya maduros, como Acosta y Baquero, o todavía en cierne hacia 1959, como varios contemporáneos de la "generación de los años cincuenta", a saber: Rita Geada, Orlando Rossardi [Rodríguez Sardiñas], Ángel Cuadra, René Ariza y Mauricio Fernández) partieron al exilio o sufrieron un temprano ostracismo y la prisión. Por otra parte, la creciente participación del Estado en toda publicación literaria (entiéndase aquí el interés gubernamental por promover, orientar, apadrinar y, en consecuencia, supervisar o controlar la producción cultural) enfrentó, por primera vez, a los escritores y al Estado con nuevos y urgentes retos e interrogantes para los cuales ninguno de los dos estaba suficientemente preparado.

En los sesenta aparecen en la Isla, además, dos nuevas promociones poéticas formadas por autores "más jóvenes" que los de la "generación de los años cincuenta", los nacidos aproximadamente entre 1940 y 1946 (excepto Georgina Herrera, nacida en 1936). Son los poetas de las Ediciones El Puente y los "caimaneros". Entre los primeros (entre quienes se incluía a varios autores provenientes de las clases populares, de raza negra o de abierta identidad homosexual) estaban Nancy Morejón, Miguel Barnet, Reinaldo Felipe (García Ramos), Belkis Cuza Malé, Georgina Herrera, Mercedes Cortázar, Gerardo Fulleda León e Isel (Rivero). Todos ellos (aunque tuvieran alguna publicación previa, como Cuza Malé) estuvieron inicialmente asociados a El Puente, pequeña empresa editorial independiente y privada que, dirigida por el poeta José Mario, se mantuvo muy activa desde 1961 hasta su cierre por disposición gubernamental en 1965. Los "caimaneros", por su parte, giraron en torno a *El Caimán Barbudo*, belicoso suplemento cultural que, inicialmente dirigido por el narrador Jesús Díaz y asociado al diario *Juventud Rebelde*, salió a la luz en marzo de 1966: Luis Rogelio Nogueras, Guillermo Rodríguez Rivera, Víctor Casaus, Raúl Rivero, Sigfredo Álvarez Conesa y Félix Contreras, entre otros. Nogueras sobresalió cuando ganó en 1967, junto a Lina de Feria (quien por breve tiempo fue jefa de redacción de *El Caimán* y después miembro de su consejo de redacción), el Premio David de Poesía, otorgado por la Unión Nacional de Escritores y Artistas de Cuba (UNEAC).

Curiosamente, Ediciones El Puente planeaba publicar en 1965 un segundo volumen de "novísima poesía cubana" (el primero había sido editado por García Ramos y Ana María Simo en 1962) que incluía a Lina de Feria y a los futuros "caimaneros" Álvarez Conesa y Rodríguez Rivera, así como a otros poetas que abandonarían más tarde el país (Lilliam Moro, Pío [Emilio] Serrano y Pedro Pérez Sarduy). Preparada y prologada por José Mario antes de su forzosa reclusión en las eufemísticamente llamadas Unidades Militares de Ayuda a la Producción (UMAP) —las cuales estuvieron activas entre 1965 y 1967 (Bunck, p. 135)—, dicha *segunda novísima* no llegó nunca a publicarse, pero sus pruebas de plana sobrevivieron a la clausura de las Ediciones El Puente, y hoy día García Ramos tiene en su poder fotocopias de esas pruebas.

En los años setenta —conocidos como el "decenio negro" (o "quinquenio gris", según la denominación original más atemperada e imprecisa) de la cultura cubana—, como producto de la censura ideológica, religiosa y sexual sufrida por muchos de los autores y estéticas antes mencionados, el coloquialismo monopoliza, no sin cierta sanción oficial, el panorama poético nacional. Revalorizado por la modalidad coloquialista de los sesenta y, en particular, por Rodríguez Rivera, reaparece en las prensas nacionales el entonces anciano Tallet. Con el sabio y discreto maestrazgo que, en la década de 1970, ejerció entre los jóvenes el origenista Eliseo Diego, nuevos autores nacidos a fines de los años cuarenta o en los cincuenta (Reina María Rodríguez, Luis Lorente, Álex Fleites,

Marilyn Bobes, Ángel Escobar, Osvaldo Navarro, Carlos Martí, Norberto Codina, Soleida Ríos, desde Santiago de Cuba, y Álex Pausides, desde Manzanillo), algunos de ellos incluso desde el propio coloquialismo, intentaron renovar dicho panorama, pero tendrían que esperar todavía la rectificación de errores y la revisión general de la cultura insular que trajeron consigo los años ochenta para lograr más cabalmente dicho cometido.

A dichos autores se sumarán otros de similar promoción en los años ochenta: José Pérez Olivares, Raúl Hernández Novás, Efraín Rodríguez Santana, Emilio de Armas, Virgilio López Lemus, María Elena Cruz Varela y Abilio Estévez. Gracias a todos ellos y a las promociones más jóvenes, los nacidos entre 1954 y 1973 —quienes también entraron con gran empuje durante esa década y en la siguiente: León de la Hoz, Jorge Luis Arcos, Alberto Acosta-Pérez, Cira Andrés Esquivel, Rolando Sánchez Mejías, Sigfredo Ariel, Víctor Fowler Calzada, Emilio García Montiel, Alberto Rodríguez Tosca, Antonio José Ponte, Carlos Augusto Alfonso, Omar Pérez, Frank Abel Dopico, Heriberto Hernández, Damaris Calderón, Ramón Fernández Larrea, Alberto Lauro, Raúl Ortega, Norge Espinosa, Odette Alonso, Alessandra Molina y José Félix León—, la poesía de la Isla resucita de forma por demás saludable. (Muchos de estos últimos autores aparecen recogidos en las antologías *Retrato de grupo* [1989] de Carlos Augusto Alfonso Barroso y otros, *Un grupo avanza silencioso* [2 tomos, 1990] de Gaspar Aguilera Díaz y *La casa se mueve* [2002] de Aurora Luque y Jesús Aguado.) En parte como rechazo al ya agotado coloquialismo oficial con su cuota de simplificación y complacencia ante la realidad, todos estos autores de los ochenta y los noventa se lanzan en diversas búsquedas individuales en las que, por una parte, entierran vivos —en ocasiones injustamente— a ciertos maestros y, por otra parte, comienzan lenta y justamente a desenterrar —muy a tono con el rectificador proceso de "rehabilitación" llevado a cabo por las instituciones de cultura— a otros que habían sido silenciados en los años setenta. Entre los más importantes, alcanzan estatura divina los difuntos Lezama Lima y Piñera, nuevos fantasmas o sombras tutelares que se suman ahora, y para el siglo XXI, a los decimonónicos fantasmas de Casal y Martí.

Como parte de dicha "rehabilitación", vuelven a la escena pública en la Isla autores vivos censurados por más de 10 años, como Arrufat, Díaz Martínez, Pablo Armando Fernández, César López, Alcides y Delfín Prats. Lentamente en los años ochenta, pero con gran empuje en la década de los noventa, tras un largo silencio editorial debido a varios motivos, cuatro importantes voces femeninas de diferentes décadas son difundidas dentro del país: Dulce María Loynaz (1902-1997), Serafina Núñez (1913), Carilda Oliver Labra (1924) y Lina de Feria (1945). No publicadas desde los sesenta, Cleva Solís y Tania Díaz Castro reaparecen también en las dos últimas décadas del siglo. Incluso algunos autores del exilio (Acosta, Baquero, José Kozer y María Elena Blanco, entre otros) comienzan aisladamente a ser editados en Cuba. Los nuevos autores de los ochenta y los noventa refuerzan, pues, sus vínculos con muchas de estas voces rescatadas del pasado y, especialmente, con las de los años sesenta, cuando todavía la poesía se movía en un ámbito de análisis y cuestionamiento de la realidad y la ética individual.

Los años ochenta (especialmente su segunda mitad) y la década subsiguiente dan muestras de un fuerte renacer creativo y crítico en la literatura cubana, no obstante el nuevo impacto psicosocial que significaron el "decenio negro", el éxodo masivo de más de 120 000 cubanos por el puerto del Mariel a inicios del verano de 1980 y, más adelante, la crisis de los balseros en 1994. Cuba es un estimulante hervidero de variadas inquietudes y propuestas riesgosas que, salvando las dificultades de publicación, particularmente durante el llamado "periodo especial" (momento de crisis económica y editorial que se vive en Cuba tras el colapso de los regímenes socialistas europeos y de la Unión Soviética en la frontera de los años ochenta y noventa), logran plasmarse en revistas, libros y antologías, muchas veces de precaria factura, en plaquettes, hojas sueltas o engrapadas y hasta en textos manufacturados como las Ediciones Vigía y *La Revista del Vigía* en Matanzas.

La creación de muchos de esos autores cuya obra eclosiona desde la segunda mitad de los años ochenta —y quienes en número considerable pasarán a radicar en el extranjero— está marcada por la insatisfacción, la revisión cómplice del mejor origenismo, la reasunción de ciertas composiciones métricas tradicionales (como la décima y el soneto), la iconoclasia, la incisiva ruptura generacional, el cansancio y descrédito de los temas épicos y de la gravitación o imposición de la Historia y sus mártires, la común búsqueda de un ilimitado espacio *otro* de residencia espiritual, el afán de un viaje hacia la alteridad, las conductas marginales, lo desconocido, así como "lo incondicionado" que tanto había reclamado Lezama Lima. Resulta entonces muy difícil determinar una tendencia prioritaria dentro de la Isla: ante la "dispersión estilística" detectada en ellos por Arturo Arango —y que Sigfredo Ariel entiende como "ausencia de norma de estilo" (p. 19)—, se ha preferido hablar de poéticas individuales.

Aunque muchos de los últimos autores mencionados radican en la capital (o "centro") del país, la ciudad de La Habana, los años noventa presentan también activos núcleos poéticos de gran calidad en diferentes ciudades de "provincia" (o "interior") del país. Citamos a continuación sólo algunas de dichas ciudades: Camagüey (Luis Álvarez, Roberto Manzano, Roberto Méndez, Jesús David Curbelo y Rafael Almanza), Holguín (Delfín Prats, Lourdes González Herrero, Ronel Gutiérrez, José Luis Serrano, Lalita Curbelo Barberán y Juan I. Siam Arias), Matanzas (Oliver Labra, Laura Ruiz Montes y el proyecto Vigía) y Santiago de Cuba (Jesús Cos Causse, Efraín Nadereau, Teresa Melo y Marino Wilson Jay). Desde la "provincia" se ha trabajado así en favor de una descentralización de la poesía cubana de fines del siglo XX, lo cual nos lleva a recordar que el renacer, a inicios de siglo, de la mejor poesía nacional con Boti y Poveda fundamentalmente, ocurrió en el "interior" del país: en Guantánamo y en Santiago de Cuba, respectivamente. Autores como Méndez, Jesús David Curbelo y Delfín Prats han protagonizado desde la "provincia" momentos importantes de la poesía cubana de las dos últimas décadas del siglo. Asimismo, Cos Causse ha sido hasta hoy día un activo promotor de la reorientación y reinserción caribeña de nuestra poesía, labor esta que la poesía de Guillén supo llevar a cabo magistralmente en su momento.

Otro imperativo histórico que había que registrar en nuestra antología era la llamada "poesía de la diáspora". Iniciada en 1959 y conocida con nombres tan diversos y polémicos como *exilio, emigración* o *destierro posrevolucionario,* dicha diáspora, aún vigente, cuenta con un vasto corpus poético que no permite ser concebido como una entidad cerrada, uniforme y unifocal, puesto que se trata de un corpus dinámico y multiforme en temas y estilos, con múltiples focos de producción dispersos por el mundo (los Estados Unidos, España, México, Francia, Venezuela, Chile, República Dominicana, Puerto Rico, Colombia, Suiza, Sudáfrica, Inglaterra, Suecia), corpus que desde los años sesenta vive en constante renovación y enriquecimiento, producto de las sucesivas emigraciones de poetas ya formados en la Isla y de los también sucesivos brotes de autores "autóctonos", es decir, los formados literariamente fuera del país o que publican sus primeros libros ya en el destierro.

Si se revisan los años que van de 1959 al 2000, se puede encontrar activos a autores de prácticamente todas las tendencias y promociones antes citadas, cuyos primeros textos vieron la luz en la Isla y que en diferentes épocas pasaron a formar parte de la diáspora. Ellos son Acosta, Florit (quien en realidad vivió fuera de Cuba desde mucho antes de 1959), Mercedes García Tudurí, José Ángel Buesa, Baquero, Rodríguez Santos, Ana Rosa Núñez, Heberto Padilla, Díaz Martínez, Tejera, Álvarez Bravo, Geada, Ariza, Severo Sarduy, Pura del Prado, Isel Rivero, José Mario, Cuza Malé, García Ramos, Navarro, Minerva Salado, Yoel Mesa Falcón, Elena Tamargo, Cruz Varela, Víctor Rodríguez Núñez, Zoé Valdés y Fernández Larrea, entre muchos otros.

Pero la diáspora cuenta también con sus autores autóctonos. Tras el mencionado *impasse* de los años sesenta, sorprenden la eclosión y la calidad de numerosos autores de variada edad en la década siguiente: Amelia del Castillo (1925), Martha Padilla (1933), Mireya Robles (1934), Gladys Zaldívar (1936), José Corrales (1937), Edith Llerena (1937), Teresa María Rojas (1938), Roberto Cazorla (1940), Pío Serrano

(1941), Eliana Rivero (1942), Rafael Catalá (1942), Luis F. González-Cruz (1943), Emilio Bejel (1944), Uva A. Clavijo (o de Aragón) (1944), Wifredo Fernández (1946), Lilliam Moro (1946), Felipe Lázaro (1948) y Laura Ymayo Tartakoff (1954), entre otros, que Espinosa Domínguez concibe como pertenecientes a la "Generación del Cincuenta" o a la llamada "Quinta Generación" republicana, a saber, los nacidos entre 1939 y 1954, en la Isla (*El peregrino,* p. 29).

Las décadas de 1980 y 1990 son aún más extremadamente ricas en cantidad y calidad. Entre los núcleos, tendencias o poéticas individuales que sobresalen en esos años, están los siguientes: un grupo neoyorquino (Alina Galliano, Magali Alabau, Iraida Iturralde, Maya Islas y Lourdes Gil) que sorprende por su pluralidad y madurez expresivas dentro de ciertas coordenadas recurrentes de la escritura de mujeres; los poetas (y junto a ellos varios narradores) que, asumiendo la condición cubano-estadunidense (Lourdes Casal, Gustavo Pérez Firmat, Virgil Suárez, Silvia Curbelo, Ricardo Pau-Llosa, Carolina Hospital, Pablo Medina, Rafael Campo, Dionisio D. Martínez), comienzan a reclamar, en español, inglés o en una mezcla caprichosa de ambas lenguas, su espacio en el complejo y polifónico concierto de la poesía cubana finisecular; a ellos se unirá después Ruth Behar, añadiendo ella a la anterior condición sus raíces judías (también presentes en zonas de la poesía de Kozer y Alabau); la creciente producción de Juana Rosa Pita y Amando Fernández (Premio Hispanoamericano de Poesía Juan Ramón Jiménez en 1991), cuyas poéticas respectivas, de rápida eclosión en los ochenta, resultan distintivas dentro de la poesía de la diáspora; el experimentalismo de Octavio Armand y del otrora origenista Lorenzo García Vega; el neobarroco febril e inagotable de José Kozer y la lúdica reformulación de las composiciones métricas tradicionales que realiza Orlando González Esteva.

El panorama de los ochenta resulta más complejo por la aparición de las primeras obras del llamado "grupo del Mariel", recién llegado de la Isla. Entre sus poetas están Reinaldo García Ramos, Reinaldo Arenas, Roberto Valero, Rafael Bordao, Jesús J. Barquet, Néstor Díaz de Villegas, Andrés Reynaldo, Leandro Eduardo Campa, Juan Abreu y Carlos

A. Díaz Barrios (Premio Hispanoamericano de Poesía Juan Ramón Jiménez en 1994), a quienes quedan asociados otros recién llegados por diferentes vías: Heberto Padilla, Cuza Malé, Cuadra, Álvarez Bravo, Ariza, Esteban Luis Cárdenas, José Abreu Felippe, David Lago González y Carlota Caulfield. A finales de los ochenta y, especialmente en los noventa, se suman desde Europa dos voces novedosas: Rodolfo Häsler y María Elena Blanco. Hacia Chile, México, Colombia, España o los Estados Unidos, principalmente, se dirigen en los noventa muchos jóvenes poetas surgidos en los años ochenta y noventa en la Isla: Damaris Calderón, María Elena Hernández, Odette Alonso, Dopico, Ortega, Rodríguez Tosca, León de la Hoz, Sánchez Mejías, Emilio de Armas, Francisco Morán, Félix Lizárraga y Jorge Salcedo, entre otros. Es así como la pluralidad de propuestas ideoestéticas que encontramos en la Isla en las últimas dos décadas tiene un correlato similar en el destierro.

Sabemos que muchos autores mencionados en las listas anteriores merecerían estar en esta antología, pero debido a razones de espacio y a los criterios operativos que Codina y yo nos trazamos —y que se explicarán a continuación—, ello no fue posible. Con tales listas hemos querido, de alguna forma, subsanar esta ausencia, particularmente notable en lo que respecta a los poetas nacidos en los años sesenta y setenta.

Tercero: el criterio métrico-formal. Como la poesía ha sido siempre "forma" —y más aún después del aldabonazo modernista—, nos interesaba registrar en esta antología las variadas formas métricas que a lo largo del siglo XX se practicaron recurrentemente en nuestra poesía. El modernismo hispanoamericano de fines del siglo XIX se había caracterizado por una vasta experimentación (también conocida como renovación) formal dentro del mayor respeto y conocimiento de la métrica tradicional, no sólo del español sino también del francés y de las lenguas clásicas. El vasto y rico legado formal que dicho movimiento dejó se presenta muy cauteloso en los dos poetas que nos sirven de modesto "pórtico" de entrada al siglo XX: Bonifacio Byrne y Dulce María Borrero. Pero una mayor calidad poética y aventura formal, como era de rigor entre los modernistas, aparecerán poco después en los orientales Boti y Poveda. Ellos son quienes realmente inauguran, junto con Acosta, nuestro siglo XX poético, aunque en sentido formal —y exceptuando los deslices vanguardistas de Boti— mantuvieron vínculos muy fuertes con el siglo anterior, especialmente con Casal.

El soneto, formidablemente enriquecido por el modernismo, es presencia constante en nuestra poesía a lo largo del siglo: además de los poetas citados en el párrafo anterior, lo practicaron Ballagas, Florit, Guillén, Baquero, García Marruz, Oliver Labra, el Indio Naborí, Feijoo, Geada, Hernández Novás, González Esteva y Pérez Olivares, entre otros. En medio de las altisonantes herejías formales del vanguardismo, Rubén Martínez Villena dio cuenta de la eternidad y prestigio de esta composición poética en su soneto "La medalla del soneto clásico". De forma no fiel lo practicaron más tarde Lezama Lima, Armand y Sarduy. Igualmente la décima espinela —estrofa típica de la poesía oral cubana, de origen fundamentalmente campesino— es visita frecuente en la poesía escrita ya sea con afanes cultos o populares: la vemos en Byrne y Acosta a principios de siglo, en la recreación estética de ella que realizan Florit en *Trópico* (1930) y González Esteva en *Mañas de la poesía* (1981), en las juguetonas o amistosas décimas de Lezama Lima, en la reformulación de lo popular que caracteriza una parte de la poesía del Indio Naborí, y como una práctica esporádica por más de 50 años en *Décimas por un tomeguín* (2001) de Fernández Retamar. Un estudio exhaustivo de esta composición métrica lo lleva a cabo López Lemus en su libro *La décima constante: las tradiciones oral y escrita* (1999).

También de fines del siglo XIX recibimos, proveniente de Francia, el poema en prosa: aparece en cierta producción vanguardista de Boti, en *Poemas sin nombre* (1953) de Dulce María Loynaz (Premio Miguel de Cervantes en 1992), en *Versiones* (1970) de Eliseo Diego (Premio Juan Rulfo en 1993), en *La pedrada* (1962) de Fayad Jamís y en la mayor parte de la obra de Lorenzo García Vega. Y como parte de esta búsqueda de la mayor extensión del verso, contamos también con el empleo del versículo en autores como Baquero ("Memorial de un testigo", "Palabras escritas en la arena") y Kozer, cuyos numerosos "autorretratos" lindan en la frontera con el poema en prosa.

A partir de los movimientos de vanguardia de la primera mitad del siglo XX se impone en la poesía hispánica una experimentación formal entendida como ruptura total e irreverente con la tradición métrica, la cual es vista ahora como un cadáver putrefacto. Toma auge el versolibrismo y la poesía cubana del siglo XX participa ampliamente de esta novedad: la practican hasta los poetas más dotados para la métrica tradicional como Guillén, Florit, el Indio Naborí y Oliver Labra. El versolibrismo, con su secuela (y potencial peligro) prosaísta, asoma en la producción más "disonante" de Lezama Lima y domina la escena en los años sesenta como metro favorito del coloquialismo de moda.

Pero aún en medio de la eclosión versolibrista, no resulta infrecuente la armónica combinación libre de versos blancos fundamentalmente impares (endecasílabos, heptasílabos y eneasílabos, a los que se suman los alejandrinos gracias a la posibilidad rítmica de sus dos hemistiquios de siete versos). Ello se aprecia en largas composiciones magistrales, como "Visitaciones" de García Marruz y *Últimos días de una casa* (1959) de Loynaz.

Dentro de este criterio formal fue también nuestra intención recoger aquí la tradición del poema largo —del cual fue muestra el mencionado *Espejo de paciencia*— en nuestra poesía del siglo XX. Además de los arriba citados textos de García Marruz y de Loynaz, el lector hallará los siguientes poemas largos: *Muerte de Narciso* (1937) —según Piñera, el manifiesto poético del grupo Orígenes en sus inicios a fines de los años treinta— y "Pensamientos en La Habana" de Lezama Lima, *La isla en peso* (1943) de Piñera, "El sitio en que tan bien se está" de Eliseo Diego, "Sobre el nido del Cuco" de Hernández Novás y *Abuso de confianza* (1992) de Escobar. Cuando por razones de espacio no pudimos incluir poemas largos considerados magistrales por la crítica (como "Faz" de Feijoo en la lectura crítica de López Lemus), tratamos de incluir fragmentos significativos de ellos, como en los casos de "Palabras escritas en la arena por un inocente" de Baquero, *Elegía a Jesús Menéndez* (1951) de Guillén, "El gallo de Pomander Walk" de Pablo Armando Fernández, *Hermana* (1989) y *Hemos llegado a Ilión* (1992) de Alabau, y *En el vientre del trópico* (1994) de Alina Galliano. Con esto terminamos la presentación de algunos de los aspectos métrico-formales que hemos tenido en cuenta en esta antología.

Cuarto: el criterio semántico. Aquí enfrentábamos una aparente contradicción: queríamos priorizar a los autores del siglo XX que se mantuvieron fieles al trabajo poético durante la mayor parte de su vida, pero dicha prioridad no podía impedirnos la consideración y posible inclusión de autores que, aunque escasos de obra debido a la muerte prematura (Martínez Villena, Escardó, Lourdes Casal) o al abrupto abandono de la escritura (Alabau), resultaban ser esenciales por haber expresado de manera excepcional algún aspecto significativo del drama nacional. Entendemos que la poesía no sólo posee o constituye un "reino autónomo" (Fernández Retamar, *La poesía, reino,* p. 154) en el cual su historia y formas de expresión —como hemos hecho en los dos acápites anteriores— se pueden describir por sí mismas, sino que también es un cuerpo vivo que no puede, aunque lo quiera e intente, desentenderse de su circunstancia; ni el poeta que la escribe es solamente —aunque algunos así lo prefieran— un intermediario o emisario de lo "incondicionado" y la alteridad, sino también otro ser vivo, social (lo cual incluye lo político), cuya poesía, aunque busque y efectivamente logre ser una vía de expresión y realización individual, no por ello deja de ser, además, una manifestación del colectivo al cual el poeta "no por azar" pertenece, según la confesión de Eliseo Diego sobre su gestión como poeta (p. 80).

Generalizando la confesión de Diego, podemos afirmar que no es por azar que los poetas nacen "en un sitio y no en otro, sino para dar testimonio", para atender intensamente a todo lo que les ha sido dado en herencia: "a los colores y sombras de [su] patria; a las costumbres de sus familias; a la manera en que se dicen las cosas; y a las cosas mismas —oscuras a veces y a veces leves—" (pp. 81-82). Por tanto, el cuarto criterio que seguimos consistió en entender el proceso poético cubano como una vía de expresión y realización lúcida (y, por momentos, orientadora, visionaria) del drama íntimo y colectivo vivido dentro y fuera de la Isla en el siglo XX. Si sigue este criterio, el lector verá que, al finalizar su lectura lineal de esta antología, no sólo se habrá asomado a (o reencontrado con) una de las poesías más ricas y dinámicas del siglo XX hispánico, sino que también habrá sentido la respiración enervante de una nación, o valga decir sin intenciones populistas, de todo un pueblo proyectado hacia el mejoramiento humano y la utopía por la diversa figuración de sus poetas. Es decir, conocerá la trayectoria histórica y espiritual del pueblo cubano a lo largo del siglo XX.

Si atiende intensamente, podrá el lector escuchar a una *nación* (entendida aquí en una doble dualidad: como proyecto y realización, y como pertenencia territorial y transterritorial, es decir, concibiéndose o realizándose dentro y fuera de la geografía insular) respirar libremente o asmáticamente ahogarse, como Lezama Lima, en medio de las mayores o menores insuficiencias y excesos de sus diferentes periodos históricos. La escuchará nacer por fin como república el 20 de mayo de 1902, un nacimiento tardío en el plano político, si se lo compara con el restante territorio conquistado por España en las Américas y el Caribe (con excepción de Puerto Rico); pero si se mantiene atento, la escuchará también lamentarse (Byrne, Dulce María Borrero, Acosta) por sus oprobiosas dependencias al entonces incipiente imperio estadunidense y luchar (Pedroso, Martínez Villena) durante lustros por librarse de éstas hasta lograrlo parcialmente en la década de 1930. La sentirá lidiar después, en los años cuarenta y cincuenta, con sus propias y recurrentes inclemencias políticas y sociales (Guillén, Loynaz), así como con el vacío existencial (Piñera, García Vega, Escardó) que se instala muy tempranamente en las entrañas de su aún joven república; oirá entonces a sus poetas (Lezama, Baquero, Diego, García Marruz, Vitier) construir un magnífico Estado escritural donde —y para esto necesita el lector aguzar bien el oído— salvar idealmente a la nación de su posible desintegración y para resistir optimistas hasta que el Estado real ofrezca garantías de mejor sobrevivencia. De repente —y el repentino estruendo de triunfo militar

26

y alegría coral (Feijo, Vitier, Oliver Labra, Fernández Retamar, Pablo Armando Fernández, Francisco de Oraá, Barnet, Morejón) no debe impedirle al lector escuchar poco después algunas voces disonantes en sordina (Arrufat, Padilla y mucho después Pérez Olivares)— escuchará a la nación ilusionarse, esperanzarse con la realeza mayor de la Historia, que muestra a todos el rostro justiciero de una revolución popular tomando el poder un 1° de enero de 1959, fecha que pasa a ser la segunda más importante del siglo, ya que va a marcar de manera definitoria no sólo a todos los cubanos entonces vivos, sino también a los muertos (quienes comienzan a ser constantemente revisitados, desempolvados, resucitados o vueltos a enterrar más hondo todavía, según la ocasión o perspectiva) y a los que van a nacer en las próximas décadas.

El lector verá ahora cómo una nación escasamente consolidada dentro del liberalismo democrático-burgués se lanza de pronto, a menos de 57 años de fundada, por inesperados rumbos y alianzas político-ideológicas producto del nuevo proceso histórico de corte nacionalista y popular que, en 1961, en medio de una invasión militar de exiliados cubanos a Playa Girón o Bahía de Cochinos, Fidel Castro califica de socialista y marxista-leninista; cómo, también a partir de 1959 —año que "divide en dos el siglo XX en Cuba" (Arcos, p. XXXIII)—, la sociedad cubana se transforma radicalmente en todos los aspectos y resiste heroicamente o sobrevive con mucho sacrificio a diferentes embates y reveses de la historia y la política internacionales (Raúl Rivero, Escobar); cómo el anhelado proyecto de nación con que se abrió el siglo continúa, con acostumbradas y nuevas dificultades, realizándose y enraizándose en el territorio insular (Hernández Novás), pero también se enajena de él para bifurcarse de manera raigal en aquellos que sufren más duramente el reverso de la Historia y se suman —cada vez en mayor número— a la larga diáspora iniciada en 1959 por dicho proceso (Geada, Díaz Martínez, García Ramos, Alabau); y cómo comienza a concebirse así una identidad nacional transterritorial o en diáspora (Caulfield, Kozer) que conserva o imagina sus anclajes referenciales en el espacio cultural o geográfico de la Isla (Pita, Galliano, González Esteva), mientras no puede impedir nutrirse de los conflictivos vínculos que inevitablemente establece con los diferentes discursos identitarios y políticos de los países extranjeros en que habita (Lourdes Casal).

Sobre esa dualidad identitaria nos habla el cubano-estadunidense Gustavo Pérez Firmat: "¿cómo no seguir viviendo con dos / lenguas casas nostalgias tentaciones melancolías? / Quisiera   [...] / singularizar lo indivisiblemente dividido, / hacer de dos grandes ojos una sola mirada" (p. 55). Por obvias razones cuantitativas, destaca en la diáspora, reclamando voz y voto en el proyecto de nación cubana, la nueva identidad cubano-estadunidense. Así lo expresa Pérez Firmat (p. 51):

> reclamo un turno y una voz
> en nuestra historia.
> Reclamo *marcar* en la cola
> de ese ilustre cocodrilo inerte
> que nos devora en la distancia.
> Reclamo la pertinencia y el mar.
>
> [...] Yo también llevo el cocodrilo a cuestas.
> Y digo que sus aletazos verdes me baten
> incesantemente.
> Y digo que me otorgan la palabra
> y el sentido.
> Y digo que sin ellos no sería lo que soy
> y lo que no soy:
> una brisa de ansiedad y recuerdo
> soplando hacia otra orilla.

Todo esto, que no es poco ni le ha sido ajeno —en tanto que avatar de la aventura humana sobre la tierra— a nuestra nación y poesía, queríamos mostrar en esta antología.

Por ello lamentamos la ausencia física, que no espiritual, de Heberto Padilla (1932-2000) en ella. La parábola semántica descrita por su poesía desde los años cincuenta hasta su muerte no refleja sólo su experiencia personal, sino también la de buena parte del pueblo cubano: de la angustia existencial y el exilio de cierto sector intelectual en los años cincuenta, pasa Padilla al popular entusiasmo épico-revolucionario nacional e internacional de inicios de los sesenta, para transformarse luego, a fines de esa década, en el sujeto crítico y crecientemente desencantado con la Historia que tan bien recoge su famoso poemario *Fuera del juego* (1968). En sus posteriores poemas, Padilla reivindica (y se refugia en) la tranquila y reconfortante intimidad doméstica familiar y, a partir de los años ochenta, su poesía de exilio, aunque breve, refleja magistralmente los tópicos típicos de dicha condición: la lejanía, la marginalidad y la doble identidad, entre otros.

Por no habernos concedido los herederos de Padilla el permiso de publicación, los lectores no podrán hallar aquí los siguientes poemas suyos que tan cuidadosa y respetuosamente habíamos seleccionado: "Dones (I, IV)", "Retrato del poeta como un duende joven (III)", "El árbol", "Postcard to USA", "En tiempos difíciles", "Los poetas cubanos ya no sueñan", "Cantan los nuevos Césares", "Instrucciones para ingresar en una nueva sociedad", "A veces me zambullo", "A veces", "El hombre al margen", "Eso que va flotando sobre las aguas", "El hombre junto al mar", "El regalo" y "Entre el gato y la casa". Estos poemas nos hablan de un individuo (a saber, un poeta) al que "le pidieron su tiempo / para que lo juntara al tiempo de la Historia" *(Poesía,* p. 78) y cuyo ojo estaba obligado "a ver, a ver, a ver" *(Poesía,* p. 16); de un individuo que, tras sufrir el reverso de la Historia, queda al margen de ésta ("Ningún espejo / se atrevería a copiar / este labio caído, esta sabiduría en bancarrota" *[Poesía,* p. 74]) y, sobreponiéndose a la derrota y al exilio, busca renacer a partir de su condición humana universal en la trinidad familiar y la fe:

Hay un hombre tirado junto al mar
Pero no pienses que voy a describirlo como a un ahogado…
Yo sé que él está vivo
A todo lo largo y ancho de su cuerpo *(El hombre,* p. 31).

Hemos vivido años
luchando con vientos acres,
como soplados de las ruinas;
mas siempre hubo una fruta,
la más sencilla,
y hubo siempre una flor.
De modo que aunque no sean
lo más importante del universo,
yo sé que aumentarán el tamaño de tu alegría
lo mismo que la fiesta de esa nieve que cae.
Nuestro hijo la disuelve sonriente entre los dedos
como debe hacer Dios con nuestras vidas.
Nos hemos puesto abrigos y botas,
y nuestras pieles rojas y ateridas
son otra imagen de la Resurrección.
Criaturas de las diásporas de nuestro tiempo,
¡oh Dios, danos la fuerza para proseguir! *(El hombre,* p. 110).

Con esto queremos dejar constancia de la importancia de Padilla dentro de la poesía cubana de la segunda mitad del siglo XX e invitar a su lectura.

Quinto: el criterio dialógico. Buscábamos que no sólo los poetas sino también los poemas escogidos dialogaran entre sí, bien sea por el tema, el motivo, el estilo o la forma (el diálogo entre formas está implícito en el tercer criterio): véase así un diálogo entre Florit y Fernández Retamar; entre la obra de afirmación de los origenistas Lezama Lima, García Marruz y Vitier y la obra de negación o desmitificación de los también origenistas Piñera y García Vega; entre algunos poemas que quisimos de Padilla y otros muy similares de Escardó, Arrufat y Pérez Olivares; entre los que han introducido el tema negro en su poesía (Guillén, Ballagas, Morejón, Galliano) y el poema/adaptación "Tótem" del poeta negro Baquero, quien confiesa que quiso en 1965, con este y otros "poemas africanos" adaptados por él al español, "añadir un argumento más en contra de esa estulticia llamada *poesía negra, afroantillana, afrobrasilera,* etc., que, salvo excepciones contadísimas, ni es negra ni es poesía" (p. 218); entre Oliver Labra (a quien Suardíaz y Chericián, contrarios a la opinión de Fernández Retamar y Jamís en el prólogo a *Poesía joven de Cuba* [p. 9], incluyen con Rafaela Chacón Nardi en la "generación de los años cincuenta") y los poetas de dicha "generación", en particular Escardó; entre éste y el poema "El gigante" de Martínez Villena; y entre dos suicidas (Hernández Novás y Escobar) cuyas respectivas poéticas fueron de gran repercusión entre sus coetáneos en la Isla. Valgan estos diálogos como ejemplos de otros que los lectores deberán descubrir por sí mismos.

Sexto: el criterio "dramatúrgico", según lo denominó Codina. Sabiendo que extraer poemas de sus libros originales para recombinarlos con otros de diferentes épocas, poéticas y libros del mismo autor significaba, por parte nuestra, la creación de un nuevo corpus textual en el cual los poemas seleccionados iban seguramente a irradiar nuevas significaciones e interrelaciones, y teniendo en cuenta los cinco criterios antes descritos, decidimos no asumir tampoco un criterio único en la selección y reordenación de los poemas de cada autor. Si bien los poetas aparecen siguiendo el estricto orden cronológico de su nacimiento biológico (y no literario), sendos poemas no siempre siguen similar orden temporal. Es decir, en algunos casos se imponía el orden cronológico de los poemas porque dicho orden reflejaba fielmente el proceso histórico de la poesía cubana (por ejemplo, el paso del modernismo al vanguardismo en Boti, o el paso del purismo al anuncio del coloquialismo en Florit) o del drama nacional (de la República a la Revolución cubana en la poesía de Guillén, Escardó y Oliver Labra, o de la ruptura familiar de los sesenta a las visitas de familiares exiliados a la Isla en los ochenta-noventa en Alabau). Cuando la estricta cronología no reflejaba estos imperativos literarios o sociohistóricos, nos vimos libres para poder optar, si queríamos, por una dramaturgia más personal y creativa en la selección y ordenación de los poemas. Liberados entonces de sus respectivas fechas y li-

31

bros originales, los poemas de algunos autores se escogieron pensando en el nuevo corpus que debían configurar y desde donde debían irradiar con nueva coherencia y sentido. Así se concibió la selección y ordenación de los poemas de Armand y de Amando Fernández. He dado aquí unos pocos ejemplos de cada ordenación; le toca ahora al lector interesado descifrar los casos restantes.

Séptimo: el criterio antiestereotipador. Los autores cuya poesía mostraba diversos registros estéticos no debían quedar reducidos a un solo registro, aunque éste hubiera sido el que los difundiera y prestigiara en el ámbito nacional o internacional. Es decir, debíamos liberarlos de la prisión reductora del estereotipo. Valgan los siguientes ejemplos. Guillén, maestro del negrismo, no debía reducirse en nuestra antología a esa modalidad poética de los años veinte y treinta; existen otros Guillenes: el social, el amante, el irónico, el maldito. Lezama Lima, tachado de hermético, oscuro y culterano por muchos, fue también capaz de una inusitada transparencia en ciertos momentos íntimo-familiares de su libro *Fragmentos a su imán* (1977). No obstante los frecuentes y desenfadados temas amatorio-confesionales que vinculan a Oliver Labra con cierta poesía posmodernista de principios de siglo (Alfonsina Storni, Delmira Agustini, etc.), dicha autora no debía reducirse a ser la *novia eterna* de la "generación de los años cincuenta", sino que debíamos mostrarla en lo que también fue dentro de esa promoción: la primera que escapó de la angustia existencial de los años cincuenta (Escardó, Jamís, Padilla) — que ella expresó tempranamente a fines de años cuarenta— para abrazar los nuevos hechos históricos que se le sobrevenían. Seguíamos la idea expresada por su contemporáneo Alcides en "Carta abierta" a la autora: en el asunto de la Revolución, "que luego sería el tema fundamental de la poesía cubana, tú has sido la primera en la generación. Cuando todavía la Patria era solamente la patria, tú cantaste a la bandera, cantaste a Cuba y luego cantaste a la Revolución, en plena guerra liberadora" (p. 10).

Asimismo, Fernández Retamar no es sólo el poeta aparentemente satisfecho con su circunstancia, sino también un utopista que en su poemario *Aquí* (1995, 1996, 2000) —de donde extrajimos "La veo encanecer"— parece concebir el ideal humano en el *reino autónomo* de la memoria selectiva y nostálgica hecha escritura poética. Baquero, tan alejado —como vimos— del negrismo debido a su filiación origenista e intereses ideoestéticos, fue sin embargo capaz de sorprender con sus adaptaciones al español de poemas del África negra, de los que seleccionamos un enigmático poema sobre la identidad racial, "Tótem". Acosta no fue sólo el gestor del poemario *La zafra* (1926), aunque éste lo haya hecho pionero de la poesía social cubana del siglo XX, sino que en ocasiones sorprende con poemas más sugerentes, como "Un pueblo" y "La piedra desnuda". Tampoco Pedroso es sólo el férreo poeta defensor de los obreros por su libro *Nosotros* (1933), sino que también es, siguiendo sus raíces étnicas, el delicado orientalista de *El ciruelo de Yuan Pei Fu* (1955). La poesía de la diáspora iniciada en 1959 no es únicamente un discurso nostálgico abocado a la memoria y al regreso a un supuesto paraíso perdido o por construir, como a veces se la ha presentado, sino también una producción tan rica y variada en forma y contenido como la poesía escrita en la Isla, con la cual guarda no pocas confluencias significativas.

Pero en algunos casos —porque con tal libertad asumimos nuestros propios criterios operativos— no nos interesó o no podíamos, por razones de espacio (como nos ocurrió al incluir poemas largos de Hernández Novás y Escobar), registrar los diferentes registros de un autor y optamos entonces por mostrar una selección más o menos extensa de algún libro suyo que, además de poseer calidad literaria, resultaba ser representativo en un nivel transpersonal; tales fueron los casos de Juana Rosa Pita con su poemario *Viajes de Penélope* (1980) —emblemático de la condición de exilio desde la perspectiva femenina— y de Alina Galliano con *En el vientre del trópico* (1994) —cumbre de la vertiente negrista en la poesía de la diáspora—.

Octavo: el criterio limitador del objeto de estudio. También por razones de espacio, debimos limitar esta antología a la poesía llamada culta, de transmisión escrita, lo cual incluye aquella poesía escrita que se identifica formal y temáticamente con lo popular, como es el caso de una parte de las obras del Indio Naborí y de Guillén. Nos limitamos también a la poesía que, escrita originalmente en español por autores nacidos en Cuba o naturalizados cubanos (Florit, Vitier), apareció por primera vez en libros o revistas publicados entre el 1º de enero de 1901 y el 31 de diciembre de 2000. Dejamos por tanto injustamente fuera de esta antología, incluso en contra de nuestras preferencias, entre otras expresiones poéticas menos extendidas, la poesía oral de carácter popular, la rica poesía cubano-estadunidense (o cubano-americana) escrita en inglés o en el llamado *spanglish* o *code-switching,* así como la canción de factura altamente poética (con tendencias propias, como la Vieja Trova, la canción negrista, el "feeling" [filin] y la Nueva Trova) que encuentra sus raíces primeras en la trova surgida en la segunda mitad del siglo XIX y primera mitad del XX, con figuras como Sindo Garay, Miguel Matamoros, Manuel Corona e Ignacio Villa (más conocido como Bola de Nieve).

Sobre los vínculos entre canción y poesía se impone ahora un aparte. En la segunda mitad del siglo XX, florecen dentro o fuera de la Isla numerosos cantautores y compositores cubanos de mayor o menor relieve internacional: Marta Valdés, José Antonio Méndez, César Portillo de la Luz, Pablo Milanés, Silvio Rodríguez, Noel Nicola, Amaury Pérez, Albita Rodríguez, Marisela Verena, Carlos Varela y Pedro Luis Ferrer, entre muchos otros. En particular, Silvio Rodríguez, cuya obra ha tenido enorme influencia en todo el ámbito cultural hispánico, incluyendo el cubano, es considerado por muchos como uno de los mejores "poetas" de las últimas cuatro décadas del siglo XX cubano. Así como dos canciones negristas de Bola de Nieve aparecieron publicadas junto a los poemas negristas de Guillén, Ballagas y Tallet en la *Órbita de la poesía afrocubana 1928-1937* de Ramón Guirao en 1939, aparecen canciones de Silvio, Nicola y Pablo en la antología *Los dispositivos en la flor. Cuba: literatura desde la Revolución* de Edmundo Desnoes en 1981. No es nuevo entonces proclamar esta analogía entre poesía y canción en Cuba. Entre los críticos importantes que la apoyan están Rodríguez Rivera

("Poesía y canción en Cuba", en su libro *Ensayos voluntarios* [1984], pp. 143-170) y Fernández Retamar, quien afirma que trovadores como algunos de los antes mencionados "no son menos poetas por el hecho de que canten sus poemas en vez de imprimirlos y encuadernarlos" *(La poesía, reino,* p. 155). Como se desprende de lo anterior, se pueden hallar diálogos entre ambas modalidades poéticas: entre Bola de Nieve y los poetas negristas de los años veinte-treinta, entre Silvio Rodríguez y ciertos poetas jóvenes de los años sesenta (Rodríguez Rivera, Casaus).

Noveno y último: el criterio del gusto personal. Este criterio no nos es exclusivo ya que está presente en toda antología y se refiere al inevitable e irrenunciable gusto particular de los compiladores, en tanto que amantes de la poesía condicionados fatalmente por su *hic et nunc.* No obstante esto, tratamos —como ya dije— de integrar algunas preferencias de compiladores anteriores, así como de buscar, por ser ésta una coedición, un consenso entre nuestros respectivos gustos privados.

Conclusión: En el prólogo a los tres volúmenes de su magnífica antología de la poesía cubana del siglo XVII al XIX, Lezama Lima se basa en los primeros anuncios metafóricos sobre Cuba hechos por Cristóbal Colón en su *Diario* de 1492, para afirmar lapidariamente que nuestra Isla "comienza su historia dentro de la poesía" (p. 7). Y no dudaría el maestro del siglo XX cubano en aceptar también que, desde dicha configuración poética de la Isla —no concebida aún como *nación*, sino como corroboración de un ideal en la forma de feliz cumplimiento de un largo, difícil y atrevido viaje— en la imaginación y escritura utópicas del primer europeo que atracó en sus puertos naturales, Cuba no ha cesado de seguirse concibiendo poéticamente como afán de utopía, cuando no bastión de resistencia y necesaria salvación física y espiritual, en la escritura ahora autóctona de sus habitantes: mezcla de blanco, negro, indígena, chino, árabe y judío gestada por el erotismo y la lasitud efervescentes de sus paisajes a través de los siglos y de las sucesivas migraciones o difíciles viajes en uno y otro sentidos.

País subdesarrollado a pesar de ciertos logros económicos en los años cincuenta y del avance en ciertas áreas profesionales en las décadas posteriores, Cuba no ha sido hasta ahora, ni quizá sea nunca, una potencia industrial, pero sí es, desde finales del siglo XIX, al menos dentro del ámbito hispánico, una potencia poética. No obstante el desconocimiento o el prejuicio mostrado por varios compiladores durante los años sesenta a ochenta ante la poesía cubana de la diáspora —lo cual los alejaba de importantes autores exiliados como Baquero y Kozer— o ante poetas cubanos no divulgados por la cultura oficial —como Loynaz y Oliver Labra—, son comunes las antologías de poesía hispanoamericana o en lengua española de los siglos XIX y XX que incluyen a varios de los siguientes poetas cubanos: José María Heredia, Gertrudis Gómez de Avellaneda, Julián del Casal, José Martí, Eugenio Florit, Emilio Ballagas, Dulce María Loynaz, Nicolás Guillén, José Lezama Lima, Virgilio Piñera, Gastón Baquero, Cintio Vitier, Fina García Marruz, Eliseo Diego, Roberto Fernández Retamar, Heberto Padilla, José Kozer, Juana Rosa Pita y Nancy Morejón. Para un país tan pequeño y relativamente pobre como Cuba, que a fines del siglo XX sólo contaba aproximadamente con 11 millones de habitantes, tamaña representación en los foros internacionales de poesía confirma la certera aseveración de Jorge Zalamea de que "en poesía no existen pueblos subdesarrollados" (p. 11).

Afirmar esto aquí no constituye, como también dijo Zalamea, un acto de "modesta revancha espiritual" (p. 11), sino de flagrante orgullo dispuesto a ser compartido con los hermanos hispanohablantes de las Américas, el Caribe y España. No debemos los americanos temerle a este tipo de orgullo, nos advirtió José Martí en 1891 con su ensayo "Nuestra América", porque "no hay patria en que pueda tener el hombre más orgullo que en nuestras dolorosas repúblicas americanas" (vol. II, p. 108), especialmente cuando reconocemos el heroísmo y la tenacidad que ha significado para Cuba rebasar su trágica historia, su subdesarrollo económico-técnico y su composición étnica esporádicamente conflictiva, para legarle al mundo, en menos de dos siglos, una poesía de tal reconocimiento internacional.

Y nos dice más Martí, el maestro del siglo XIX cubano, en su ensayo "El poeta Walt Whitman" de 1887: "¿Quién es el ignorante que mantiene que la poesía no es indispensable a los pueblos? [...] La poesía, que congrega o disgrega, que fortifica o angustia, que apuntala o derriba las almas, que da o quita a los hombres la fe y el aliento, es más necesaria a los pueblos que la industria misma, pues ésta les proporciona el modo de subsistir, mientras que aquélla les da el deseo y la fuerza de la vida" (vol. I, p. 1138). Han faltado siempre en Cuba, para la gran mayoría de sus habitantes, muchos de los bienes materiales de que gozan los países industrializados, pero los poetas cultos y populares cubanos, mayores y menores, de dentro o de fuera de la Isla, de una u otra tendencia o cosmovisión, han sabido con su poesía desbordar de bienes espirituales las arcas nacionales. Estadistas del espíritu, nuestros poetas han sabido crear y mantener a través de los años —como le gustaba pensar a Lezama Lima—, frente a su difícil circunstancia histórico-política, un desarrollado y autónomo Estado poético.

Nunca en el siglo XX nos ha escaseado la poesía, nunca nos ha dejado de proporcionar y justificar, hasta en los poetas suicidas como Ángel Escobar y Raúl Hernández Novás o prematuramente desaparecidos como Rubén Martínez Villena, Rolando Escardó, Amando Fernández y Lourdes Casal, "el deseo y la fuerza de la vida". Sirva aquí entonces la poesía para "congregar" y "apuntalar" en su unidad esencial aquello que la Historia haya disgregado. Para lograr esto, muchos poetas cubanos han sabido seguir las siguientes instrucciones que Baquero (p. 51) le daba a un inocente:

Sueña donde desees lo que desees. No aceptes. No renuncies. Reconcilia.
Navega majestuoso el corazón que te desdeña.
Sueña e inventa tus dulces imprecisas realidades, escribe su nombre en las arenas,
    entrégalo al mar, viaja con él, silente navío desterrado.
Inventa tus precisas realidades y borra su nombre en las arenas.

Similar a la ciudad del "Testamento del pez" de Baquero, nuestra poesía del siglo XX ha sabido oponer a la dispersión y a la muerte, su atrevida estructura "de impalpable tejido y de esperanza" (p. 89).

Para finalizar, queremos reconocer y agradecer la varia colaboración que, en la confección de esta antología, recibimos de los escritores Jorge Luis Arcos, Virgilio López Lemus, Juana Rosa Pita, Reinaldo García Ramos, Ambrosio Fornet y José Kozer, entre otros que han preferido el anonimato; así como de tres eficientes bibliotecarias: Lourdes Castillo, de la Biblioteca Nacional José Martí en La Habana, y Laura M. Thode y Molly Molloy, de la Universidad Estatal de Nuevo México, en Las Cruces. Y particularmente quiero agradecerle a mi colega Norberto Codina sus certeras sugerencias a este prólogo, así como su cuidadosa y creativa lectura de éste.

OBRAS CITADAS

Alcides, Rafael, "Carta abierta", en Carilda Oliver Labra, *Calzada de Tirry 81*, 1987; 2ª ed., Letras Cubanas, La Habana, 1993, pp. 5-11.

Arcos, Jorge Luis, ed. e introd., *Las palabras son islas. Panorama de la poesía cubana. Siglo XX (1900-1998)*, Letras Cubanas, La Habana, 1999.

Ariel, Sigfredo, "La casa se mueve", en Aurora Luque y Jesús Aguado, eds., *La casa se mueve. Antología de la nueva poesía cubana*, Centro de Ediciones de la Diputación de Málaga, Málaga, 2002, pp. 11-21.

Baquero, Gastón, *Poesía completa,* Verbum, Madrid, 1998.

Bunck, Julie Marie, *Fidel Castro and the Quest for a Revolutionary Culture in Cuba*, The Pennsylvania State University Press, University Park, Pensilvania, 1994.

Diego, Eliseo, *Poesía,* Letras Cubanas, La Habana, 1983.

Espina Pérez, Darío, ed. e introd., *Lírica del exilio cubano*, Academia Poética de Miami, Miami, 1994.

Espinosa Domínguez, Carlos. *El peregrino en comarca ajena. Panorama crítico de la literatura cubana del exilio,* Society of Spanish and Spanish-American Studies, Boulder, 2001.

Espinosa Domínguez, Carlos, ed. e introd., *La pérdida y el sueño. Antología de poetas cubanos en la Florida*, Cincinnati, Ohio, 2001.

Fernández Retamar, Roberto, *La poesía, reino autónomo*, Letras Cubanas, La Habana, 2000.

————, *La poesía contemporánea en Cuba (1927-1953)*, Orígenes, La Habana, 1954.

————, y Fayad Jamís, eds. e introd., *Poesía joven de Cuba*, Organización Continental de los Festivales del Libro, Lima/La Habana, [1960].

Lezama Lima, José, ed. e introd., *Antología de la poesía cubana. Siglos XVII-XVIII*, vol. 1, Consejo Nacional de Cultura, La Habana, 1965.

López Lemus, Virgilio, ed. e introd., *Doscientos años de poesía cubana 1790-1990. Cien poemas antológicos*, La Habana, abril de 1999.

Martí, José, *Obras completas*, 2 vols., Lex, La Habana, 1946.

Padilla, Heberto, *El hombre junto al mar*, Seix Barral, Madrid, 1981.

————, *Poesía y política: poemas escogidos de Heberto Padilla*, Playor, Madrid, 1974.

Pérez Firmat, Gustavo, *Bilingual Blues (Poems, 1981-1994)*, Bilingual Press, Tempe, Arizona, 1995.

Rocasolano, Alberto, ed. e introd., *Poetisas cubanas*, Letras Cubanas, La Habana, 1985.

Suardíaz, Luis, y David Chericián, eds., *La generación de los años 50. Antología poética*, Letras Cubanas, La Habana, 1984.

Vitier, Cintio, ed. e introd., *Cincuenta años de poesía cubana (1902-1952)*, Dirección de Cultura del Ministerio de Educación, La Habana, 1952.

Zalamea, Jorge, *La poesía ignorada y olvidada*, La Nueva Prensa, Bogotá, 1965.

Bonifacio Byrne

[Matanzas, 1861-1936]

Obra poética: *Excéntricas* (1893); *Efigies. Sonetos patrióticos* (1897); *Lira y espada* (1901); *Poemas* (1903); *En medio del camino* (1914); *Selección poética* (1942); *Poesía y prosa* (1988).

ANALOGÍAS

Existe un misterioso sacramento
entre la mano, el bálsamo y la herida,
entre el lúgubre adiós de la partida
y las secretas ráfagas del viento.

Hay un lazo entre el sol y el firmamento;
e igual excelsitud, indefinida,
entre el ave, en el aire suspendida,
y el acto de nacer el pensamiento.

Hay un nexo entre el ósculo y el trino,
entre la copa, el labio y la fragancia
que se desprende de un licor divino.

Y hay una milagrosa consonancia
entre el árbol y el surco del camino
y el mensaje de amor y la distancia.

MI BANDERA

AL VOLVER de distante ribera,
con el alma enlutada y sombría,
afanoso busqué mi bandera
¡y otra he visto además de la mía!

¿Dónde está mi bandera cubana,
la bandera más bella que existe?
¡Desde el buque la vi esta mañana,
y no he visto una cosa más triste!…

Con la fe de las almas austeras
hoy sostengo con honda energía
que no deben flotar dos banderas
donde basta con una: ¡la mía!

En los campos que hoy son un osario
vio a los bravos batiéndose juntos,
y ella ha sido el honroso sudario
de los pobres guerreros difuntos.

Orgullosa lució en la pelea,
sin pueril y romántico alarde:
¡al cubano que en ella no crea
se le debe azotar por cobarde!

En el fondo de oscuras prisiones
no escuchó ni la queja más leve,
y sus huellas en otras regiones
son letreros de luz en la nieve…

¿No la veis? Mi bandera es aquella
que no ha sido jamás mercenaria,
y en la cual resplandece una estrella
con más luz, cuanto más solitaria.

Del destierro en el alma la traje
entre tantos recuerdos dispersos
y he sabido rendirle homenaje
al hacerla flotar en mis versos.

Aunque lánguida y triste tremola,
mi ambición es que el sol con su lumbre
la ilumine a ella sola —¡a ella sola!—
en el llano, en el mar y en la cumbre.

Si deshecha en menudos pedazos
llega a ser mi bandera algún día...
¡nuestros muertos alzando los brazos
la sabrán defender todavía!...

EL SUEÑO DEL ESCLAVO

Hosco y huraño, en reducida estancia,
vive el esclavo mísero, y su empeño
es beber el narcótico del sueño,
igual que un néctar de sutil fragancia.

En el antro sin fin de la ignorancia
le hundió por siempre su insensible dueño,
y es la cólera huésped de su ceño,
y una historia patética su infancia.

Ora durmiendo está. ¡Tened cuidado,
los que cruzáis de prisa por su lado!
¡Ninguna voz en su presencia vibre!

Dejad que el triste de dormir acabe,
y no lo despertéis, porque ¡quién sabe
si ese esclavo infeliz sueña que es libre!

Regino E. Boti
[Guantánamo, 1878-1958]

Obra poética: *Arabescos mentales* (1913); *El mar y la montaña* (1921);
La torre del silencio (1926); *Kodak-Ensueño* (1929); *Kindergarten* (1930);
Poesía (1977).

FUNERALES DE HERNANDO DE SOTO

Bajo el lábaro umbrío de una noche silente
que empenachan con luces las estrellas brillantes,
el Misisipí remeda un gran duelo inclemente
al arrastrar sus aguas mudas y agonizantes.

De los anchos bateles un navegar se siente;
brota indecisa hilera de hachones humeantes,
y avanza por la linfa como un montón viviente
aquel sepelio extraño sin cruces ni cantantes.

Hace alto el cortejo. Se embisten las gabarras;
al coruscar las teas los rostros se iluminan
y fulgen las corazas que el séquito alto lleva.

Cien lanzas cabecean. Echa el cocle sus garras.
Y entre las olas turbias que a trechos se fulminan
el féretro se hunde y la oración se eleva.

PANTEÍSMO

La armonía del granito
hecha roca
se levanta a lo infinito
y casi las nubes toca.

El simoun del oleaje
brama el rencor de su copla
y centuplica su ultraje
la voz del austro que sopla.

Abren las aguas su abismo
de alba espuma
como un negro simbolismo
entre el iris y la bruma.

No se perfila una vela
ni un ave marina sube,
no hay el rastro de una estela
ni una nube.

Sólo en la costa adormida
hay lucha sórdida y fuerte
entre la piedra —la muerte—
y el oleaje —la vida.

La armonía del granito
hecha roca
tiene abierto a lo infinito
el sarcasmo de su boca.

Pasa mi vida! Y el Todo
compone a mi ardor que muere
con su espuma y con su lodo
un miserere.

MARGINAL

TUVO EL EMPERADOR ROMANO alguna
aberración senil consoladora,
sueños como cambiantes de la luna,
ansias como celajes de la aurora.
Tuvo el Emperador nefasto y grave
sed de púrpura viva y de matanza
bajo la exquisitez de su suave
instinto de venganza.
No desdeñó del crimen la aureola,
ni la embriaguez insana de la orgía:
la trágica poesía
le envolvió con la espuma de su ola.
En Tróyada, buscó la luz del genio
con sus dáctilos, negros de neurosis;
y mostrose gallardo en el proscenio
bajo la apoteosis.
Tuvo por su cuadriga los espasmos
de un paladión mancebo,
y bullían en íntimos orgasmos
por sus venas, las iras de un efebo.
Tuvo el Emperador pravo una lente
tallada en una límpida esmeralda;
y, al través de su velo transparente,
vio del Circo esplender la arena gualda.
Y allí humeante la sangre del reciario
fue, al trasluz de las débiles facetas,
como en un cementerio solitario
misteriosa llovizna de violetas.

AGUAZA

Para José Manuel Poveda

HIENDE EL BERILO una gaviota
con reverberación de plata,
y sobre el mar vibra la nota
de un foque gris que se desata.

La ventolera ruda azota,
el horizonte se dilata,
un penacho de humo brota
y la baliza es una oblata.

En la imbricada superficie
no hay color viril que oficie
ante el altar de Helios fulgente.

Que su cinábrica rodela
en el marino nácar riela
cinematográficamente…

LA ANSIEDAD DE MIS PUPILAS

HUYENDO LA ANSIEDAD de mis pupilas,
desnudo el torso a la aspersión del agua,
la casta albura de la breve enagua
borra el contorno de tus medias lilas.

Repentino placer me dicta un ruego
que nace con ternezas de gemido:

ave errática, vuela hacia tu oído
y a tu inquietud nupcial brinda su fuego.

Te niegas. Me resigno. Desde el borde
del lecho ausculto el tremulante acorde
de tus pomas, al roce del masaje.

Reclamas mis auxilios. A mí acudes;
y, en impensado movimiento, eludes
la visión de tu sexo entre el encaje…

OROBIAS DEL TURÍBULO (IN VITA, III)

Sus pasos sutiles de corza me arrancan del sueño;
su figura grácil, bajo el molde sobrio de la veste negra,
(moda medio-paso) es algo sedeño
que mi cuarto alegra.
Y su cuerpo ágil, multilíneo, tiene
santificaciones de gracia y de vicio.
Oh, su cuerpo andrógino, de pura, de efebo,
tiene el subrepticio
soplo de lo nuevo
en su cabeza exótica
de miniatura gótica,
en su cuello de garza,
en su perfil maligno
y en sus ojos malvados. Oh, signo
de lujuria! Sus labios
(que por el carmín industrial me son rojos)
en hurtos al placer se muestran sabios…
Ya tiende sobre el mar de mis antojos
el lésbico aquilón de sus resabios
y el negro abismo de sus negros ojos!

NATURAL

Yo TENGO el dinamismo
de la eclosión cismática;
y en la salud selvática
se enciende mi erotismo.

Nada de cristianismo
ni de moral socrática:
una noche drolática
y un poco de atavismo.

En sí mi carne encierra
el goce —que es tierra—
y el ensueño —que es nube.

Que sólo por la escala
del Beso tiende el ala
el Pensamiento y sube!

MOSCARDÓN

ÁTOMO de la Primavera,
trajeas su manto
de eternal encanto
y glauca cimera.

Esperanza con temblor de bandera,
paje del acanto,
lágrima del quebranto
del cobre y la pradera.

Piedra con vuelo
y zumbido, pupila de sátiro en celo
gota de hiel danzante y rija

perpetúa tu existencia errante,
sé lunar en pubis de bacante,
sé esmeralda en pretérita sortija.

EL GUINCHO*

Para Jaime Esteva

TRAJE NEGRO como para
asistir a un funeral.
Rubí el párpado. Camisa
blanca. (Cuando la suele usar.)
El pico inquisidor.
El rabo con faldones de frac.
Aeroplano y aviador,
majestuoso vuela; y pesca
si se derrota rápido
desde el éter hacia el mar
y se eleva engullendo
pez brillante avizorado
con los dos telescopios de sus pupilas.

* *Aquila carolinensis.* "Ave sedentaria y representante
de las águilas en la fauna cubana" (Rosado).

ÁNGELUS

Rayas sombrías y luminosas.
Verticales: los postes. Horizontes: la playa,
los railes y los regatos. El día
preagoniza. El crepúsculo palia
con sus rosas los grises. En la salina
el molino de viento que, en el negror, es dalia
gigante y giratoria.
    Y en el ángelus hay ruido
como el de las alas de la Victoria.

EPITAFIO

Don Santiago Mackinley, highlánder: tu tumba
misántropa está en el acantil de sotavento.
Cruz ancha de negro granito
te memora. Bajo tu tumba retumba
la orquesta del mar, el caracol del viento;
pero tú no estás en lo infinito.
    El acantil arena se ha de tornar;
polvo tu cruz ancha de negro granito;
y tú a Escocia, siendo ola del mar.
Highlánder: entonces en el seno de lo infinito
volverás a entrar...

EL OJO

EN EL MÁRMOL de mesa de café
que hace el mar, el farol rojo
del bote que bornea, es el ojo
sangriento del bebedor que,
borracho, en el fondo de su copa
ahilarse su conflagración ve.

LUZ

Para Luis Revert Suárez

YO TALLO mi diamante,
yo soy mi diamante.
Mientras otros gritan
yo enmudezco, yo corto, yo tallo;
hago *arte en silencio*.
Y en tanto otros se agitan
con los ritmos batallo
y mi nombre no agencio.
Yo soy mi diamante,
yo tallo mi diamante,
yo hago *arte en silencio*.

LA BARBERÍA

HAY EN EL NIQUELADO
de la peana del sillón
—espejo que embruja lo circundante—
dos ojos donde una luz blanca
—dos perlas irisadas— se ha posado;
y en su entrecejo sombrío
detona la eclosión
de una pupila apaisada
donde a cuadros alterna la esmeralda
con el gualda
y es como la conciencia del salón.

EL CAFÉ

ME COME LA FIEBRE. En el bohío
brinca la charla. Pero un aire
de agua me espeluzna, y al desgaire
me arropo en la capa.
Sorbo el pozuelo de café.
Y el devaneo de mi carne rapa
la escoria carnal. Ensueño, sueño
con los ojos abiertos y sin fe.

LA NORIA

Y MAÑANA, como un asno de noria,
el retorno canalla y sombrío,
doblar la cabeza y escribir:
Al Juzgado,
con los ojos aún llenos de lumbres,
sobre un mar amatista encantados.

SANITARIA

EN LA MAÑANA, es el arenal del playón como la nata musgosa de la gran taza azul —agua aérea— que forma el combo del cielo volcado sobre el borde de las lejanías, entre tanto que un vuelo de negrales bijiritas finge hambrientos gusarapos.

Dulce María Borrero
[Puentes Grandes, 1883-La Habana, 1945]

Obra poética: *Horas de mi vida* (1912).

EL REMANSO

BAJO EL ARCO FRESCO del ramaje umbrío,
de los arrayanes que bordan la orilla
entre la guirnalda florecilla, brilla
como una pupila de esmeralda el río.

Y es la transparencia de sus aguas puras,
inmovilizadas, tan serena y honda,
que se unen la fronda sonora y la fronda
del cristal, formando dos grutas obscuras.

Del airón altivo de una palma enhiesta
oculto en los flecos, con trinos de fiesta
modula un sinsonte sus claras octavas,

mientras doblegados amorosamente,
con leve murmullo besan la corriente
los penachos líricos de las cañas-bravas.

EN EL ABANICO DE ATALA

ATALA, en la humana vida
todo es frágil, todo es breve,
como un reflejo de luna
o como un lampo de nieve.
La ilusión es como una
exhalación: brilla y pasa,
sin dejar huella en la noche
del corazón. Leve gasa
es el recuerdo, y tras ella,
como una lejana estrella
en un cielo de tormenta,
apenas se transparenta
el amor, desvanecido...!

Sufre, dulce criatura,
y el sudario del olvido
no envolverá en su dulzura
tu corazón dolorido.
Fugaz es toda alegría!
Tan solo el dolor perdura
eternamente, alma mía!

PROMESA

EN LOS JARDINES DEL SILENCIO, hermana,
sembraré mis rosales de armonía,
y abonaré con mi dolor la fría
tierra, a la clara luz de la mañana.

Puesta en el sol de la Verdad lejana
la mirada interior, día tras día
cuidaré que no prenda su sombría
cizaña en ellos la maldad humana.

Y si la Muerte mi labor fecunda
interrumpe... ¡no importa! en la profunda
quietud de mi heredad, libre de abrojos,

tarde o temprano se abrirán las rosas,
y recreo serán sus misteriosas
corolas, de otras almas y otros ojos!

LA CANCIÓN DE LAS PALMAS

ESMERALDAS RUMOROSAS,
porciones del patrio suelo
que os levantáis orgullosas
para besar amorosas
el gran zafiro del cielo!

vosotras las que mirasteis
caer el postrer soldado
que, piadosas, lo arrullasteis,
y en pie, soberbias, quedasteis
sobre el campo ensangrentado;

en lenguaje misterioso,
ya que tan alto subisteis,
contadle al azul radioso
el secreto doloroso
de la canción que aprendisteis.

Decidle cuánta amargura
vuestro suave arrullo encierra
en su infinita dulzura,
y repetid en la altura
lo que oísteis en la tierra.

Que en el viento confundido
llegó a vosotras un día
del primer cubano herido
el lamento dolorido
que repetís todavía!...

Agustín Acosta
[Matanzas, 1886-Miami, 1979]

Obra poética: *Ala* (1915); *Hermanita* (1923); *La zafra* (1926); *Los camellos distantes* (1936); *Últimos instantes* (1941); *Las islas desoladas* (1943); *Poesías escogidas de Agustín Acosta* (1950); *Poema del centenario* (1953); *Agustín Acosta: sus mejores poesías* (1955); *Jesús* (1957); *Caminos de hierro* (1963); *El apóstol y su isla* (1974); *Canto a Martí* (1974); *Trigo de luna* (1980); *Poemas escogidos* (1988); *Lejanía...* (1996).

EL CORTE DE CAÑA

Es NOCHE. En los bohíos la luz está encendida.
Los gallos agudizan sus cantos a la vida.
El rocío ha mojado los campos aún sombríos.
Olor de café fresco despierta en los bohíos;
y constante a la noche abre torcidas grietas
un monótono y áspero rechinar de carretas.

La zafra! Es que comienza la zafra! Qué alegría...!
En las cañas se cuaja cristalino temblor...
Y brillarán las mochas antes que apunte el día...
(El buey ya sabe su misión.)

El acero, al cortar el despajado fruto,
lanza al naciente sol su nota musical;
y la caña le ofrece el óptimo tributo
de su dulzura de panal.

Que si perfuma el sándalo al hacha que lo hiere,
la caña, generosa y orgullosa también,
al corto acero rústico acaso brindar quiere
la maravilla de su miel.

Porque la caña es como un alma nazarena
que su dulzura ofrece a toda crueldad;
que da néctar al agrio filo que la cercena,
y al hierro que la estruja opone su bondad.

¡La zafra...! Qué alegría...! El sol que nace echa
anticipado oro sobre el cuadro rural.
Baco de las vendimias auspicia la cosecha,
oculto en el cañaveral.

El manso buey devora cogollos relucientes;
y junto a las pirámides de las cañas cortadas
las carretas alargan sus pértigos salientes,
y abren su dentadura las recias estacadas.

La caña salta al golpe de la mocha blandida
por el brazo certero... y luego de trazar
un arco en el espacio —música suspendida—
cae sobre el montículo de cañas a cargar.

Las abejas se asombran y salen de su nido
—rubias presentidoras de un provecho mejor—
a chupar los panales que ellas no han construido,
ávidas de saber dónde brota esa flor...

Dónde brota esa flor que sin ardua faena
de abejas obedientes a la ley del panal,
hace de cada caña una absurda colmena,
más dulce que su propio palacio de cristal...!

LAS CARRETAS EN LA NOCHE
(fragmento)

MIENTRAS LENTAMENTE los bueyes caminan,
las viejas carretas rechinan... rechinan...

Lentas van formando largas teorías
por las guardarrayas y las serventías...

Vadean arroyos, cruzan las montañas
llevando el futuro de Cuba en las cañas...

Van hacia el coloso de hierro cercano:
van hacia el ingenio norteamericano...

Y como quejándose cuando a él se avecinan,
las viejas carretas rechinan... rechinan...

Espectral cortejo de incierta fortuna,
bajo el resplandor de caña de la luna...!

Dando tropezones, a obscuras, avanza
el fantasmagórico convoy de esperanza.

La yunta guiadora de la cuerda tira,
mientras el guajiro canta su guajira...

Ovillo de amores que se desarrolla
en la melancólica décima criolla:

"Hoy no saliste al portal
cuando a caballo pasé:
guajira: no sé por qué
te estás portando muy mal..."

Y al son de estos versos rechinan inquietas
con su dulce carga las viejas carretas...

"En el verde platanal
hoy vi una sombra correr:
mucho tendrá que temer
quien te me quiera robar,
que ya yo tengo un altar
para hacerte mi mujer."

En bruscos vaivenes se agachan, se empinan
las viejas carretas... rechinan... rechinan...

[...]

Vadean arroyos... cruzan las montañas
llevando la suerte de Cuba en las cañas...

Van hacia el coloso de hierro cercano:
van hacia el ingenio norteamericano,

y como quejándose cuando a él se avecinan,
cargadas, pesadas, repletas,
¡con cuántas cubanas razones rechinan
las viejas carretas...!

UN PUEBLO

CHORROS DE SOL. Mañana de marzo. Primavera.
Reciente asfalto enluta la antigua carretera.
El pueblo es una clara sorpresa de verdura.
(Corazón: evitemos hacer literatura).

Caballos campesinos piafan en los portales,
y dan al pueblo un vaho de fragancias rurales.
Esperando el arribo de una caballería,
se ve chispear la roja fragua de la herrería.
Pasan guajiros de jipijapa y machete.
El reloj del Ayuntamiento da las siete.

Charlas en las esquinas; trajín en las bodegas.
De los cortes cercanos hablan voces gallegas.
Alisios de vainilla vienen del campo. Asombra
que los hijos del sol amen tanto la sombra.
En el parque sombrío ni una hoja se mueve.
El reloj del Ayuntamiento da las nueve.

Van quedando sin gente la tienda y la botica.
Nadie escucha la vieja campana que repica
anunciando la misa y avisando a los fieles.
Gorriones alocados pían en los laureles.
Y rápidas, chirriantes, hacia distintas vías,
atraviesan el pueblo las carretas vacías,
que han de volver cargadas al ingenio otra vez.
El reloj del Ayuntamiento da las diez.

Con cierta indiferencia elegante, a mi fe,
los clientes asiduos van llegando al café:
colonos, hacendados, vagos, profesionales;
sabios componedores de los pleitos rurales
que no van al juzgado ni dirime el machete...
Es hora de los dados... hora del cubilete...
—Cuatro ases... tres negros... dos reyes... ¡Carabina!
Burbujeantes cocteles ofrece la cantina.
La política —es justo— su férrea bomba estalla:
—¡Fulano es un imbécil...! ¡Mengano es un canalla!

—¡A este Martini seco le falta la aceituna…!
—¡El Presidente ha hecho una enorme fortuna…!
—Cuatro jotas… Espera: tres reyes… ¡Cinco ases…!
La radio suelta al aire anuncios y compases.
—El alcalde se ha ido para La Habana —clama
un concejal que engola la voz… Pasa una dama.
—¡Qué buena está! —musita, salaz, un contendiente.
Con gesto malicioso sonríe el dependiente.
Y en su escritorio, el dueño, que de nada se extraña,
devora las noticias de los cables de España.
Llega el tren de viajeros… —¿quién vino?— Unos viajantes…
—Ésos no traen nunca noticias importantes…
Baja del tren un tipo a quien nadie conoce.
El reloj del Ayuntamiento da las doce.

Bochorno. El sol irrita los ojos deslumbrados.
Leve polvillo rojo revuela en los tejados.
Callaron los molinos sus aspas rechinantes.
Van Quijotes y Sanchos en sendos Rocinantes.
Molestan y deprimen calores prematuros.
Aploman el Oeste nubarrones oscuros,
ubres del codiciado aguacero ilusorio.

Cada guajiro cree que es un observatorio:
pronostica tormentas, anuncia agua a torrentes…
¡Y las lluvias se han declarado independientes!
Con arrias de carbón pasa gente montuna.
El reloj del Ayuntamiento da la una.

Así, por el espacio, va tropezando el día.
En el Ayuntamiento duerme la policía.
El párroco del pueblo —agricultor experto—
riega con mano santa su jardín y su huerto.

No esperéis que esta hora algo imprevisto marque.
Un caballo pretende comer hierba en el parque,
pero todos advierten que es inútil su intento:
los caballos no comen ladrillos y cemento.
Hierba y maíz prefieren el caballo y la res.
El reloj del Ayuntamiento da las tres.

Los leñadores llegan del corte con sus hachas.
Anochece. Las calles se pueblan de muchachas.
Empiezan a llegar los socios al Casino:
tal es el cotidiano lugar de su destino.
Los *dandies* del poblado, tenorios del paseo,
se dan citas ingenuas para el bar del Liceo.
Y en el café que usted, lector mío, conoce,
hay una escena igual a aquella de las doce:
tirar de dados… tragos… golpes de cubilete…
El reloj del Ayuntamiento da las siete.

A las ocho, en el parque, rotación y retreta,
bajo la gracia municipal de la glorieta.
Lapso de calma. Antes que la noche termine,
viajaremos a bordo de la nave del cine.
Sueños. Nostalgias. Vistas de exóticos países.
La Alemania de Hitler… La Francia de los Luises…
Nueva York, la fantástica, la belleza española…
El amor y la muerte, el volcán y la ola…
Todo con arte y gracia se perfila y se mueve.
El reloj del Ayuntamiento da las nueve.

Después, la noche larga. Las estrellas del Sur
bordan en el espacio su encendida guipur.
A las doce comienzan los gallos sus avisos,
y así, de patio en patio, constantes y precisos,

van prolongando extrañas confidencias galantes
a cercanos conucos y a colonias distantes.
Duerme el pueblo sus dulces cansancios campesinos:
se abatieron las crestas, se apagaron los trinos,
y el silencio cae como, si en la noche ardorosa,
el silencio y la noche fueran la misma cosa.

LA PIEDRA DESNUDA

VINE A DECIRTE ADIÓS, piedra desnuda.
Te quedas sola en medio de la noche.
Muchas veces en ti recliné mi cabeza
y tuve el sueño de Jacob. Ahora,
al continuar el viaje, no me llevo
sino la huella roja de tu arruga
en la mejilla. Soy agradecido.
Las suaves almohadas no me han dado
sino plácidos sueños, enervantes
apreciaciones de la vida. Hacía
falta a mi voluntad tu agria dureza.

Tal vez eres la misma que a Jacob
le dio el bíblico sueño, y en tu entraña,
como en raro metal, duerme el augurio.
Te quedas sola en medio de la noche…
Vengo a decirte adiós, piedra desnuda…!

José Manuel Poveda
[Santiago de Cuba, 1888-Manzanillo, 1926]

Obra poética: *Versos precursores* (1917); *Proemios de cenáculo* (1948);
Órbita de José Manuel Poveda (1975); *Obra poética* (1988).

VERSOS PRECURSORES

CON EL GESTO profundamente comprensivo
de un porfirogeneta, con tranquilidad,
he afirmado la huraña vida de que vivo;
consagro mi silencio incomunicativo,
soberbio de serenidad.

Pasos sobrios y tercos que avanzan callados
hacia fines sombríos, sin saber quizás
cuál objeto secreto le muestran los hados,
pero que en la alta noche marchan obstinados
por el gozo de andar no más.

Historia interminable, de ansia y paradoja,
cruel acontecimiento, largo de contar;
mis dedos displicentes doblaron la hoja,
y hoy suple sabiamente la antigua congoja
un dulce placer de olvidar.

Amores no esperados llegan a mi rostro
y un poco subrepticios, besan al pasar;
mas ante ningún ídolo nuevo me postro;
que en medio del abrupto camino que arrostro
no tengo sitio para amar.

¡El porvenir! La nave, con la vela izada
para el viaje profundo, luego zarpará;
y bien que el horizonte no me oculte nada
buscaré sobre el ponto la nueva alborada,
con fe en el postrer más allá.

Y entretanto el poema seguro y altivo
compondré, frente al exorbitante confín;
haré arder en visiones mi verbo sativo
y he de entonar el canto de abstruso motivo,
aun cuando ignore con qué fin.

RETIRO

ME ENCANTA MI BARRIADA vasta y fría,
sus calles grises de andurrial mezquino,
y el fraterno aposento donde vino
tu calma a confundirse con la mía.

Yo haría largo este vivir obscuro,
duradera esta dulce paz segura,
muy en ti, que eres toda la natura,
muy en mí, que soy todo ensueño puro.

Vivir en comunión de carne y alma
y del vino sensual beber en calma
la copa que nosotros conocemos;

tan lejos de los hombres, que si alguno
pregunta quiénes somos, de consuno
responderán los hombres: —No sabemos.

SERENATA

CON LA VOZ DE OTRO TIEMPO, con la antigua voz pura
de las viejas jornadas sin dolor ni amargura,
vengo a darle al silencio, cerca de tu ventana,
una serenata insegura
que te recuerde otra lejana.

En pugna con la suerte, vencedor del destino,
mil veces extraviado, recobré mi camino;
y hoy vuelvo a hacerte ofrenda de mis cantares tristes
—vaso de muerte, negro vino—,
aun cuando sé que ya no existes.

¡Qué largo el tiempo desde que se abatió mi vida
sobre las propias huellas de la tuya, querida!
Olvido lanzó bruma y silencio en el pasado,
mas sobre la huella perdida
ya tú ves cómo he retornado.

Cerrada, en la penumbra, muestra su visionaria
ceguera tu desierta vidriera solitaria;
pero yo sé que cuando surja el grito doliente
de mi canción extraordinaria
tú habrás de estar allí presente.

A la voz conocida tú acudirás, quién sabe
más amante que nunca y más bella y más grave,
y exhalará mi pecho, por sobre del olvido,
una armonía sobria y suave
que solamente oirá tu oído.

Pondrás tu mano blanca entre mi mano bruna
mientras cante mi boca la canción oportuna,
y si alguien cruza entonces el sendero sombrío,
verá sólo un rayo de luna
y sentirá un poco de frío.

JULIÁN DEL CASAL

Canto Élego

GRAVE CAMPANERO, nocturno mastín funerario
que atisbas el Tránsito al brillo de tu lampadario,
y doblas tus dobles con lento ademán:
dime si le viste, y dime a qué obscura ribera
fue el dulce poeta precito en su marcha postrera,
Cerbero que espías a los que se van.

Aquel heresiarca fue todo de pétalo y cántico;
bardo decadente, llevó un dulce nombre romántico;
cantó en loa del bien sonatinas del mal;
loco de tristeza, gimió su pesar taciturno,
flamínea en su frente la lívida luz de Saturno,
rapsoda del propio relato fatal.

Niño alucinado, previó que se iría temprano,
e indolentemente, tendió hacia la sombra su mano,
cual vaso vacío al escanciador.
Murió para el gozo, que artero un callado verdugo
le puso en el vaso, tal como a los magos de Hugo,
perenne brebaje de angustia y rencor.

Le halló la alborada tallando en zafiro el espacio,
lanzando sus hojas marchitas al viento despacio,
puliendo en facetas su desilusión;
fogoso y doliente, con fuego y dolores del trópico,
torvo e intranquilo, debajo de su credo utópico,
y con sed de vicios en el corazón.

Mas vino la tarde. Nevaba, y un lírico anhelo
llevole a otra senda, bajo otro mirífico cielo,
sobre una gran cumbre de Serenidad.
Vio egregias visiones: a Saulo en el santo camino,
y al bardo del Lacio, gozando su infausto destino,
con indefinible voluptuosidad.

Y al fin fue la noche. Satán murmuró su trisagio
y dijo el ritual. Baudelaire en monótono adagio
cantó las antífonas turbias del mal;
Volupta fue diosa; Tristeza fue goce y demencia;
fue cuerda quebrada de orgasmo y de luto Juvencia;
Saturno vertía su lumbre letal.

Abriose una tumba. Cayó como cae una estrella
en el infinito, sin más oblación ni otra huella
que lívida estela de efímera luz.
Divino blasfemo para el que fue odiosa Natura,
no pudo en el vago Moriah donde halló sepultura
crecer una flor ni elevarse una cruz.

Grave campanero, nocturno mastín funerario,
que atisbas el Tránsito al brillo de tu lampadario,
y doblas tus dobles con lento ademán:
dime si le viste, y dime a qué obscura ribera
fue el dulce poeta precito en su marcha postrera,
Cerbero que espías a los que se van.

SOL DE LOS HUMILDES

Todo el barrio pobre,
el meandro de callejas, charcas y tablados, de repente
se ha bañado en el cobre
del poniente.

Fulge como una prenda falsa el barrio bajo,
y son de óxido verde los polveros
que, al volver del trabajo,
alza el tropel de obreros.

El sol alarga este ocaso,
contento al ver las gentes, los perros y los chicos,
saludarle con cariño al paso,
y no con el desdén glacial de los suburbios ricos.

Y así el sátiro en celo
del sol, no ve pasar una chiquilla
sin que, haciendo de jovial abuelo
le abrase a besos la mejilla.

Y así a todos en el barrio deja un mimo:
a las moscas de estiércol, en la escama,

al pantano, sobre el verde limo,
a la freidora, en la sartén que se inflama,
al vertedero, en los retales inmundos;
y acaba culebreando alegre el sol
en los negros torsos de los vagabundos
que juegan al *base-ball*.

Penetra en la cantina
buen bebedor, cuando en los vasos arde
la cerveza, y se inclina,
sobre nosotros, a beber la tarde.

Pero entonces comprende
que se ha retrasado,
y en la especie de fuga que emprende
se sube al tejado.

Un minuto, y adviene la hora de esplín,
la oración misteriosa y sin brillo,
y el nocturno, medroso violín
del grillo.

EL GRITO ABUELO

LA ANCESTRAL TAJONA
propaga el pánico,
verbo que detona,
tambor vesánico;

alza la tocata de siniestro encanto,
y al golpear rabioso de la pedicabra,

grita un monorritmo de fiebre y de espanto:
su única palabra.

Verbo del tumulto,
lóbrega diatriba,
del remoto insulto
sílaba exclusiva.

De los tiempos vino y a los tiempos vuela;
de puños salvajes a manos espurias,
carcajada en hipos, risa que se hiela,
cánticos de injurias.

La tajona inulta
propaga el pánico;
voz de turbamulta,
clamor vesánico.

Canto de la sombra, grito de la tierra,
que provoca el vértigo de la sobredanza,
redobla, convoca, trastorna y aterra,
subrepticio signo, ¡he! que nos alcanza

distante e ignoto,
y de entonces yerra y aterra y soterra
seco, solo, mudo, vano, negro, roto,
grito de la tierra,
lóbrega diatriba,
del dolor remoto
sílaba exclusiva.

Mariano Brull
[Camagüey, 1891-La Habana, 1956]

Obra poética: *La casa del silencio* (1916); *Poemas en menguante* (1928);
Bosque sin horas (1932); *Canto redondo* (1934); *Solo de rosa* (1941);
Tiempo en pena (1950); *Nada más que...* (1954); *La casa del silencio.*
Antología. 1916-1954 (1976); *Poesía* (1983); *Poesía y Prosa. 1916-1955*
(2001).

YO ME VOY A LA MAR DE JUNIO...

Yo ME VOY a la mar de junio,
a la mar de junio, niña.
Lunes. Hay sol. Novilunio.
Yo me voy a la mar, niña.
A la mar canto llano del viejo
Palestrina.

        Portada añil y púrpura
con caracoles de nubes blancas
y olitas enlazadas en fuga.
A la mar, ceñidor claro.
A la mar, lección expresiva
de geometría clásica.
Carrera de líneas en fuga
de la prisión de los poliedros
a la libertad de las parábolas
—como la vio Picasso el dorio—.

Todavía en la pendiente del alma
descendiendo por el plano inclinado.
A la mar bárbara, ya sometida
al imperio de helenos y galos;
no en paz romana esclava,
con todos los deseos alerta:
grito en la flauta apolínea.
Yo me voy a la mar de junio,
a la mar, niña,
por sal, saladita...
     —¡Qué dulce!

VERDEHALAGO

POR EL VERDE, verde
verdería de verde mar
Rr con Rr.

Viernes, Vírgula, virgen
enano verde
verdularia cantárida
Rr con Rr.

Verdor y verdín
verdumbre y verdura.
Verde, doble verde
de col y lechuga.

Rr con Rr
en mi verde limón
pájara verde.

Por el verde, verde
verdehalago húmedo
extiéndome. —Extiéndete.

Vengo de Mundodolio
y en Verdehalago me estoy.

EPITAFIO A LA ROSA

ROMPO UNA ROSA y no te encuentro.
Al viento, así, columnas deshojadas,
palacio de la rosa en ruinas.
Ahora —rosa imposible— empiezas:
por agujas de aire entretejida
al mar de la delicia intacta,
donde todas las rosas
—antes que rosa—
belleza son sin cárcel de belleza.

EL NIÑO Y LA LUNA

LA LUNA Y EL NIÑO JUEGAN
un juego que nadie ve;
se ven sin mirarse, hablan
lengua de pura mudez.
¿Qué se dicen, qué se callan,
quién cuenta, una, dos y tres,
y quién, tres, y dos y uno
y vuelve a empezar después?

¿Quién se quedó en el espejo,
luna, para todo ver?
Está el niño alegre y solo:
la luna tiende a sus pies
nieve de la madrugada,
azul del amanecer;
en las dos caras del mundo
—la que oye y la que ve—
se parte en dos el silencio,
la luz se vuelve al revés,
y sin manos, van las manos
a buscar quién sabe qué,
y en el minuto de nadie
pasa lo que nunca fue…

El niño está solo y juega
un juego que nadie ve.

ASÍ

ÉSTE ES EL RELÁMPAGO calado por la lluvia,
que deja atrás el trueno en el espacio espeso,
por pulir el tornasol del tiempo retardado.

Éste es el muñón de la estrella deshecha,
por gran muerte inflamada, muriendo en muerte enana
en el mínimo seno de una gota de agua.

Éste es el rosal creciendo en el esqueleto
asomado por el hueco del oído
al gran rumor del mundo pereciente…

Ésta es la rosa que abrió en el esqueleto
y sale por los ojos, mirándose y mirando
desde el hondón oscuro de pupilas de antes.

Éste es el gallo, abanderado de su cresta,
con la mirada en alto, mirando y remirando.
Ojo avizor. Oído agudo. Olvidadizo y pronto:
con el mundo que no es más que ojos, mira;
con el mundo que no es más que oído, oye.
En torno a su figura exacta, y penetrándola,
ronda la nada asida a la absoluta ausencia
—muda y sorda y eterna— pastor de mundos ciegos.

José Zacarías Tallet

[Matanzas, 1893-La Habana, 1989]

Obra poética: *La semilla estéril* (1951); *Órbita de José Zacarías Tallet* (1969); *Vivo aún* (1978); *Poesía y prosa* (1979); *Poesía* (1988)

ELEGÍA DIFERENTE

A Carlos Riera, en la eternidad

CARLOS, mi amigo Carlos,
hoy hace varios años que te has muerto.
(Mi corazón se encoge
ante la persistencia tenaz de tu recuerdo.)

Tú no has muerto del tifus ni de la meningitis,
como dicen los médicos;
tú te has muerto de asco, de imposible o de tedio.

¡Qué bien te conocía, Carlos Riera!
¿Ves cómo confirmaste mi sospecha
de que harías algo de mucha trascendencia?
Algo en verdad que no era el libro árido
de aparentes verdades que estabas preparando
para endilgarnos
dentro de 20 o 25 años.

(¿Pretenderás, Pelona, que te demos las gracias
porque de su lectura nos libraste?)

Ya tanto fantaseabas
sobre cosas abstrusas
y mirabas tan poco hacia afuera,
que, descuidado, asiéndote la Intrusa,
te arrastró, compasiva, con ella
para calmar tu sed y tu impaciencia.
Ya estarás satisfecho,
pues sabes lo que ignoran tus maestros.

Ya no serás el ciego
que de noche en el bosque perdiera
su bastón y su perro.

Pero, ¿con qué derecho
te marchaste llevándote mi hacienda?
De ser cierto el refrán "un amigo
es un tesoro", casi me quedo en la miseria.
¡Y eso no está bien hecho, Carlos Riera!

...El día de tu muerte —¡bien me acuerdo!—
me cogió la noticia de sorpresa,
a pesar de que el aciago telegrama
era amarillo y negro.

Te lloré con las lágrimas con que llora el niño,
con lágrimas que mojan, verdaderas
—¡y tanto que creía que su fuente
se había en mí secado para siempre!
(Más tarde, ¡cuántas veces te he llorado
con invisibles lágrimas internas!)

¡Qué extraño era tu rostro entre las cuatro velas!
Verdoso, patilludo; y asomaba a tus labios
una semisonrisa de desprecio o de triunfo.
¡Qué trabajo
me costaba creer que ya nunca
volverías a hablarnos
de intrincados problemas abstractos!

Mas, mi pobre Carlos,
¡ya lo creo que estabas bien muerto!
Como hoy, si duda, ya estarás podrido:
solamente me queda tu recuerdo,
que se irá conmigo.

Sin embargo, te finjo
en el plácido alcázar de los muertos,
clásicamente revestido
de una inconsútil toga
que dignifica tu asombrada sombra…
Te habrás apresurado hacia el departamento
de los filósofos que fueron…
—espíritus afines o maestros.

El viejo Spencer
a quien tanto leíste y comentaste,
al verte, satisfecho,
mesará sus diáfanas patillas astrales;
y todos,
protectoramente, golpearán tu hombro
con aire de maestros,
aunque tú sabrás tanto como ellos.

¿Quién me asegura que una carcajada,
de las que, con frecuencia, aquí se te escapaban,
no se te irá al recuerdo
de tu admirado magíster don José Ingenieros?
¿No sientes lástima por los que nos quedamos,
tú, que ahora conoces el Misterio?

Carlos, si te paseas entre las sombras
de los buenos filósofos de ayer,
dale muchos recuerdos a Spinoza,
estrecha con respeto la mano de Darwin,
y abraza fuertemente de mi parte
a mi gran amigo Federico Amiel.

PROCLAMA

GENTE MEZQUINA y triste,
que al par sabéis de las rebeldías vergonzantes e incógnitas
y de las renunciaciones cobardes y heroicas,
escuchad la voz de uno que habla por vosotras.

Yo soy el poeta de una casta que se extingue,
que lanza sus estertores últimos ahogada por el imperativo de la historia;
de una casta de hombres pequeños, inconformes y escépticos,
de los cómodos filósofos de "en la duda, abstente",
que presiente el alba tras las negruras de la noche,
pero les falta fe para velar hasta el confín de la noche
(¿no oís el trueno sordo de la impotencia nuestra?).

Soy uno de los últimos que dicen,
trágicamente, "yo",

convencido a la vez de que el santo
y seña de mañana tiene que ser "nosotros".

Yo soy el que en su día y en su medio
rompió con fiera alacridad moldes arcaicos;
al que los hierofantes tropicales ultranuevos,
a la sazón, de sibilino, desdeñosamente tildaron,
cuando el anarquismo de las imágenes aún no había cruzado el charco,
arribando a las playas criollas
por la vía de los ajenos maestros consagrados.

Soy un hombre genuino de mi clase y mi medio,
soy el representante auténtico
de una casta que se va, que desaparece sin remedio.

Llevo hundidas hasta los tuétanos las raíces milenarias del pasado,
y clavadas en lo más hondo las saetas venenosas del ayer,
contra cuya punzadura mortífera, gallarda e inútilmente me revuelvo,
y, aunque me cueste un triunfo, sinceramente lo confieso.

Veo mis taras y enrojezco hasta la punta del cabello;
y cegado por el resplandor de las hogueras del pasado,
no vislumbro el camino que me conduzca a donde se forja lo nuevo.

Palpo la vanidad de todos los dioses y me signo en la sombra,
y a hurtadillas de mí mismo, alzo los ojos al cielo,
alimentando a la vez la certeza de que eso, y nada más, es el cielo.

Y a sabiendas de que 2 y 2 han sido,
son y serán jamás no más que 4,
me estremecen los ruidos ignotos, de cuando en cuando.

Y ante el tumulto mayestático y positivo de las olas del océano,
me seduce la mezquina gota de agua aislada en el microscopio;
y gritando a ratos en voz alta "nosotros",
repito una y mil veces en voz muy baja "yo".

Soy de la estirpe de los hombres puentes;
y justifico la obsesión del ayer, que me retiene preso,
con la preocupación, pueril y remota,
del pasado mañana, que a nadie le importa;
soy capaz del absurdo de todos los oscuros sacrificios,
sin la convicción del profeta, del apóstol o de sus discípulos.

Quise en mi tiempo romper unos cuantos eslabones,
y me expresé en mi tiempo con palabras distintas,
y fui precursor en mi tiempo de lo que era diferente y contrario de ayer.

Hoy estoy solo, absolutamente solo,
y no soy de mañana ni de ayer.
Pero los de ayer me consideran de mañana
y los de mañana me juzgan un hombre de ayer.
Mas yo me yergo, altivo y arrogante,
cual pétreo monolito en medio del desierto,
y sé quién soy, y lo que soy, he sido y seré,
y lo que se me debe y lo que hice y lo que todavía puedo hacer.

Y sé que en mi tiempo di golpes de mandarria para quebrar cadenas,
y que si no pude romperlas fue porque no podía ser.
Y que si otros vinieron detrás y las rompieron,
algo menos duras las encontraron por los golpes con que no las pude
    romper.

Yo he cantado las congojas del hombre que no puede ser de mañana
y no quiere seguir siendo de ayer:

angustias que a nadie interesan, mas que experimentan
cuantos, como yo, no son de mañana ni de ayer,
y que están retratados en mis cantos,
con sus debilidades, sus dudas, sus anhelos
y los frenos que no saben o no se atreven a romper.

Y si no gusto a los bardos de ayer y de mañana
¡qué le vamos a hacer!

Es doloroso despreciar a quien se ama,
y desgarrador confesar lo que uno es
cuando otra cosa muy diferente, muy diferente quisiéramos ser.

Y es ridículo hablar de sí mismo cuando a nadie le importa.
La justificación es que yo hablo a nombre de una casta a punto de perecer.
Por eso me dirijo a la gente mezquina y triste
de las rebeldías vergonzantes y tímidas,
de quien soy el poeta, el cantor por excelencia…
¡Oh, casta que se extingue, que naufraga
en la devastadora tormenta
que se produce al choque del ayer con el mañana!

Regino Pedroso

[Unión de Reyes, 1896-La Habana, 1983]

Obra poética: *Nosotros* (1933); *Antología poética. 1918-1938* (1939); *Mas allá canta el mar* (1939); *Bolívar, sinfonía de libertad* (1945); *El ciruelo de Yuan Pei Fu. Poemas chinos* (1955); *Poemas. Antología* (1966); *Obra poética* (1975); *Órbita de Regino Pedroso* (1975); *Solo acero* (1979); *Poesías* (1984); *Poesías* (1996).

SALUTACIÓN FRATERNA AL TALLER MECÁNICO

TENSIÓN VIOLENTA del esfuerzo
muscular. Lenguas de acero, las mandarrias,
ensayan en los yunques poemas estridentistas
de literatura de vanguardia.

Metalurgia sinfónica
de instrumentales maquinarias;
ultraístas imágenes de transmisiones y poleas;
exaltación soviética de fraguas.

¡Oh taller, férreo ovario de producción! Jadeas
como un gran tórax que se cansa.
Tema de moda del momento
para geométrico cubismo
e impresionismo de metáforas.

Pero tienes un alma colectiva
hecha de luchas societarias;
de inquietudes, de hambre, de laceria,
de pobres carnes destrozadas:
alma forjada al odio de injusticias sociales
y anhelos sordos de venganza…

Te agitas, sufres, eres
más que un motivo de palabras.

Sé tu dolor perenne,
sé tu ansiedad humana,
sé cómo largos siglos de ergástula te han hecho
una conciencia acrática.

Me hablas de Marx, del Kuo Ming Tang, de Lenin;
y en él deslumbramiento de Rusia libertada
vives un sueño ardiente de redención;
palpitas, anhelas, sueñas; lo puedes todo y sigues
tu oscura vida esclava.

Y me abrumas, me entristeces el alma,
me haces escéptico, aunque a veces
vibre al calor de tus proclamas,
y diga siempre a mis hermanos
de labores:
"Buenos días, compañero, camarada".

Son tus hijos, los hijos
de cien generaciones proletarias,
que igual que hace mil años piden en grito unánime
una justicia igualitaria.

Son tus hijos, los tristes,
que angustiados trabajan, trabajan, trabajan
en un esfuerzo fértil de músculos y nervios;
pero estéril al sueño de gestas libertarias.

Son tus hijos que sueñan,
mientras los eslabones de sus días se enlazan,
que en los entristecidos cielos de sus pupilas
surge un fulgor de nuevas albas.

Son tus hijos, que a diario
te ofrendan las vendimias de sus vidas lozanas;
que gritan sus angustias al rechinar del torno
mientras tú, apenas óyeles, como a cosas mecánicas.

¡Oh, taller resonante de fiebre creadora!
¡Ubre que a la riqueza y a la miseria amamanta!
¡Fragua que miro a diario forjar propias cadenas
sobre los yunques de tus ansias!

¡Esclavos del Progreso,
que en tu liturgia nueva y bárbara
elevas al futuro, con tus voces de hierro,
tu inmenso salmo de esperanza!

Ah, cómo voy sintiendo que también de mí un poco
te nutres; yo que odiaba,
sin comprender, tu triste alma colectiva
y tu tecnología mecánica.

Yo que te odié por absorbente;
que odié tus engranajes y tus válvulas;
que odié tu ritmo inmenso porque ahogaba
mi ritmo interno en ronca trepidación de máquinas.

¡Yo te saludo en grito de igual angustia humana!
¿Fundirán tus crisoles los nuevos postulados?

¿Eres sólo un vocablo de lo industrial: la fábrica?
¿O también eres templo
de amor, de fe, de intensos anhelos ideológicos
y comunión de razas?…

Yo dudo a veces y otras,
palpito, y tiemblo, y vibro con tu inmensa esperanza;
y oigo en mi carne la honda VERDAD de tus apóstoles:
¡que eres la entraña cósmica que incubas el mañana!

CONCEPTOS DEL NUEVO ESTUDIANTE

YO FUI HASTA AYER ceremonioso y pacífico…
Antaño bebí el té de hojas maduras de Yunnan
en finas tazas de porcelana;
descifraba los textos sagrados de Lao-tseu,
de Meng-tseu,
y del más sabio de los sabios, Kung-fu-tseu.

En el misterio de las pagodas
mi vida transcurría armoniosa y serena:
blanca como los lotos de los estanques,
dulce como un poema de Li-tai-Pe,
siguiendo en los crepúsculos
el *looping the loop* de un vuelo de cigüeñas
perfilarse en el biombo de un cielo de alabastro.

Me ha despertado un eco de voces extranjeras,
surgido de las bocas de instrumentos mecánicos;
dragones que incendian con gritos de metrallas
—ante el horror de mis hermanos asesinados en la noche—,
mis casas de bambú
y mis pagodas milenarias.

Y ahora, desde el avión de mi nueva conciencia,
atalayo las verdes llanuras de Europa,
sus ciudades magníficas,
florecidas de hierro y de piedra.

Se ha desnudado en mis ojos el alba de Occidente.
Entre mis manos pálidas,
la larga pipa de los siglos
ya no me brinda el opio de la barbarie;
hoy marcho hacia la cultura de los pueblos
ejercitando mis dedos en el gatillo del máuser.

En la llama del mundo
cocciono impaciente la canción del mañana;
quiero aspirar profundamente la nueva época
en mi ancha pipa de jade.

Una inquietud curiosa ha insomnizado mis ojos oblicuos.
Y para otear más lejos el horizonte,
salto sobre la vieja muralla del pasado…

¡Yo fui hasta ayer ceremonioso y pacífico!

VI

ELEGÍA SEGUNDA

Días de muerte pasaron, cual los ríos,
a perderse en las riberas de los tiempos.

Noche oscura, de angustias.
Mar negra, sin orillas,
miro pasar tus olas siempre tristes, iguales,
como iguales, sin gloria, van pasando los días.
¡Ah, lo que soñé!
¡Ah, lo que canté!

¡Ah, lo que anhelé afanoso, enloquecido y trémulo,
de pie, frente al rebaño de días miserables!

¡Ah, mis ojos, mi boca, mi carne!
En horizontes de algas se apagan mis pupilas;
por ondas de cenizas muriendo van mis manos;
mi voz, antaño unánime, va cada vez más sola;
y en esta mar de angustia,
esclavo grito, esclavo de días miserables.

Caracolas podridas soplan junto a mi oído;
en rocas calcinadas míseras bestias pacen;
se anemian los crepúsculos de rosas amarillas;
y en resacas fangosas y arrecifes de olvidos,
las voces precursoras que domaron los vientos
mueren a un sol de plomo en cruces de agonías.

Ruedan por aguas muertas las ansias milenarias
que una aurora engañosa hoy viste de oro incierto,

y voces desangradas en bajamar de tardes,
y manos mutiladas por el filo del viento,
y un clamor, y un soñar, y un morir
—¡y un cruel morir inútil!—;
todo en un gran tumulto de días miserables.

A veces del rosario sombrío de aguas mansas
una ola se eleva más alta, más potente.
—¡Ésa es —increpo al viento—; ésa es la ola
ancha de luz, rebelde, que se alzará en los días
con libre voz futura y fuerza más gigante!
Y en la manada de ondas que azota rudo el cierzo,
no hay más que una agonía de días miserables.

Sin embargo, ¡quién sabe qué vendrá de allá lejos!
De allá donde se aplasta el ojo contra el cielo;
de allá, de aquel tumulto de multitudes de olas
libres de calma inerme y escollos traicioneros…
Mientras, sobre estas aguas que arrastran mi destino,
todo lo dudo, todo lo amo, todo lo odio, lo niego todo.
Y en mi noche de angustia,
miro al cielo y los astros…

Y aún me estremezco… ¡y sueño!

LA FERIA DEL TIEN SING

ESTOY ALEGRE y danzo
porque voy a la Feria
Sagrada de Tien Sing.

—¿Adónde vas, discípulo?
—Oh, Maestro, hacia Tien Sing,
camino de la Feria!

Es fiesta de los dioses
que moran en la tierra;
y hay dragones de fuego,
salamandras que danzan,
tortugas amarillas,
jardines de linternas...

—¿Y por qué al viento el rostro
sin máscara, tú llevas?
¡Vamos, corre, discípulo,
anda y busca una máscara!
—¿Y qué máscara, Maestro,
pondré sobre mi cara?

—Oh, mi dulce discípulo:
una, cualquiera es buena!
La austera del gran bonzo,
la pálida del mártir,
la ingenua del creyente,
la santa del apóstol,
la del héroe o el genio...
¿Por qué irritar al cielo
con hosca faz desnuda?
Vamos, corre, discípulo:
nunca a la feria vayas
sin llevar una máscara.

Rubén Martínez Villena

[Alquízar, 1899-La Habana, 1934]

Obra poética: *La pupila insomne* (1936); *Órbita de Rubén Martínez Villena* (poesía y prosa) (1964); *Poesía y prosa* (1978, 2 tomos); *El párpado abierto* (antología, 1999).

SINFONÍA URBANA

2

ANDANTE MERIDIANO

Se extingue lentamente la gran polifonía
que urdió la multiforme canción de la mañana,
y escúchase en la vasta quietud del mediodía
como el jadear enorme de la fatiga humana.

Solemnidad profunda, rara melancolía.
La capital se baña de lumbre meridiana,
y un rumor de colmena colosal se diría
que flota en la fecunda serenidad urbana.

Flamear de ropa blanca sobre las azoteas;
los largos pararrayos, las altas chimeneas,
adquieren en la sombra risibles proporciones;

el sol filtra en los árboles fantásticos apuntes
y traza en las aceras siluetas de balcones
que duermen su modorra sobre los transeúntes.

3

Allegro vespertino

¡Ocasos ciudadanos, tardes maravillosas!
Pintoresco desfile de la ciudad contenta,
profusión callejera de mujeres hermosas:
unas que van de compra y otras que van de venta.

Tonos crepusculares de nácares y rosas
sobre el mar intranquilo que se adora y se argenta,
y la noche avanzando y envolviendo las cosas
en un asalto ciego de oscuridad hambrienta.

(Timbretear de tranvías y de cinematógrafos,
música de pianolas y ganguear de fonógrafos.)
¡La noche victoriosa despliega su capuz,

y un último reflejo del astro derrotado
defiende en las cornisas, rebelde y obstinado,
la fuga de la tarde, que muere con la luz!

4

Morendo nocturno

Un cintilar de estrellas en el azul del cielo
y una imponente calma de humanidad rendida,

mientras el mundo duerme bajo el nocturno velo,
como cobrando fuerzas para seguir la vida.

Alguna vaga y sorda trepidación del suelo
rompe la paz augusta que en el silencio anida,
y la lujuria humana, perennemente en celo,
transita por las calles de la ciudad dormida.

Ecos, roces, rumores… Nada apenas que turbe
el tranquilo y sonámbulo reposar de la urbe;
y todo este silencio de noche sosegada,

en donde se adivinan angustias y querellas,
es el dolor oculto de la ciudad callada
¡bajo la indiferencia total de las estrellas!

SONETO

TE VI DE PIE, desnuda y orgullosa
y bebiendo en tus labios el aliento,
quise turbar con infantil intento
tu inexorable majestad de diosa.

Me prosternó a tus plantas el desvío
y entre tus muslos de marmórea piedra,
entretejí con besos una hiedra
que fue trepando al capitel sombrío.

Se deshizo en suspiros tu mutismo,
cuando al llegar al borde del abismo
precipitó el final de mi delirio;

y del placer al huracán tremendo,
se doblegó tu cuerpo como un lirio
y sucumbió tu majestad gimiendo.

CANCIÓN DEL SAINETE PÓSTUMO

YO MORIRÉ PROSAICAMENTE, de cualquier cosa
(¿el estómago, el hígado, la garganta, ¡el pulmón!?)
y como buen cadáver descenderé a la fosa
envuelto en un sudario santo de compasión.

Aunque la muerte es algo que diariamente pasa,
un muerto inspira siempre cierta curiosidad;
así, llena de extraños, abejeará la casa
y estudiará mi rostro toda la vecindad.

Luego será el velorio: desconocida gente
ante mis familiares inertes de llorar
con el recelo propio del que sabe que miente
recitará la frase del pésame vulgar.

Tal vez una beata, neblinosa de sueño,
mascullará el rosario mirándose los pies;
y acaso los más viejos me fruncirán el ceño
al calcular su turno más próximo después.

Brotará la hilarante virtud del disparate
o la ingeniosa anécdota llena de perversión,
y las apetecidas tazas de chocolate
serán sabrosas pausas en la conversación.

Los amigos de ahora —para entonces dispersos—
reunidos junto al resto de lo que fue mi "yo",
constatarán la escena que prevén estos versos
y dirán en voz baja: —¡todo lo presintió!

Y ya en la madrugada, sobre la concurrencia
gravitará el concepto solemne del "jamás";
vendrá luego el consuelo de seguir la existencia…
Y vendrá la mañana… pero tú, ¡no vendrás!…

Allá donde vegete felizmente tu olvido
—felicidad bien lejos de la que pudo ser—
bajo tres letras fúnebres mi nombre y mi apellido,
dentro de un marco negro, te harán palidecer.

Y te dirán: —¿Qué tienes?… Y tú dirás que nada;
mas, te irás a la alcoba para disimular,
me llorarás a solas, con la cara en la almohada
¡y esa noche tu esposo no te podrá besar!

1922

LA PUPILA INSOMNE

TENGO EL IMPULSO TORVO y el anhelo sagrado
de atisbar en la vida mis ensueños de muerto.
¡Oh, la pupila insomne y el párpado cerrado!
(¡Ya dormiré mañana con el párpado abierto!)

1923

INSUFICIENCIA DE LA ESCALA Y EL IRIS

LA LUZ ES MÚSICA en la garganta de la alondra;
mas tu voz ha de hacerse de la misma tiniebla;
el sabio ruiseñor descompone la sombra
y la traduce al iris sonoro de su endecha.

El espectro visible tiene siete colores,
la escala natural tiene siete sonidos:
puedes trenzarlos todos en diversas canciones
que tu mayor dolor quedará sin ser dicho.

Dominando la escala, dominador del iris,
callarás en tinieblas la canción imposible.
Ha de ser negra y muda. Que a tu verso le falta

para expresar la clave de tu angustia secreta,
una nota, inaudible, de otra octava más alta,
un color, de la oscura región ultravioleta.

1923

PAZ CALLADA

Largolento en monorritmo de "A"

Y ESTA PERENNE ABULIA; esta inercia del alma
que no siente: ni espera ni rememora nada:
ni una ansiedad siquiera para el futuro: calma;
calma: ni una nostalgia de la vida pasada.

Pausas que se delatan en la quietud amarga;
el mismo tema diario se repite y se cansa;

la materia inactiva se degenera en larga
putrefacción creciente, como de linfa mansa…

Y ésta es la paz callada. Ni un ímpetu de ala.
Tan solo el verso arrastra su cansancio y escala
penosamente el duro silencio, se levanta

sobre el labio en un gesto de sonrisa macabra,
mientras la mano en garfio me estruja la garganta
¡para exprimir la gota de hiel de la palabra!…

1923

EL GIGANTE

¿Y QUÉ HAGO YO AQUÍ donde no hay nada
grande que hacer? ¿Nací tan sólo para
esperar, esperar los días,
los meses y los años?
¿Para esperar quién sabe
qué cosa que no llega, que no puede
llegar jamás, que ni siquiera existe?
¿Qué es lo que aguardo? ¡Dios! ¿Qué es lo que aguardo?
Hay una fuerza
concentrada, colérica, expectante
en el fondo sereno
de mi organismo; hay algo
hay algo que reclama
una función oscura y formidable.
Es un anhelo
impreciso de árbol; un impulso
de ascender y ascender hasta que pueda

¡rendir montañas y amasar estrellas!
¡Crecer, crecer hasta lo inmensurable!
No por el suave
placer de la ascensión, no por la fútil
vanidad de ser grande...
sino para medirme, cara a cara,
con el Señor de los Dominios Negros,
con alguien que desprecia
mi pequeñez rastrera de gusano
áptero, inepto, débil, no creado
para luchar con él, y que no obstante,
a mí y a todos los nacidos hombres,
goza en hostilizar con sus preguntas
y su befa, y escupe y nos envuelve
con su apretada red de interrogantes.
¡Oh, Misterio! ¡Misterio! Te presiento
como adversario digno del gigante
que duerme sueño torpe bajo el cráneo;
bajo este cráneo inmóvil que protege
y obstaculiza en dos paredes cóncavas
los gestos inseguros y las furias
sonámbulas e ingenuas del gigante.
¡Despiértese el durmiente agazapado,
que parece acechar tus cautelosos
pasos en las tinieblas! ¡Adelante!

Y nadie me responde, ni es posible
sacudir la modorra de los siglos
acrecida en narcóticos modernos
de duda y de ignorancia; ¡oh, el esfuerzo
inútil! ¡Y el marasmo crece y crece
tras la fatiga del sacudimiento!

¡Y pasas tú, quizás si lo que espero,
lo único, lo grande, que mereces
la ofrenda arrebatada del cerebro
y el holocausto pobre de la vida
para romper un nudo, sólo un viejo
nudo interrogativo sin respuesta!

¡Y pasas tú el eterno, el inmutable,
el único y total, el infinito!
¡Misterio! Y me sujeto
con ambas manos trémulas, convulsas,
el cráneo que se parte, y me pregunto:
¿qué hago yo aquí, donde no hay nada, nada
grande que hacer? Y en la tiniebla nadie
oye mi grito desolado. ¡Y sigo
sacudiendo al gigante!

1923

MENSAJE LÍRICO CIVIL
(fragmento)

[...]

Mas, ¿adónde marchamos, olvidándolo todo:
Historia, Honor y Pueblo, por caminos de lodo,

si ya no reconoce la obcecación funesta
ni aun el sagrado y triste derecho a la protesta?

¿Adónde vamos todos en brutal extravío
sino a la Enmienda Platt y a la bota del Tío?

José: nos hace falta una carga de aquéllas,
cuando en el ala bélica de un ímpetu bizarro,

al repetido choque del hierro en el guijarro,
iba el tropel de cascos desempedrando estrellas!

Hace falta una carga para matar bribones,
para acabar la obra de las revoluciones;

para vengar los muertos, que padecen ultraje,
para limpiar la costra tenaz del coloniaje;

para poder un día, con prestigio y razón,
extirpar el Apéndice de la Constitución;

para no hacer inútil, en humillante suerte,
el esfuerzo y el hambre y la herida y la muerte;

para que la República se mantenga de sí,
para cumplir el sueño de mármol de Martí;

para guardar la tierra, gloriosa de despojos,
para salvar el templo del Amor y la Fe,

para que nuestros hijos no mendiguen de hinojos
la patria que los padres nos ganaron de pie.

[...]

1923

PÁGINA DE LA DROGA CELESTE

SEMILLA DEL ENSUEÑO, la gota milagrosa
en una falsa muerte la Paz nos anticipa,
y orna la paz de imágenes. El alma, que reposa
la secular fatiga, ve cómo se disipa

su gran Dolor en una voluta caprichosa.
Humo que de la torpe materia la emancipa:
ensaya el vuelo ansiado la triste mariposa
a la crepitación caliente de la pipa...

¡Oh, la espiritualísima sensualidad del opio!
En el laboratorio del universo propio
se aduerme al fin la vieja demencia del análisis,

y el fumador, que a ratos su embriaguez desintegra,
hace brotar, luchando con la dulce parálisis,
un vasto ensueño rosa de la píldora negra.

1924

Nicolás Guillén

[Camagüey, 1902-La Habana, 1989]

Obra poética: *Motivos de son* (1930); *Sóngoro cosongo, poemas mulatos* (1931); *West Indies Ltd. Poemas* (1934); *Cantos para soldados y sones para turistas* (1937); *España, poema en cuatro angustias y una esperanza* (1937); *Sóngoro cosongo y otros poemas* (1942); *El Son entero: suma poética 1929-1946* (1947); *Elegía a Jesús Menéndez* (1951); *La paloma de vuelo popular* (1958); *Poesías* (1962); *Antología mayor* (1964); *Poemas de amor* (1964); *Tengo* (1964); *El gran zoo* (1967); *Poemas para el Che* (1968); *Antología poética* (1969); *Cuatro canciones para el Che* (1969); *Antología clave* (1971); *El Diario que a diario* (1972); *La rueda dentada* (1972); *Obra poética* (1972-1973); *Poemas manuables* (1975); *El corazón con que vivo* (1975); *Elegías* (1977); *Por el mar de las Antillas anda un barco de papel, poemas para niños mayores de edad* (1977); *Coplas de Juan Descalzo* (1979); *Música de cámara* (1979); *El libro de las décimas* (1980); *Suma poética* (1980); *El libro de los sones* (1982); *Nueva antología* (1986); *Las grandes elegías* (1992); *Todas las flores de abril* (1992); *Nueva poesía de amor: en algún sitio de la primavera* (1994); *Antología de la poesía cósmica de Nicolás Guillén* (2001); *Donde nacen las aguas. Antología* (2002); *Antología* (2002).

8. TÚ NO SABE INGLÉ

CON TANTO INGLÉ que tú sabía,
Bito Manué,
con tanto inglé, no sabe ahora
desí ye.

La mericana te buca,
y tú le tiene que huí:
tu inglé era de etrái guan,
de etrái guan y guan tu tri.

Bito Manué, tú no sabe inglé,
tú no sabe inglé,
tú no sabe inglé.

No te enamore má nunca,
Bito Manué,
si no sabe inglé,
si no sabe inglé.

LLEGADA

¡AQUÍ ESTAMOS!
La palabra nos viene húmeda de los bosques,
y un sol enérgico nos amanece entre las venas.
El puño es fuerte
y tiene el remo.

En el ojo profundo duermen palmeras exorbitantes.
El grito se nos sale como una gota de oro virgen.
Nuestro pie,
duro y ancho,
aplasta el polvo en los caminos abandonados
y estrechos para nuestras filas.
Sabemos dónde nacen las aguas,
y las amamos porque empujaron nuestras canoas bajo los cielos rojos.

Nuestro canto
es como un músculo bajo la piel del alma,
nuestro sencillo canto.

Traemos el humo en la mañana,
y el fuego sobre la noche,
y el cuchillo, como un duro pedazo de luna,
apto para las pieles bárbaras;
traemos los caimanes en el fango,
y el arco que dispara nuestras ansias,
y el cinturón del trópico,
y el espíritu limpio.

Traemos
nuestro rasgo el perfil definitivo de América.

¡Eh, compañeros, aquí estamos!
La ciudad nos espera con sus palacios, tenues
como panales de abejas silvestres;
sus calles están secas como los ríos cuando no llueve en la montaña.
y sus casas nos miran con los ojos pávidos de las ventanas.
Los hombres antiguos nos darán leche y miel
y nos coronarán de hojas verdes.
¡Eh, compañeros, aquí estamos!
Bajo el sol
nuestra piel sudorosa reflejará los rostros húmedos de los vencidos,
y en la noche, mientras los astros ardan en la punta de nuestras llamas,
nuestra risa madrugará sobre los ríos y los pájaros.

SENSEMAYÁ

Canto para matar a una culebra

¡MAYOMBE—bombe—mayombé!
¡Mayombe—bombe—mayombé!
¡Mayombe—bombe—mayombé!

La culebra tiene los ojos de vidrio;
la culebra viene y se enreda en un palo;
con sus ojos de vidrio, en un palo,
con sus ojos de vidrio.

La culebra camina sin patas;
la culebra se esconde en la yerba;
caminando se esconde en la yerba,
caminando sin patas.

¡Mayombe—bombe—mayombé!
¡Mayombe—bombe—mayombé!
¡Mayombe—bombe—mayombé!

Tú le das con el hacha y se muere:
¡dale ya!
¡No le des con el pie, que te muerde,
no le des con el pie, que se va!

Sensemayá, la culebra,
sensemayá.
Sensemayá, con sus ojos,
sensemayá.
Sensemayá, con su lengua,
sensemayá.

Sensemayá, con su boca,
sensemayá.

La culebra muerta no puede comer,
la culebra muerta no puede silbar,
no puede caminar,
no puede correr.
La culebra muerta no puede mirar,
la culebra muerta no puede beber,
no puede respirar,
no puede morder.

¡Mayombe—bombe—mayombé!
Sensemayá, la culebra…
¡Mayombe—bombe—mayombé!
Sensemayá, no se mueve…
¡Mayombe—bombe—mayombé!
Sensemayá, la culebra…
¡Mayombe—bombe—mayombé!
Sensemayá, se murió.

GUITARRA

A Francisco Guillén

TENDIDA en la madrugada,
la firme guitarra espera:
voz de profunda madera
desesperada.

Su clamorosa cintura,
en la que el pueblo suspira,
preñada de son, estira
la carne dura.

Arde la guitarra sola,
mientras la luna se acaba;
arde libre de su esclava
bata de cola.

Dejó al borracho en su coche,
dejó el cabaret sombrío,
donde se muere de frío,
noche tras noche,

y alzó la cabeza fina,
universal y cubana,
sin opio, ni mariguana,
ni cocaína.

¡Venga la guitarra vieja,
nueva otra vez al castigo
con que la espera el amigo,
que no la deja!

Alta siempre, no caída,
traiga su risa y su llanto,
clave las uñas de amianto
sobre la vida.

Cógela tú, guitarrero,
limpiale de alcol la boca,
y en esa guitarra, toca
tu son entero.

El son del querer maduro,
tu son entero;
el del abierto futuro,
tu son entero;
el del pie por sobre el muro,
tu son entero...

Cógela tú, guitarrero,
limpiale de alcol la boca,
y en esa guitarra, toca
tu son entero.

IBA YO POR UN CAMINO

IBA YO por un camino,
cuando con la Muerte di.
—¡Amigo! —gritó la Muerte—
pero no le respondí,
pero no le respondí;
miré no más a la Muerte,
pero no le respondí.

Llevaba yo un lirio blanco,
cuando con la Muerte di.
Me pidió el lirio la Muerte,
pero no le respondí,
pero no le respondí;
miré no más a la Muerte,
pero no le respondí.

Ay, Muerte,
si otra vez volviera a verte,
iba a platicar contigo
como un amigo:
mi lirio, sobre tu pecho,
como un amigo:
mi beso, sobre tu mano,
como un amigo;
yo, detenido y sonriente,
como un amigo.

EL APELLIDO

Elegía familiar

I

DESDE la escuela
y aun antes… Desde el alba, cuando apenas
era una brizna yo de sueño y llanto,
desde entonces,
me dijeron mi nombre. Un santo y seña
para poder hablar con las estrellas.
Tú te llamas, te llamarás…
Y luego me entregaron
esto que veis escrito en mi tarjeta,
esto que pongo al pie de mis poemas:
las trece letras
que llevo a cuestas por la calle,
que siempre van conmigo a todas partes.
¿Es mi nombre, estáis ciertos?
¿Tenéis todas mis señas?

114

¿Ya conocéis mi sangre navegable,
mi geografía llena de oscuros montes,
de hondos y amargos valles
que no están en los mapas?
¿Acaso visitasteis mis abismos,
mis galerías subterráneas
con grandes piedras húmedas,
islas sobresaliendo en negras charcas
y donde un puro chorro
siento de antiguas aguas
caer desde mi alto corazón
con fresco y hondo estrépito
en un lugar lleno de ardientes árboles,
monos equilibristas,
loros legisladores y culebras?
¿Toda mi piel (debí decir),
toda mi piel viene de aquella estatua
de mármol español? ¿También mi voz de espanto,
el duro grito de mi garganta? ¿Vienen de allá
todos mis huesos? ¿Mis raíces y las raíces
de mis raíces y además
estas ramas oscuras movidas por los sueños
y estas flores abiertas en mi frente
y esta savia que amarga mi corteza?
¿Estáis seguros?
¿No hay nada más que eso que habéis escrito,
que eso que habéis sellado
con un sello de cólera?
(¡Oh, debí haber preguntado!)

Y bien, ahora os pregunto:
¿No veis estos tambores en mis ojos?
¿No veis estos tambores tensos y golpeados

con dos lágrimas secas?
¿No tengo acaso
un abuelo nocturno
con una gran marca negra
(más negra todavía que la piel),
una gran marca hecha de un latigazo?
¿No tengo pues
un abuelo mandinga, congo, dahomeyano?
¿Cómo se llama? ¡Oh, sí, decídmelo!
¿Andrés? ¿Francisco? ¿Amable?
¿Cómo decís Andrés en congo?
¿Cómo habéis dicho siempre
Francisco en dahomeyano?
En mandinga ¿cómo se dice Amable?
¿O no? ¿Eran, pues, otros nombres?
¡El apellido, entonces!
¿Sabéis mi otro apellido, el que me viene
de aquella tierra enorme, el apellido
sangriento y capturado, que pasó sobre el mar
entre cadenas, que pasó entre cadenas sobre el mar?
¡Ah, no podéis recordarlo!
Lo habéis disuelto en tinta inmemorial.
Lo habéis robado a un pobre negro indefenso.
Lo escondiste, creyendo
que iba a bajar los ojos yo de la vergüenza.
¡Gracias!
¡Os lo agradezco!
¡Gentiles gentes, thank you!
Merci!
Merci bien!
Merci beaucoup!
Pero no... ¿Podéis creerlo? No.
Yo estoy limpio.

Brilla mi voz como un metal recién pulido.
Mira mi escudo: tiene un baobab,
tiene un rinoceronte y una lanza.
Yo soy también el nieto,
biznieto,
tataranieto de un esclavo.
(Que se avergüence el amo.)
¿Seré Yelofe?
¿Nicolás Yelofe, acaso?
¿O Nicolás Bakongo?
¿Tal vez Guillén Banguila?
¿O Kumbá?
¿Quizá Guillén Kumbá?
¿O Konqué?
¿Podía ser Guillén Kongué?
¡Oh, quién lo sabe!
¡Qué enigma entre las aguas!

II

Siento la noche inmensa gravitar
sobre profundas bestias,
sobre inocentes almas castigadas;
pero también sobre voces en punta,
que despojan al cielo de sus soles,
los más duros,
para condecorar la sangre combatiente.
De algún país ardiente, perforado
por la gran flecha ecuatorial,
sé que vendrán lejanos primos,
remota angustia mía disparada en el viento;
sé que vendrán pedazos de mis venas,

117

sangre remota mía,
con duro pie aplastando las hierbas asustadas;
sé que vendrán hombres de vidas verdes,
remota selva mía,
con su dolor abierto en cruz y el pecho rojo en llamas.
Sin conocernos nos reconoceremos en el hambre,
en la tuberculosis y en la sífilis,
en el sudor comprado en bolsa negra,
en los fragmentos de cadenas
adheridos todavía en la piel;
sin conocernos nos reconoceremos
en los ojos cargados de sueños
y hasta en los insultos como piedras
que nos escupen cada día
los cuadrumanos de la tinta y el papel.
¿Qué ha de importar entonces
(¡qué ha de importar ahora!)
¡ay! mi pequeño nombre
de trece letras blancas?
¿Ni el mandinga, bantú,
yoruba, dahomeyano
nombre del triste abuelo ahogado
en tinta de notario?
¿Qué importa, amigos puros?
¡Oh, sí, puros amigos,
venid a ver mi nombre!
Mi nombre interminable,
hecho de interminables nombres;
el nombre mío, ajeno,
libre y mío, ajeno y vuestro,
ajeno y libre como el aire.

ELEGÍA A JESÚS MENÉNDEZ
(fragmento)

V

Vuelve a buscar a aquel que lo ha herido,
y al punto que miró, le conocía.

ERCILLA

LOS GRANDES MUERTOS SON INMORTALES: no mueren nunca. Parece que se marchan; parece que se los llevan, que se pudren, que se deshacen. Pensamos que la última tierra que les llena la boca va a enmudecerlos para siempre. Pero la lengua se les hincha, les crece; la lengua se les abre como una semilla bárbara y expulsa un árbol gigantesco, un árbol duro, cargado de plumas y de nidos. ¿Quién vio caer a Jesús? Nadie lo viera, ni aun su asesino. Quedó en pie, rodeado de cañas insurrectas, de cañas coléricas. Y ahora grita, resuena, no se detiene. Marcha por un camino sin término, hecho de tiempo sutil, polvoriento de instantes menudos, como una arena fina. No esperes a que Jesús te bendiga y te oiga cada año, luego de la romería y el sermón y la salve y el incienso, porque él no espera tanto tiempo para hablarte. Te habla siempre, como un dios cotidiano, a quien puedes tocar la piel húmeda temblorosa de latidos, de pequeñas mariposas de fuego aleteándole en las venas; te habla siempre como un amigo puro que no desaparece. El desaparecido es el otro. El vivo es el muerto, cuya persistencia mineral es apenas una caída anticipada, un adelanto lúgubre. El vivo es el muerto. Rojo de sangre ajena, habla sin voz nadie le atiende ni le oye. El vivo es el muerto. Anda de noche en noche y amenaza en el aire con un puño de agua podrida. El vivo es el muerto. Con un puño de limo y cloaca, que hiede como el estómago de una hiena. El vivo es el muerto. ¡Ah, no sabéis cuántos recuerdos de metal le martillean a modo de pequeños martillos y le clavan largos clavos en las sienes!

Caña Manzanillo ejército
bala yanqui azúcar
crimen Manzanillo huelga
ingenio partido cárcel
dólar Manzanillo viuda
entierro hijos padres
venganza Manzanillo zafra.

Un torbellino de voces que lo rodean y golpean, o que de repente se quedan fijas, pegadas al vidrio celeste. Voces de macheteros y campesinos y cortadores y ferroviarios. Ásperas voces también de soldados que aprietan un fusil en las manos y un sollozo en la garganta.

Yo bien conozco a un soldado,
compañero de Jesús,
que al pie de Jesús lloraba
y los ojos se secaba
con un pañolón azul.
Después este son cantaba:

Pasó una paloma herida,
volando cerca de mí;
roja le brillaba un ala,
que yo la vi.

Ay, mi amigo,
he andado siempre contigo:
tú ya sabes quién tiró,
Jesús, que no he sido yo.
En tu pulmón enterrado
alguien un plomo dejó,
pero no fue este soldado,
pero no fue este soldado,

Jesús,
¡por Jesús que no fui yo!

Pasó una paloma herida,
volando cerca de mí;
rojo le brillaba el pico,
que yo la vi.

Nunca quiera
contar si en mi cartuchera
todas las balas están:
nunca quiera, capitán.
Pues faltarán de seguro
(de seguro faltarán)
las balas que a un pecho puro,
las balas que a un pecho puro,
mi flor,
por odio a clavarse van.

Pasó una paloma herida,
volando cerca de mí;
rojo le brillaba el cuello,
que yo la vi.

¡Ay, qué triste
saber que el verdugo existe!
Pero es más triste saber
que mata para comer.
Pues qué tendrá la comida
(todo puede suceder)
un gusto a sangre caída,
un gusto a sangre caída,
caramba,
y a lágrima de mujer.

Pasó una paloma herida,
volando cerca de mí;
rojo le brillaba el pecho,
que yo la vi.

Un sinsonte
perdido murió en el monte,
y vi una vez naufragar
un barco en medio del mar.
Por el sinsonte perdido,
ay, otro vino a cantar
y en vez de aquel barco hundido,
y en vez de aquel barco hundido,
mi bien,
otro salió a navegar.

Pasó una paloma herida,
volando cerca de mí;
iba volando, volando,
volando, que yo la vi.

VI

Y alumbrando el camino de la fácil conquista, la libertad
levanta su antorcha en Nueva York.

RUBÉN DARÍO

Jesús trabaja y sueña. Anda por su isla, pero también se sale de ella, en
un gran barco de fuego. Recorre las cañas míseras, se inclina sobre su
dulce angustia, habla con el cortador desollado, lo anima y lo sostiene.
De pronto, llegan telegrama, noticias, voces, signos sobre el mar de que
lo han visto los obreros de Zulia cuajados en gordo aceite, contar las
veces que el balancín petrolero, como un ave de amargo hierro, pica la

122

roca hasta llegarle al corazón. De Chile se supo que Jesús visitó las sombrías oficinas del salitre, en Tarapacá y Tocopilla, allá donde el viento está hecho de ardiente cal, de polvo asesino. Dicen los bogas del Magdalena que cuando lo condujeron a lo largo del gran río, bajo el sol de grasa de coco, Jesús les recordó el plátano servil y el café esclavo en el valle del Cauca, y el negro dramático, acorralado al borde del Caribe, mar pirata. Desde el Puente Rojo exclama Dessalines: "¡Traición, traición, todavía!" Y lo presenta a Defilée, loca y trágica, que le veló la muerte haitiana llena de moscas. Hierven los morros y favelas en Río de Janeiro, porque allá anunciaron la llegada de Jesús, con otros trabajadores, en el tren de la Leopoldina. Puerto Rico le enseña sus cadenas, pero levanta el puño ennegrecido por la pólvora. Un indio de México habló sin mentarse. Dijo: "Anoche lo tuve en mi casa". A veces se demora en el Perú de plata fina y sangrienta. O bajando hacia la punta sur de nuestro mapa, júntase a los peones en los pagos enérgicos y les acompaña la queja viril en la guitarra decorosa. ¿A dónde vuela ahora, a dónde va volando, más allá del cinturón de volcanes con que América defiende su ombligo torturado por la United Fruit desde el Istmo roto hasta la linde azteca? Vuela ahora, sube por el aire oleaginoso y correos, o por el aire grasiento, por el aire espeso de los Estados Unidos, por ese negro humo. Un vasto estrépito le hace volver los ojos hacia las luces de Washington y Nueva York, donde bulle el festín de Baltasar.

> Ahí ve que de un zarpazo Norteamérica
> alza una copa de ardiente metal;
> la negra copa del violento hidrógeno
> con que brinda el Tío Sam.
> Lúbrico mono de pequeño cráneo
> chilla en su mesa: *¡Por la muerte va!*
> Crepuscular responde un coro múltiple:
> *¡Va por la muerte, por la muerte va!*

Aire de buitre removiendo el águila
mira de un mar al otro mar;
encapuchados danzan hombres fúnebres,
baten un fúnebre timbal
y encendiendo las tres letras fatídicas
con que se anuncia el Ku Klux Klan,
lanzan del Sur un alarido unánime:
¡Va por la muerte, por la muerte va!

Arde la calle donde nace el dólar
bajo un incendio colosal.
En la retorta hierve el agua química.
Establece la asfixia el gas.

Alegre está Jim Crow junto a un sarcófago.
Lo viene Lynch a saludar.
Entre los dos se desenreda un látigo:
¡Va por la muerte, por la muerte va!

Fijo en la cruz de su caballo, Walker
abrió una risa mineral.
Cultiva en su jardín rosas de pólvora
y las riega con alquitrán;
sueña con huesos ya sin epidermis,
sangre en un chorro torrencial;
bajo la gorra, un pensamiento bárbaro:
¡Va por la muerte, por la muerte va!

Jesús oye el brindis, las temibles palabras, el largo trueno, pero no desanda sus pasos. Avanza seguido de una canción ancha y alta como un pedazo de océano. ¡Ay, pero a veces la canción se quiebra en un alarido, y sube de Martinsville un seco humo de piel cocida a fuego lento en los fogones del diablo! Allá abajo están las amargas tierras del Sur yanqui, donde los negros mueren quemados, emplumados, violados, arrastrados, desangrados, ahorcados, el cuerpo campaneando trágicamente en una torre de espanto. El jazz estalla en lágrimas, se muerde los gordos labios de música y espera el día del Juicio Inicial, cuando su ritmo en síncopa ciña y apriete como una cobra metálica el cuello del opresor. ¡Danzad despreocupados, verdugos crueles, fríos asesinos! "¡Danzad bajo la luz amarilla de vuestros látigos, bajo la luz verde de vuestra hiel, bajo la luz roja de vuestras hogueras, bajo la luz azul del gas de la muerte, bajo la luz violácea de vuestra putrefacción! ¡Danzad sobre los cadáveres de vuestras víctimas, que no escaparéis a su regreso irascible! Todavía se oye, oímos todavía; suena, se levanta, arde todavía el largo rugido de Martinsville. Siete voces negras en Martinsville llaman siete veces a Jesús por su nombre y le piden en Martinsville, le piden en siete gritos de rabia, como siete lanzas, le piden en Martinsville, en siete golpes de azufre, como siete piedras volcánicas, le piden siete veces venganza. Jesús nada dice, pero hay en sus ojos un resplandor de grávida promesa, como el de las hoces en la siega, cuando son heridas por el sol. Levanta su puño poderoso como un seguro martillo y avanza seguido de duras gargantas, que entonan en un idioma nuevo una canción ancha y alta, como un pedazo de océano. Jesús no está en el cielo, sino en la tierra: no demanda oraciones, sino lucha; no quiere sacerdotes, sino compañeros; no erige iglesias, sino sindicatos: Nadie lo podrá matar.

VII

Apriessa cantan los gallos
e quieren crebar albores.
Poema del Cid

¡Qué dedos tiene, cuántas
uñas saliéndole del sueño! Brilla
duro fulgor sobre la hundida zona

del aire en que quisieron destruirle
la piel, la luz, los huesos, la garganta.
¡Cómo le vemos, cómo habrá de vérsele
pasar aullando en medio de las cañas,
o bien quedar suspenso remolino,
o bien bajar, subir,
o bien de mano en mano
rodar como una constante moneda
o bien arder al filo de la calle
en demorada llamarada,
o bien tirar al río de los hombres,
al mar, a los estanques de los hombres
canciones como piedras,
que van haciendo círculos de música
vengadora, de música
puesta, llevada en hombros como un himno!

Su voz aquí nos acompaña y ciñe.
Estrujamos su voz
como una flor de insomnio
y suelta un zumo amargo,
suelta un olor mojado,
un agua de palabras puntiagudas
que encuentran en el viento
el camino del grito,
que encuentran en el grito
el camino del canto,
que encuentran en el canto
el camino del fuego,
que encuentran en el fuego
el camino del alba,
que encuentran en el alba un gallo rojo,
de pólvora, un metálico
gallo desparramando el día con sus alas.

Venid, venid y en la alta
torre estaréis, campana y campanero;
estaremos, venid,
metal y huesos juntos que saludan
el fino, el esperado amanecer
de las raíces; el tremendo hallazgo
de una súbita estrella;
metal y huesos juntos que saludan
la paloma de vuelo popular
y verde ramo en el aire sin dueño;
el carro ya de espigas
lleno recién cortadas;
la presencia esencial
del acero y la rosa:
metal y huesos juntos que saludan
la procesión final, el ancho séquito
de la victoria.
       Entonces llegará,
General de las Cañas, con su sable
hecho de un gran relámpago bruñido;
entonces llegará,
jinete en un caballo de agua y humo,
lenta sonrisa en el saludo lento;
entonces llegará para decir,
Jesús, para decir:
—Mirad, he aquí el azúcar ya sin lágrimas.
Para decir:
—He vuelto, no temáis.
Para decir:
—Fue largo el viaje y áspero el camino.
Creció un árbol con sangre de mi herida.
Canta desde él un pájaro a la vida.
La mañana se anuncia con un trino.

UN POEMA DE AMOR

No sé. Lo ignoro.
Desconozco todo el tiempo que anduve
sin encontrarla nuevamente.
¿Tal vez un siglo? Acaso.
Acaso un poco menos: noventa y nueve años.
¿O un mes? Pudiera ser. En cualquier forma
un tiempo enorme, enorme, enorme.

Al fin, como una rosa súbita,
repentina campánula temblando,
la noticia.
Saber de pronto
que iba a verla otra vez, que la tendría
cerca, tangible, real, como en los sueños.
¡Qué explosión contenida!
¡Qué trueno sordo
rodándome en las venas,
estallando allá arriba
bajo mi sangre, en una
nocturna tempestad!
¿Y el hallazgo, en seguida? ¿Y la manera
de saludarnos, de manera
que nadie comprendiera
que ésa es nuestra propia manera?
Un roce apenas, un contacto eléctrico,
un apretón conspirativo, una mirada,
un palpitar del corazón
gritando, aullando con silenciosa voz.
Después
(ya lo sabéis desde los quince años)
ese aletear de las palabras presas,

palabras de ojos bajos,
penitenciales,
entre testigos enemigos.
Todavía
un amor de "lo amo",
de "usted", de "bien quisiera,
pero es imposible"… De "no podemos,
no, piénselo usted mejor"…
Es un amor así,
es un amor de abismo en primavera,
cortés, cordial, feliz, fatal.
La despedida, luego,
genérica,
en el turbión de los amigos.
Verla partir y amarla como nunca;
seguirla con los ojos,
y ya sin ojos seguir viéndola lejos,
allá lejos, y aun seguirla
más lejos todavía,
hecha de noche,
de mordedura, beso, insomnio,
veneno, éxtasis, convulsión,
suspiro, sangre, muerte…
Hecha
de esa sustancia conocida
con que amasamos una estrella.

DIGO QUE YO NO SOY UN HOMBRE PURO

Yo NO VOY A DECIRTE que soy un hombre puro.
Entre otras cosas
falta saber si es que lo puro existe.
O si es, pongamos, necesario.
O posible.
O si sabe bien.
¿Acaso has tú probado el agua químicamente pura,
el agua de laboratorio,
sin un grano de tierra o de estiércol,
sin el pequeño excremento de un pájaro,
el agua hecha no más de oxígeno e hidrógeno?
¡Puah!, qué porquería.

Yo no te digo pues que soy un hombre puro,
yo no te digo eso, sino todo lo contrario.
Que amo (a las mujeres, naturalmente,
pues mi amor puede decir su nombre),
y me gusta comer carne de puerco con papas,
y garbanzos y chorizos, y
huevos, pollos, carneros, pavos,
pescados y mariscos,
y bebo ron y cerveza y aguardiente y vino,
y fornico (incluso con el estómago lleno).
Soy impuro ¿qué quieres que te diga?
Completamente impuro.
Sin embargo,
creo que hay muchas cosas puras en el mundo
que no son más que pura mierda.
Por ejemplo, la pureza del virgo nonagenario.
La pureza de los novios que se masturban
en vez de acostarse juntos en una posada.

La pureza de los colegios de internado, donde
abre sus flores de semen provisional
la fauna pederasta.
La pureza de los clérigos.
La pureza de los académicos.
La pureza de los gramáticos.
La pureza de los que aseguran
que hay que ser puros, puros, puros.
La pureza de los que nunca tuvieron blenorragia.
La pureza de la mujer que nunca lamió un glande.
La pureza del que nunca succionó un clítoris.
La pureza de la que nunca parió.
La pureza del que no engendró nunca.
La pureza del que se da golpes en el pecho, y
dice santo, santo, santo,
cuando es un diablo, diablo, diablo.
En fin, la pureza
de quien no llegó a ser lo suficientemente impuro
para saber qué cosa es la pureza.

Punto, fecha y firma.
Así lo dejo escrito.

Dulce María Loynaz
[La Habana, 1902-1997]

Obra poética: *Canto a la mujer estéril* (1938); *Versos. 1920-1938* (1938); *Juegos de agua. Versos del agua y del amor* (1947); *Carta de amor a Tut-Ank-Amen* (1953); *Poemas sin nombre* (1953); *Obra lírica* (1955); *Últimos días de una casa* (1958); *Poesías escogidas* (1984); *Bestiarium* (1991); *Poemas náufragos* (1991); *La novia de Lázaro* (1991); *Poesía completa* (1993); *Antología lírica* (1993); *Finas redes* (1993); *Poemas escogidos* (1993); *Miel imprevista* (antología, 1997); *Melancolía de otoño* (1997); *Diez sonetos a Cristo* (1998); *El áspero sendero* (2001).

LA MUJER DE HUMO

HOMBRE QUE ME BESAS,
hay humo en tus labios.
Hombre que me ciñes,
viento hay en tus brazos.

Cerraste el camino,
yo seguí de largo;
alzaste una torre,
yo seguí cantando…

Cavaste la tierra,
yo pasé despacio…
Levantaste un muro.
¡Yo me fui volando!…

Tú tienes la flecha:
yo tengo el espacio;
tu mano es de acero
y mi pie es de raso...

Mano que sujeta,
pie que escapa blando...
¡Flecha que se tira!...
(El espacio es ancho...)

Soy lo que no queda
ni vuelve. Soy algo
que disuelto en todo
no está en ningún lado...

Me pierdo en lo oscuro,
me pierdo en lo claro,
en cada minuto
que pasa... En tus manos...

Humo que se crece,
humo fino y largo,
crecido y ya roto
sobre un cielo pálido...

Hombre que me besas,
tu beso es en vano...
Hombre que me ciñes:
¡Nada hay en tus brazos!...

POEMAS SIN NOMBRE (CI)

LA CRIATURA DE ISLA paréceme, no sé por qué, una criatura distinta. Más leve, más sutil, más sensitiva.

Si es flor, no la sujeta la raíz; si es pájaro, su cuerpo deja un hueco en el viento; si es niño, juega a veces con un petrel, con una nube...

La criatura de isla trasciende siempre al mar que la rodea y al que no la rodea. Va al mar, viene del mar y mares pequeñitos se amansan en su pecho, duermen a su calor como palomas.

Los ríos de la isla son más ligeros que los otros ríos. Las piedras de la isla parece que van a salir volando...

Ella es toda de aire y de agua fina. Un recuerdo de sal, de horizontes perdidos, la traspasa en cada ola, y una espuma de barco naufragado le ciñe la cintura, le estremece la yema de las alas...

Tierra Firme llamaban los antiguos a todo lo que no fuera isla. La isla es, pues, lo menos firme, lo menos tierra de la Tierra.

ÚLTIMOS DÍAS DE UNA CASA

A mi más hermana que prima,
Nena A. de Echeverría

NO SÉ POR QUÉ se ha hecho desde hace tantos días
este extraño silencio:
silencio sin perfiles, sin aristas,
que me penetra como un agua sorda.
Como marea en vilo por la luna,
el silencio me cubre lentamente.

Me siento sumergida en él, pegada
su baba a mis paredes;
y nada puedo hacer para arrancármelo,

para salir a flote y respirar
de nuevo el aire vivo,
lleno de sol, de polen, de zumbidos.

Nadie puede decir
que he sido yo una casa silenciosa;
por el contrario, a muchos muchas veces
rasgué la seda pálida del sueño
—el nocturno capullo en que se envuelven—,
con mi piano crecido en la alta noche,
las risas y los cantos de los jóvenes
y aquella efervescencia de la vida
que ha borbotado siempre en mis ventanas
como en los ojos de
las mujeres enamoradas.

No me han faltado, claro está, días en blanco.
Sí, días sin palabras que decir
en que hasta el leve roce de una hoja
pudo sonar mil veces aumentado
con una resonancia de tambores.
Pero el silencio era distinto entonces:
era un silencio con sabor humano.

Quiero decir que provenía de "ellos",
los que dentro de mí partían el pan;
de ellos o de algo suyo, como la propia ausencia,
una ausencia cargada de regresos,
porque pese a sus pies, yendo y viniendo,
yo los sentía siempre
unidos a mí por alguna
cuerda invisible,
íntimamente maternal, nutricia.

Y es que el hombre, aunque no lo sepa,
unido está a su casa poco menos
que el molusco a su concha.
No se quiebra esta unión sin que algo muera
en la casa, en el hombre... O en los dos.

Decía que he tenido
también mis días silenciosos:
era cuando los míos marchaban de viaje,
y cuando no marcharon también... Aquel verano
—¡cómo lo he recordado siempre!—
en que se nos murió
la mayor de las niñas de difteria.

Ya no se mueren niños de difteria;
pero en mi tiempo —bien lo sé...—
algunos se morían todavía.
Acaso Ana María fue la última,
con su pelito rubio y aquel nido
de ruiseñores lentamente desmigajado en su garganta...

Esto pasó en mi tiempo; ya no pasa.
Puedo hablar de mi tiempo melancólicamente,
como las personas que empiezan
a envejecer, pues en verdad
soy ya una casa vieja.

Soy una casa vieja, lo comprendo.
Poco a poco —sumida en estupor—
he visto desaparecer
a casi todas mis hermanas,
y en su lugar alzarse a las intrusas,

poderosos los flancos,
alta y desafiadora la cerviz.

Una a una, a su turno,
ellas me han ido rodeando
a manera de ejército victorioso que invade
los antiguos espacios de verdura,
desencaja los árboles, las verjas,
pisotea las flores.

Es triste confesarlo,
pero me siento ya su prisionera,
extranjera en mi propio reino,
desposeída de los bienes que siempre fueron míos.
No hay para mí camino que no tropiece con sus muros;
no hay cielo que sus muros no recorten.

Haciendo de él botín de guerra,
las nuevas estructuras se han repartido mi paisaje:
del sol apenas me dejaron
una ración minúscula,
y desde que llegara la primera
puso en fuga la orquesta de los pájaros.

Cuando me hicieron, yo veía el mar.
Lo veía naturalmente,
cerca de mí, como un amigo;
y nos saludábamos todas
las mañanas de Dios al salir juntos
de la noche, que entonces
era la única que conseguía
poner entre él y yo su cuerpo alígero,
palpitante de lunas y rocíos.

Y aun a través de ella, yo sabía
adivinar el mar;
puede decir que me lo respiraba
en el relente azul, y que seguía
teniéndolo, durmiendo al lado suyo
como la esposa al lado del esposo.

Ahora, hace ya mucho tiempo
que he perdido también el mar.
Perdí su compañía, su presencia,
su olor, que era distinto al de las flores,
y acaso percibía sólo yo.

Perdí hasta su memoria. No recuerdo
por dónde el sol se le ponía.
No acierto si era malva o era púrpura
el tinte de sus aguas vesperales,
ni si alciones de plata le volaban
sobre la cresta de sus olas… No recuerdo, no sé…
Yo, que le deshojaba los crepúsculos,
igual que pétalos de rosas.

Tal vez el mar no exista ya tampoco.
O lo hayan cambiado de lugar.
O de sustancia. Y todo: el mar, el aire,
los jardines, los pájaros,
se haya vuelto también de piedra gris,
de cemento sin nombre.

Cemento perforado.
El mundo se nos hace de cemento.
Cemento perforado es una casa.
Y el mundo es ya pequeño, sin que nadie lo entienda,

para hombres que viven, sin embargo,
en aquellos sus mínimos taladros,
hechos con arte que se llama nueva,
pero que yo olvidé de puro vieja,
cuando la abeja fabricaba miel
y el hormiguero, huérfano de sol,
me horadaba el jardín.

Ni aun para morirse
espacio hay en esas casas nuevas;
y si alguien muere, todos tienen prisa
por sacarlo y llevarlo a otras mansiones
labradas sólo para eso:
acomodar los muertos
de cada día.

Tampoco nadie nace en ellas.
No diré que el espacio ande por medio;
mas lo cierto es que hay casas de nacer,
al igual que recintos destinados
a recibir la muerte colectiva.

Esto me hace pensar con la nostalgia
que le aprendí a los hombres mismos,
que en lo adelante
no se verá ninguna de nosotras
—como se vieron tantas en mi época—
condecoradas con la noble tarja
de mármol o de bronce,
cáliz de nuestra voz diciendo al mundo
que nos naciera allí un tribuno antiguo,
un sabio con el alma y la barba de armiño,
un héroe amado de los dioses.

No fui yo ciertamente
de aquellas que alcanzaron tal honor,
porque las gentes que yo vi nacer
en verdad fueron siempre demasiado felices;
y ya se sabe, no es posible
serlo tanto y ser también otras
hermosas cosas.

Sin embargo, recuerdo
que cuando sucedió lo de la niña,
el padre se escondía
para llorar y escribir versos…
Serían versos sin rigor de talla,
cuajados sólo para darle
caminos a la pena…

Por cierto que la otra
mañana, cuando
sacaron el bargueño grande,
volcando las gavetas por el suelo,
me pareció verlos volar
con las facturas viejas
y los retratos de parientes
desconocidos y difuntos.

Me pareció. No estoy segura.
Y pienso ahora, porque es de pensar,
en esa extraña fuga de los muebles:
el sofá de los novios, el piano de la abuela
y el gran espejo con dorado marco
donde los viejos se miraron jóvenes,
guardando todavía sus imágenes
bajo un formol de luces melancólicas.

No ha sido simplemente un trasiego de muebles.
Otras veces también se los llevaron
—nunca el piano, el espejo—,
pero era sólo por cambiar aquéllos
por otros más modernos y lujosos.
Ahora han sido todos arrasados
de sus huecos, los huecos donde algunos
habían echado ya raíces...
Y digo esto por lo que dolieron
los últimos tirones;
y por las manchas como sajaduras
que dejaron en suelo y en paredes.
Son manchas que persisten y afectan vagamente
las formas desaparecidas,
y me quedan igual que cicatrices
regadas por el cuerpo.

Todo esto es muy raro. Cae la noche
y yo empiezo a sentir no sé qué miedo:
miedo de este silencio, de esta calma,
de estos papeles viejos que la brisa
remueve vanamente en el jardín.

Otro día ha pasado y nadie se me acerca.
Me siento ya una casa enferma,
una casa leprosa.
Es necesario que alguien venga
a recoger los mangos que se caen
en el patio y se pierden
sin que nadie les tiente la dulzura.
Es necesario que alguien venga
a cerrar la ventana
del comedor, que se ha quedado abierta,

y anoche entraron los murciélagos…
Es necesario que alguien venga
a ordenar, a gritar, a cualquier cosa.

¡Con tanta gente que ha vivido en mí,
y que de pronto se me vayan todos!
Comprenderán que tengo que decir
palabras insensatas.
Es algo que no entiendo todavía,
como no entiende nadie una injusticia
que, más que de los hombres,
fuera injusticia del destino.

Que pase una la vida
guareciendo los sueños de esos hombres,
prestándoles calor, aliento, abrigo;
que sea una la piedra de fundar
posteridad, familia,
y de verla crecer y levantarla,
y ser al mismo tiempo
cimiento, pedestal, arca de alianza…
Y luego no ser más
que un cascarón vacío que se deja,
una ropa sin cuerpo que se cae.

No he de caerme, no, que yo soy fuerte.
En vano me embistieron los ciclones
y me ha roído el tiempo hueso y carne,
y la humedad me ha abierto úlceras verdes.
Con un poco de cal yo me compongo:
con un poco de cal y de ternura…

De eso mismo sería,
de mis adoleceres y remedios,
de lo que hablaba mi señor la tarde
última con aquellos otros
que me medían muros, huerto, patio
y hasta el solar de paz en que me asiento.

Y sin embargo, mal sabor de boca
me dejaron los hombres medidores,
y la mujer que vino luego
poniendo precio a mi cancela;
a ella le hubiera preguntado
cuánto valían sus riñones y su lengua.

No han vuelto más, pero tampoco
ha vuelto nadie. El polvo
me empaña los cristales
y no me deja ver si alguien se acerca.
El polvo es malo... Bien hacían
las mujeres que conocí
en aborrecerlo...
                    Allá lejos
la familiar campana de la iglesia
aún me hace compañía,
y en este mediodía, sin relojes, sin tiempo,
acaban de sonar lentamente las tres...

Las tres era la hora en que la madre
se sentaba a coser con las muchachas
y pasaban refrescos en bandejas; la hora
del rosicler de las sandías,
escarchado de azúcar y de nieve,
y del sueño cosido a los holanes...

Las tres era la hora en que…
                                    ¡La puerta!
¡La puerta que ha crujido abajo!
¡La están abriendo, sí!… La abrieron ya.
Pisadas en tropel avanzan, suben…
¡Ellos han vuelto al fin! Yo lo sabía;
yo no he dejado un día de esperarlos…
¡Ay frutas que granan en mis frutales!
¡Ay campana que suenas otra vez
la hora de mi dicha!
La hora de mi dicha no ha durado
una hora siquiera.
Ellos vinieron, sí… Ayer vinieron.
Pero se fueron pronto.
Buscaban algo que no hallaron.
¿Y qué se puede hallar en una casa
vacía sino el ansia de no serlo
más tiempo? ¿Y qué perdían
ellos en mí que no fuera yo misma?
Pero teniéndome, seguían buscando…

    Después, la más pequeña fue al jardín
y me arrancó el rosal de enredadera;
se lo llevó con ella no sé adónde.
Mi dueño antes de irse,
volvióse en el umbral para mirarme,
y me miró pausada, largamente,
como los hombres miran a sus muertos,
a través de un cristal inexorable…

    Pero no había entre él y yo
cristal alguno ni yo estaba muerta,
sino gozosa de sentir su aliento,

el aprendido musgo de su mano.
Y no entendía, porque me miraba
con pañuelos de adioses contenidos,
con anticipaciones de gusanos,
con ojos de remordimiento.

Se fueron ya. Tal vez vuelvan mañana.
Y tal vez a quedarse, como antes…
Si la ausencia va en serio, si no vienen
hasta mucho más tarde,
se me va a hacer muy largo este verano,
muy largo con la lluvia y los mosquitos
y el aguafuerte de sus días ácidos.
Pero por mucho que demoren,
para diciembre al fin regresarán,
porque la Nochebuena se pasa siempre en casa.

El que nació sin casa ha hecho que nosotras,
las buenas casas de la tierra,
tengamos nuestra noche de gloria en esa noche;
la noche suya es, pues, la noche nuestra:
nocturno de belenes y alfajores,
villancico de anémonas,
cantar de la inocencia
recuperada…

De esperarla se alegra el corazón,
y de esperar en ella lo que espera.
De Nochebuenas creo
que podría ensartarme yo un rosario
como el de las abuelas
reunidas al amor de mis veladas,
y como ellas, repasar sus cuentas

en estos días tristes,
empezando por la primera
en que jugaron los recién casados,
que estrenaban el hueco de mis alas
a ser padres de todos los chiquillos
de los alrededores...
¡Qué fiesta de patines y de aros,
de pelotas azules y muñecas
en cajas de cartón!
¡Y qué luz en las caras mal lavadas
de los chiquillos,
y en la de Él y la de Ella, adivinando,
olfateando por el aire el suyo!

Cuenta por cuenta, llegaría
sin darme cuenta a la del año
1910, que fue muy triste,
porque sobraban los juguetes
y nos faltaba la pequeña...
Así mismo: al revés de tantas veces,
en que son los juguetes los que faltan;
aunque en verdad los niños nunca sobren...

¡Pero vinieron otros niños luego!
Y los niños crecieron y trajeron
más niños... Y la vida era así: un renuevo
de vidas, una noria de ilusiones.
Y yo era el círculo en que se movía,
el cauce de su cálido fluir,
la orilla cierta de sus aguas.

Yo era... Pero yo soy todavía.
En mi regazo caben siete hornadas

más de hombres, siete cosechas,
siete vendimias de sus inquietudes.
Yo no me canso. Ellos sí se cansan.
Yo soy toda a lo largo y a lo ancho.

Mi vida entera puede pasar por el rosario,
pues aunque ha sido ciertamente
una vida muy larga,
me fue dado vivirla sin premuras,
hacerla fina como un hilo de agua.

Y llegaría así a la Nochebuena
del año que pasó. No fue de las mejores.
Tal vez el vino
se derramó en la mesa. O el salero…
Tal vez esta tristeza, que pronto habría de ser
el único sabor de mi sal y mi vino,
ya estaba en cada uno sin saberlo,
como en vientre de nube el agua por caer.

Ahora la tristeza es sólo mía,
al modo de un amor
que no se comparte con nadie.
Si era lluvia, cayó sobre mis lomos;
si era nube, prendida está a mis huesos.
Y no es preciso repetirlo mucho:
por más que no conozca todavía
su nombre ni su rostro,
es la cosa más mía que he tenido
—yo que he tenido tanto—… La tristeza.

¿Y de qué hablaba aquí? Resbalo
en mis propios recuerdos… La memoria

empieza a diluirse en las cosas recientes;
y recental reacio a hierba nueva,
se me apega con gozo
a las sabrosas ubres del pasado.

Pero de todos modos,
he de decir en este alto
que hago en el camino de mi sangre,
que esto que estoy contando no es un cuento;
es una historia limpia, que es mi historia:
es una vida honrada que he vivido,
un estilo que el mundo va perdiendo.

A perder y a ganar hecho está el mundo,
y yo también cuando la vida quiera;
pero lo que yo he sido, gane o pierda,
es la piedra lanzada por el aire,
que la misma mano que la
lanzó no alcanza a detenerla,
y sola ha de cortar el aire hasta que caiga.

Lo que yo he sido está en el aire,
como vuelo de piedra, si no alcancé a paloma.
En el aire, que siendo nada,
es vida de los hombres; y también en la Epístola
que puede desposarlos ante Dios,
y me ofrece de espejo a la casada
por mi clausura de ciprés y nardo.

La Casa, soy la Casa.
Más que piedra y vallado,
más que sombra y que tierra,

más que techo y que muro,
porque soy todo eso, y soy con alma.

Decir tanto no pueden ni los hombres
flojos de cuerpo,
bien que imaginen ellos que el alma es patrimonio
particular de su heredad.
Será como ellos dicen; pero la mía es mía sola.
Y, sin embargo, pienso ahora
que ella tal vez me vino de ellos mismos,
por haberme y vivirme tanto tiempo,
o por estar yo siempre tan cerca de sus almas.
Tal vez yo tenga un alma por contagio.

Y entonces, digo yo: ¿Será posible
que no sientan los hombres el alma que me han dado?
¿Que no la reconozcan junto a ella,
que no vuelvan el rostro si los llama,
y siendo cosa suya les sea cosa ajena?

Amanecemos otra vez.
Un día nuevo, que será
igual que todos.
O no será, tal vez… La vida es siempre
puerta cerrada tercamente
a nuestra angustia.

Día nuevo. Hombres nuevos se me acercan.
La calle tiene olor de madrugada,
que es un olor antiguo de neblina,
y mujeres colando café por las ventanas;
un olor de humo fresco
que viene de cocinas y de fábricas.

Es un olor antiguo, y sin embargo,
se me ha hecho de pronto duro, ajeno.

Súbitamente se ha esparcido por mi jardín,
venida de no sé dónde,
una extraña y espesa
nube de hombres.
Y todos burbujean como hormigas,
y todos son como una sola mancha
sobre el trémulo verde…

¿Qué quieren esos hombres con sus torsos desnudos
y sus picas en alto?
El más joven ya viene a mí…
Alcanzo a ver sus ojos azules e inocentes,
que así, de lejos, se me han parecido
a los de nuestra Ana María,
ya tan lejanamente muerta…

Y no sé por qué vuelvo a recordarla ahora.
Bueno, será por esos ojos,
que, me miran más cerca ya, más fijos…
Ojos de un hombre como los demás,
que sin, embargo, puede ser en cualquier instante
el instrumento del destino.

Está ya frente a mí.
Una canción le juega entre los labios;
con el brazo velludo
enjúgase el sudor de la frente. Suspira…
La mañana es tan dulce,
el mundo todo tan hermoso,
que quisiera decírselo a este hombre;

decirle que un minuto se volviera
a ver lo que no ve por estarme mirando.
Pero no, no me mira ya tampoco.
No mira nada, blande el hierro…
¡Ay los ojos!…

He dormido y despierto… O no despierto
y es todavía el sueño lacerante,
la angustia sin orillas y la muerte a pedazos.
He dormido y despiértome al revés,
del otro lado de la pesadilla,
donde la pesadilla es ya inmutable,
inconmovible realidad.

He dormido y despierto. ¿Quién despierta?
Me siento despegada de mí misma,
embebida por un
espejo cóncavo y monstruoso.
Me siento sin sentirme y sin saberme,
entrañas removidas, desgonzado esqueleto,
tundido el otro sueño que soñaba.

Algo hormiguea sobre mí,
algo me duele terriblemente,
y no sé dónde.
¿Qué buitres picotean mi cabeza?
¿De qué fiera el colmillo que me clavan?
¿Qué pez luna se hunde en mi costado?

¡Ahora es que trago la verdad de golpe!
¡Son los hombres, los hombres,
los que me hieren con sus armas!
Los hombres de quienes fui madre

sin ley de sangre, esposa sin hartura
de carne, hermana sin hermanos,
hija sin rebeldía.

   Los hombres son y sólo ellos,
los de mejor arcilla que la mía,
cuya codicia pudo más
que la necesidad de retenerme.
Y fui vendida al fin,
porque llegué a valer tanto en sus cuentas,
que no valía nada en su ternura…
Y si no valgo en ella, nada valgo…
Y es hora de morir.

Eugenio Florit
[Madrid, 1903-Miami, 1999]

Obra poética: *32 poemas breves* (1927); *Trópico* (1930); *Doble acento* (1937); *Reino* (1938); *Cuatro poemas* (1940); *Poema mío* (1947); *Asonante final* (1950); *Conversación a mi padre* (1949); *Asonante final y otros poemas* (1955); *Antología poética* (1956); *Siete poemas* (1960); *Hábito de esperanza* (1965); *Antología penúltima* (1970); *De tiempo y agonía* (1974); *Versos pequeños* (1979); *Obras completas (Libros de poesía: 1946-1974)* (tomo 2, 1983); *Donde habita el recuerdo* (1984); *Momentos* (1985); *A pesar de todo* (1987); *Castillo interior y otros versos* (1987); *Abecedario de un día gris* (1987); *Las noches* (1988); *Tercero sueño y otros versos* (1989); *Hasta luego* (1992); *Antología personal* (1992); *Obras completas* (1993); *Con el soneto* (1993); *Lo que queda* (1995).

CAMPO

A Rufina, que nació al tiempo
de madurar la guayaba.

1

POR EL SUEÑO hay tibias voces
que, persistente llamada,
fingen sonrisa dorada
en los minutos veloces.
Trinos de pechos precoces,

inquietos al despertar,
ponen en alto el cantar
dorado de sus auroras,
en tanto que voladoras
brisas le salen al mar.

2

Eco y cristal vienen juntos
hasta la falda del monte.
Voz de escondido sinsonte
y de caudales presuntos
aprisionan en dos puntos
un silencio de mañana.
Eco gira por la vana
confusión de la maleza
y el cristal, ya río, empieza
a dividir su sabana.

5

Realidad de fuego en frío,
quiébrase el sol en cristales
al caer en desiguales
luces sobre el claro río.
Multiplícase el desvío
del fuego solar, y baña
verdes los campos de caña
y jobos de cafetal.
Luego vuelve a su cristal
y en los güines se enmaraña.

6

Chirriar del grillo apresado
en ruedas de la carreta,
gira volcando en la veta
del camino verde prado.
Surge al fin —término ansiado—,
máquina devoradora;
desmenúzanse en su hora
grumos de verde hecho nieve
y en bocas abiertas llueve
la blanca ilusión traidora.

7

Vi desde un pico de sierra
—con mi soledad estaba—
cómo el cielo se aprestaba
a caer sobre la tierra.
Nubes de color de guerra
con fuegos en las entrañas
hundían manos extrañas
en las ceibas corpulentas
y la brisa andaba a tientas
rodando por las montañas.

8

Arde el sol y muerde el llano;
rabia de luz en la tienda.
Ay, río, que no te venda
tu dueño al americano.
Sombra de río y de guano;

agua fresca al mediodía
para mojar la falsía
del sol, que abusa en su cumbre.
Sol, cuando apagues tu lumbre
y se esté cayendo el día…

SONETOS (4)

ESTA LUZ que se cruza apresurada
con el vuelo de un tibio pensamiento,
viene de verte bajo el ancho viento
y pone un beso ardiente en la mirada.

Ya no hay camino, ni hay alcor, ni nada
que haga su dardo, que en el alma siento,
de más hondo latir, más puro acento,
cuanto de menos fuerza disparada.

Luz que de estar conmigo se consuela
para el viaje sin rumbo ni medida
que ha de oponer al mar que la desvela,

sabe ya, por su fuerza dividida,
toda la gracia eterna con que vuela
para llegar al centro de mi vida.

MARTIRIO DE SAN SEBASTIÁN

A mi hermano Ricardo

Sí, VENID A MIS BRAZOS, palomitas de hierro;
palomitas de hierro, a mi vientre desnudo.
Qué dolor de caricias agudas.
Sí, venid a morderme la sangre,
a este pecho, a estas piernas, a la ardiente mejilla.
Venid, que ya os recibe el alma entre los labios.
Sí, para que tengáis nido de carne
y semillas de huesos ateridos;
para que hundáis el pico rojo
en el haz de mis músculos.
Venid a mis ojos, que puedan ver la luz;
a mis manos, que toquen forma imperecedera;
a mis oídos, que se abran a las aéreas músicas;
a mi boca, que guste las mieles infinitas;
a mi nariz, para el perfume de las eternas rosas.
Venid, sí, duros ángeles de fuego,
pequeños querubines de alas tensas.
Sí, venid a soltarme las amarras
para lanzarme al viaje sin orillas.
¡Ay! qué acero feliz, qué piadoso martirio.
¡Ay! punta de coral, águila, lirio
de estremecidos pétalos. Sí. Tengo
para vosotras, flechas, el corazón ardiente,
pulso de anhelo, sienes indefensas.
Venid, que está mi frente
ya limpia de metal para vuestra caricia.
Ya, qué río de tibias agujas celestiales.
Qué nieves me deslumbran el espíritu.
Venid. Una tan sólo de vosotras, palomas,

para que anide dentro de mi pecho
y me atraviese el alma con sus alas…
Señor, ya voy, por cauce de saetas.
Sólo una más, y quedaré dormido.
Este largo morir despedazado
cómo me ausenta del dolor. Ya apenas
el pico de estos buitres me lo siento.
Qué poco falta ya, Señor, para mirarte.
Y miraré con ojos que vencieron las flechas;
y escucharé tu voz con oídos eternos;
y al olor de tus rosas me estaré como en éxtasis;
y tocaré con manos que nutrieron estas fieras palomas;
y gustaré tus mieles con los labios del alma.
Ya voy, Señor. ¡Ay! qué sueño de soles,
qué camino de estrellas en mi sueño.
Ya sé que llega mi última paloma…
¡Ay! ¡Ya está bien, Señor, que te la llevo
hundida en un rincón de las entrañas!

LA INQUIETUD

Pasan las gentes con su risa,
con sus pequeñas lágrimas oscuras.
Gracias, Señor,
por verlas desde lejos, de la altura.

De la altura se ven con sus palabras,
con sus brazos de amor en la cintura…
Perdóname, Señor,
este deseo de bajar desde la altura;
este deseo de dejar el cielo

de un momento de paz segura.
Tú lo sabes: después
habrá de nuevo el anhelar la altura.

(Hasta que un día, el único entre todos,
me dejes con el alma por la altura.)

15 de septiembre de 1946

LOS POETAS SOLOS DE MANHATTAN

El poeta cubano Alcides Iznaga vino a Nueva York, de paseo, en agosto de 1959. A su regreso a Cienfuegos me envió un poema, *Estamos solos en Manhattan,* al que contesté con estos versos:

MI MUY QUERIDO Alcides Iznaga:
es cierto que ni Langston Hughes ni yo estábamos en casa.
Porque Langston, que vive con sus negros,
también baja hasta el centro.
Y yo, cuando llamaste por teléfono,
o mejor dicho, pasaste por mi casa,
estaba lejos, en el campo,
yo que vivo con mis blancos.
Pero es que aquí, por aquí arriba,
lo mismo da que vivas
en la calle 127
o en el número 7
de la Avenida del Parque.
Aquí todos andamos solos y perdidos,
todos desconocidos
entre el ruido

de trenes subterráneos, y de bombas de incendio,
y de sirenas de ambulancias
que tratan de salvar a los suicidas
que se tiran al río desde un puente,
o a la calle desde su ventana,
o que abren las llaves del gas,
o se toman cien pastillas para dormir
—porque, como no se han encontrado todavía,
lo que desean es dormir y olvidarse de todo—,
olvidarse de que nadie se acuerda de ellos,
de que están solos, terriblemente solos entre la multitud.

Ya ves, a Langston Hughes me lo encontré a fines de agosto
en un cóctel del *Pen Club,*
muy cortés y muy ceremonioso
y muy vestido de azul.
Y luego pasan los años, y lo más, si acaso,
nos cambiamos un libro: "Inscribed for my dear friend…"
"Recuerdo muy afectuoso…", etc.
Y así nos vamos haciendo viejos
el poeta negro
y el poeta blanco,
y el mulato y el chino y todo bicho viviente.
Como se irán haciendo viejos
ustedes, los amigos de Cienfuegos;
los que aquel día inolvidable de febrero
(1955) me llevaron al Castillo de Jagua
donde me hizo temblar de emoción una vicaria*
que me salió al encuentro entre las piedras.
Lo que pasa,
mi muy querido Alcides Iznaga,

*Una planta de Cuba, de flores blancas o violáceas, muy corriente.

es que aquí no hay vicarias,
ni Castillo de Jagua,
ni están conmigo mis poetas
ni mis palmas ("Las palmas, ay…")
ni las aguas azules de la bahía de Cienfuegos
ni las de la bahía de La Habana.
Aquí sólo las aguas perezosas y tristes
de los dos ríos que ciñen a Manhattan…

Tú, mi querido Alcides,
viniste
en busca de nosotros a Nueva York, a esta ciudad en donde
nadie a nadie conoce…
Donde
todos nosotros, cada uno,
no somos otra cosa que una gota de agua,
una mota de polvo, de esas
que salen tristes de las chimeneas.
Tristes, es un decir. Que yo, a Dios gracias,
aún conservo serenas las palabras
con las que doy los buenos días al sol
que sale —cuando sale— enfrente de mi ventana.
Y si no sale, da lo mismo, al viento, al aire, a niebla y nube;
saludar a este mundo en que vivimos
con estas las palabras que escribimos.
Y dar gracias a Dios por el día y la noche
y por tener una palabra nuestra, aquí, en donde nadie nos conoce.

23 de octubre de 1959

EL AUSENTE

¿Sobre qué muerto estoy yo vivo?
R. F. R.

¿QUIÉN SE MURIÓ para mi vida?
¿Qué sofocado grito alienta,
sale del aire de la isla
y aquí me llega para alzarme
sobre mi ausencia entristecida?

No sé quién fue la mutilada
lengua tenaz que así crecía,
ni el ojo, ciego por la punta
cuando el metal se lo comía,
ni el brazo roto, ni la espalda
llena de sangre amortecida.
No sé quién fue, no sé quién era,
ni quién murió para mi vida.

Ni quién murió. Pero aquí, lejos
de aquella hoguera de la ira,
con la tristeza de lo poco
que me sirvió mi sangre huida,
quiero dejar de testimonio
esta angustiada fe de vida,
dar a los vientos que me cubren
la voz que sueña con su isla,
y bendecir con fuerte lágrima
al que murió por que yo viva.

1959
P. D. Hoy, diciembre de este año 1963,
siguen muriendo como antes.

ANSIA DE DIOSES

ANSIA DE DIOSES es el homenaje
para vivir su eternidad contentos.
Sube el amor, que los ampara,
como sube el incienso.

¿Qué el otro pobre dios mortal
necesita por aire, de alimento,
sino saber que alguien detiene
la mirada en sus versos,
y por amor, con el amor
va buscándolos, dentro,
para encontrar la luz que tengan,
y la poca memoria de su cielo
—del que perdió una vez— y cada día
el pobre dios está perdiendo?

¿Qué otra cosa que ese amor
necesita el poeta en su destierro?
¿Y qué poco —qué mucho— ¡Cuánto mucho!
para poder seguirse siendo?

28 de marzo de 1964

EL HOMBRE SOLO

Yo soy un hombre desvalido y solo…
FRANCISCO DE ALDANA

CUANDO ME VAYA, ¿qué? Los pocos versos
que fui escribiendo al paso de la vida.
Y nada más. Libros. Un árbol. Y sin hijos
ni mujer. Será poco lo que deje.
¿O tal vez lo bastante? Y la vergüenza
de no haber hecho nada más que eso:
palabras en hileras, como chopos
al lado del camino. Alguna vez
un álamo temblón, lloroso sauce,
rosa de amor, espinos de dolores.
¿Es lo bastante? Acaso sí lo sea
por lo que fui —pobre hombre solo,
triste de soledad cuando anochece—.
Mas a pesar de todo agradecido
por lo que Dios me da de pan y lecho,
de amistad y familia. No me quejo…

Sólo que hubiera sido tan alegre
eso de ver el mundo de la mano
del buen amor que no ha querido ser…
Y no será jamás. Ya *nevermore*.
Que el aire del invierno me rodea
para purificarme de mis sueños
y así dejarme a lo que soy: un hombre
solo y, por desvalido, un alma seca
al amor de la lumbre que se apaga,
siempre esperando lo que nunca llega.

Octubre de 1964

164

Emilio Ballagas

[Camagüey, 1908-La Habana, 1954]

Obra poética: *Júbilo y fuga* (1931); *Cuaderno de poesía negra* (1934); *Elegía sin nombre* (1936); *Nocturno y elegía* (1938); *Sabor eterno* (1939); *Nuestra señora del mar* (1943); *Cielo en rehenes* (1951); *Décimas para el júbilo martiano* (1953); *Obra poética* (1955); *Órbita de Emilio Ballagas* (1965); *Emilio Ballagas* (1972); *Elegía sin nombre y otros poemas* (1982); *Obra poética* (1984); *Cazador de colores* (1987); *Poesías* (1997).

POEMA DE LA JÍCARA

A Mariano Brull

¡QUÉ RICO SABOR de jícara
gritar: "Jícara"!

¡jícara blanca,
jícara negra!

Jícara
con agua fresca de pozo,
con agua fresca de cielo
profundo, umbrío y redondo.

Jícara con leche espesa
de trébol fragante —ubre—
con cuatro pétalos tibios.

Pero… no, no, no,
no quiero jícara blanca ni negra.

Sino su nombre tan sólo,
—sabor de aire y de río.

Jícara.
Y otra vez: "¡Jícara!"

CUBA, POESÍA

Cuba, lengua caliente,
estremecida dentro de ti misma.
Solicitada a un tiempo —ardor de sol y bravura de oleaje—
por el cielo y el mar.
Verde, magnífica entre azul y azul,
elevando a lo alto tus brazos de palmeras
que agitan las manos en el cielo
como en un rito de danza primitiva.

Me amamantó tu tierra
con la misma savia
que nutre a los plátanos y a los cañaverales
ondulantes, suaves, perezosos.
El jugo de esta caña
que corre en hilo dulce hasta mis labios
es el mismo que corre por mis venas
en el viaje asombroso de la sangre.

Dentro de mí responden espíritus atávicos
a la voz de tus cantos y al ritmo de tu rumba…

Se hacen para mis manos y para mi deleite
las huecas güiras en donde bailan las semillas secas.
Se hacen para mis manos y para mi deleite.

Para mí se hace el talle de la guitarra
esbelta como una mulata
que canta en la noche endulzada de estrellas
mientras le acariciamos con indolencia el vientre.

He sentido palpitar junto a mí
la carne mestiza;
han resbalado suavemente mis manos
sobre una piel de color del níspero
y el sol subió a una boca sensual
sólo para besarme.

Me sacude esta música palpitante y onduladora como el majá,
estremecida y voluptuosa como el oleaje de tus costas.
Esta fragancia del tabaco fresco va a cerrarme los ojos.
Y la sangre se agita dentro de mí
como el pañuelo rojo de la rumba.

Estos negros,
sus labios gruesos beben siempre un guarapo invisible.
A las bocas africanas asoma por los dientes
la blancura, la espuma ingenua de las almas.
Esta mulatería, garganta para que hablen y canten
los lejanos, los ancestrales mensajes
de nuestra alma recóndita.

Cuba, lengua caliente,
en el océano de tu sol nos bañamos.
Y soy tan plácido bajo tu sol
como un ligero pez dentro del agua...

Fui domando desde la niñez
el ardor de tu clima como a un potro bravío.
Ahora el potro bravío me lame las manos
y quiere amansarme en el vaivén cariñoso de la hamaca
mientras gozo el sabor del café perfumado,
mientras se pintan en el batey claro del cielo
los vuelos sosegados de las aves.

Cuba, lengua caliente,
estremecida dentro de ti misma:
ondulante de arroyos, lujuriosa de árboles,
ceñida de sol vivo.
Tu ron viril me baña.
Y tu música me acerca una llama
para mirarme arder en poesía.

ELEGÍA DE MARÍA BELÉN CHACÓN

MARÍA BELÉN, María Belén, María Belén.
María Belén Chacón, María Belén Chacón, María Belén Chacón,
con tus nalgas en vaivén,
de Camagüey a Santiago, de Santiago a Camagüey.

En el cielo de la rumba,
ya nunca habrá de alumbrar
tu constelación de curvas.

¿Qué ladrido te mordió el vértice del pulmón?
María Belén Chacón, María Belén Chacón...
¿Qué ladrido te mordió el vértice del pulmón?

Ni fue ladrido ni uña,
ni fue uña ni fue *daño*.

¡La plancha, de madrugada, fue quien te quemó el pulmón!
María Belén Chacón, María Belén Chacón…

Y luego, por la mañana,
con la ropa, en la canasta, se llevaron tu sandunga,
tu sandunga y tu pulmón.

¡Que no baile nadie ahora!
¡Que no le arranque más pulgas el negro Andrés a su tres!

Y los chinos, que arman tánganas adentro de las maracas,
hagan un poco de paz.
Besar la cruz de las claves.
(¡Líbranos de todo mal, Virgen de la Caridá!)

Ya no veré mis instintos
en los espejos redondos y alegres de tus dos nalgas.
Tu constelación de curvas
ya no alumbrará jamás el cielo de la sandunga.

María Belén Chacón, María Belén Chacón.
María Belén, María Belén:
con tus nalgas en vaivén,
de Camagüey a Santiago…
De Santiago a Camagüey.

ELEGÍA SIN NOMBRE

DESCALZA ARENA y mar desnudo.
Mar desnudo, impaciente, mirándose en el cielo.
El cielo continuándose a sí mismo,
persiguiendo su azul sin encontrarlo
nunca definitivo, destilado.

Yo andaba por la arena demasiado ligero,
demasiado dios trémulo para mis soledades,
hijo del esperanto de todas las gargantas,
pródigo de miradas blancas, sin vuelo fijo.

Se hacían las gaviotas, se deshacían las nubes
y tornaban las olas a embestir a la orilla.
(Tanta batalla blanca de espumas desatadas
era para cuajar en una sola concha, sin imagen de nieve ni sal pulida y dura.)

El viento henchía sus velas de un vigor invisible,
danzaba olvidadizo, despedido, encontrado
y tú eras tú.
Yo aún no te había visto.

Hijo de mi presente —fresco niño de olvido—
la sangre me traía noticias de las manos.
Sabía dividir la vida de mi cuerpo como el canto en estrofas:
cabeza libre, hombros,
pecho,
muslos y piernas estrenadas.
Por dentro me iba una tristeza de lejanas,
de extraviadas palomas,
de perdidas palabras más allá del silencio,
hechas de alas en polvo de mariposas
y de rosas cenizas ausentes de la noche...
Girasol en los sueños: aún no te había visto.
Imán. Clavel vivido en detenido gesto.
Tú no eras tú.

Yo andaba, andaba, andaba
en un andar en andas más frágil que yo mismo,
con una ingravidez transparente y dormida
suelto de mis recuerdos, con el ombligo al viento...
Mi sombra iba a mi lado sin pies para seguirme,
mi sombra se caía rota, inútil y magra;
como un pez sin espinas mi sombra iba a mi lado,
como un perro de sombras
tan pobre que ni un perro de sombras le ladraba.

¡Ya es mucho siempre siempre, ya es demasiado
siempre, mi lámpara de arcilla!
¡Ya es mucho parecerme a mis pálidas manos
y a mi frente clavada por un amor inmenso,
frutecido de nombres, sin identificarse
con la luz que recortan las cosas agriamente!
¡Ya es mucho unir los labios para que no se escape
y huya y se desvanezca

mi secreto de carne, mi secreto de lágrimas,
mi beso entrecortado!

Iba yo. Tú venías,
aunque tu cuerpo bello reposara tendido.
Tú avanzabas, amor, te empujaba el destino,
como empuja a las velas el titánico viento de hombros
estremecidos.
Te empujaban la vida, y la tierra, y la muerte
y unas manos que pueden más que nosotros mismos:
unas manos que pueden unirnos y arrancarnos
y frotar nuestros ojos con el zumo de anémonas...

La sal y el yodo eran; eran la sal y el alga;
eran, y nada más, yo te digo que eran
en el preciso instante de ser.
Porque antes de que el sol terminara su escena
y la noche moviera su tramoya de sombras,
te vi al fin frente a frente,
seda y acero cables nos tendió la mirada.
(Mis dedos sin moverse repasaban en sueños
tus cabellos endrinos.)
Así anduvimos luego uno al lado del otro,
y pude descubrir que era tu cuerpo alegre
una cosa que crece como una llamarada que desafía al viento,
mástil, columna, torre, en ritmo de estatura
y era la primavera inquieta de tu sangre
una música presa en tus quemadas carnes.

Luz de soles remotos,
perdidos en la noche morada de los siglos,
venía a acrisolarse en tus ojos oblicuos,
rasgados levemente,
con esa indiferencia que levanta las cejas.

Nadabas,
yo quería amarte con un pecho
parecido al del agua; que atravesaras ágil,
fugaz, sin fatigarte. Tenías y aún las tienes
las uñas ovaladas,
metal casi cristal en la garganta
que da su timbre fresco sin quebrarse.
Sé que ya la paz no es mía:
te trajeron las olas
que venían ¿de dónde? que son inquietas siempre;
que te vas ya por ellas o sobre las arenas,
que el viento te conduce
como a un árbol que crece con musicales hojas.

Sé que vives y alientas
con un alma distinta cada vez que respiras.
Y yo con mi alma única, invariable y segura,
con mi barbilla triste en la flor de las manos,
con un libro entreabierto sobre las piernas quietas,
te estoy queriendo más,
te estoy amando en sombras,
en una gran tristeza caída de las nubes,
en una gran tristeza de remos mutilados,
de carbón y cenizas sobre alas derrotadas...

Te he alimentado tanto de mi luz sin estrías
que ya no puedo más con tu belleza dentro,
que hiere mis entrañas y me rasga la carne
como anzuelo que hiere la mejilla por dentro.
Yo te doy a la vida entera del poema:
No me avergüenzo de mi gran fracaso,
que de este limo oscuro de lágrimas sin preces,
naces —dalia de aire— más desnuda que el mar

más abierta que el cielo;
más eterna que ese destino que empujaba tu presencia a la mía,
mi dolor a tu gozo.

                          ¿Sabes?
Me iré mañana, me perderé bogando
en un barco de sombras,
entre moradas olas y cantos marineros,
bajo un silencio cósmico, grave y fosforescente…

Y entre mis labios tristes se mecerá tu nombre
que no me servirá para llamarte
y lo pronuncio siempre para endulzar mi sangre,
canción inútil siempre, inútil, siempre inútil,
inútilmente siempre.

Los pechos de la muerte me alimentan la vida.

NOCTURNO Y ELEGÍA

Si PREGUNTA POR MÍ, traza en el suelo
una cruz de silencio y de ceniza
sobre el impuro nombre que padezco.
Si pregunta por mí, di que me he muerto
y que me pudro bajo las hormigas.
Dile que soy la rama de un naranjo,
la sencilla veleta de una torre.

No le digas que lloro todavía
acariciando el hueco de su ausencia
donde su ciega estatua quedó impresa
siempre al acecho de que el cuerpo vuelva.

La carne es un laurel que canta y sufre
y yo en vano esperé bajo su sombra.
Ya es tarde. Soy un mudo pececillo.

Si pregunta por mí dale estos ojos,
estas grises palabras, estos dedos;
y la gota de sangre en el pañuelo.
Dile que me he perdido, que me he vuelto
una oscura perdiz, un falso anillo
a una orilla de juncos olvidados:
dile que voy del azafrán al lirio.

Dile que quise perpetuar sus labios,
habitar el palacio de su frente.
Navegar una noche en sus cabellos.
Aprender el color de sus pupilas
y apagarse en su pecho suavemente,
nocturnamente hundido, aletargado
en un rumor de venas y sordina.

Ahora no puedo ver aunque suplique
el cuerpo que vestí de mi cariño.
Me he vuelto una rosada caracola,
me quedé fijo, roto, desprendido.
Y si dudáis de mí creed al viento,
mirad al norte, preguntad al cielo.
Y os dirán si aún espero o si anochezco.

¡Ah! Si pregunta dile lo que sabes.
De mí hablarán un día los olivos
cuando yo sea el ojo de la luna,
impar sobre la frente de la noche,
adivinando conchas de la arena,

el ruiseñor suspenso de un lucero
y el hipnótico amor de las mareas.

Es verdad que estoy triste, pero tengo
sembrada una sonrisa en el tomillo,
otra sonrisa la escondí en Saturno
y he perdido la otra no sé dónde.
Mejor será que espere a medianoche,
al extraviado olor de los jazmines,
y a la vigilia del tejado, fría.

No me recuerdes su entregada sangre
ni que yo puse espinas y gusanos
a morder su amistad de nube y brisa.
No soy el ogro que escupió en su agua
ni el que un cansado amor paga en monedas.
¡No soy el que frecuenta aquella casa
presidida por una sanguijuela!

(Allí se va con un ramo de lirios
a que lo estruje un ángel de alas turbias.)
No soy el que traiciona a las palomas,
a los niños, a las constelaciones…
Soy una verde voz desamparada
que su inocencia busca y solicita
con dulce silbo de pastor herido.

Soy un árbol, la punta de una aguja,
un alto gesto ecuestre en equilibrio;
la golondrina en cruz, el aceitado
vuelo de un búho, el susto de una ardilla.
Soy todo, menos eso que dibuja
un índice con cieno en las paredes
de los burdeles y los cementerios.

Todo, menos aquello que se oculta
bajo una seca máscara de esparto.
Todo, menos la carne que procura
voluptuosos anillos de serpiente
ciñendo en espiral viscosa y lenta.
Soy lo que me destines, lo que inventes
para enterrar mi llanto en la neblina.

Si pregunta por mí, dile que habito
en la hoja del acanto y en la acacia.
O dile, si prefieres, que me he muerto.
Dale el suspiro mío, mi pañuelo;
mi fantasma en la nave del espejo.
Tal vez me llore en el laurel o busque
mi recuerdo en la forma de una estrella.

FUENTE COLONIAL

No LLORÉIS MÁS, delfines de la fuente
sobre la taza gris de piedra vieja.
No mojéis más del musgo la madeja
oscura, verdinegra y persistente.

Haced de cauda y cauda sonriente
la agraciada corola en que el sol deja
la última gota de su miel bermeja
cuando se acuesta herido en el poniente.

Dejad a los golosos pececillos
apresurar doradas cabriolas
o dibujar efímeros anillos.

Y a las estrellas reflejadas no las
borréis cuando traducen de los grillos
el coro en mudas, luminosas violas.

SONETO AGONIZANTE

¡AH, CUÁNDO VENDRÁS, cuándo, hora adorable
entre todas, dulzura de mi encía,
en que me harte tu presencia. Envía
reflejo, resplandor al miserable!

En tanto que no acudas con tu sable
a cortar este nudo de agonía,
no habrá tranquila paz en la sombría
tienda movida al viento inconsolable.

Luz Increada, alegra la soturna
húmeda soledad del calabozo:
desata tu nupcial águila diurna.

Penetra hasta el secreto de mi pozo.
Mano implacable… Adéntrate en la urna:
remueve, vivifica, espesa el gozo.

José Lezama Lima
[La Habana, 1910-1976]

Obra poética: *Muerte de Narciso* (1937); *Enemigo rumor* (1941); *Aventuras sigilosas* (1945); *La fijeza* (1949); *Dador* (1960); *Órbita de Lezama Lima* (1966); *Fragmentos a su imán* (1977 y 1993); *Poesía completa* (1970, 1985 y 1994); *Poesía* (1992); *Muerte de Narciso y otros poemas* (1995).

MUERTE DE NARCISO

DÁNAE TEJE EL TIEMPO DORADO por el Nilo,
envolviendo los labios que pasaban
entre labios y vuelos desligados.
La mano o el labio o el pájaro nevaban.
Era el círculo en nieve que se abría.
Mano era sin sangre la seda que borraba
la perfección que muere de rodillas
y en su celo se esconde y se divierte.

Vertical desde el mármol no miraba
la frente que se abría en loto húmedo.
En chillido sin fin se abría la floresta
al airado redoble en flecha y muerte.
¿No se apresura tal vez su fría mirada
sobre la garza real y el frío tan débil
del poniente, grito que ayuda la fuga
del dormir, llama fría y lengua alfilereada?

Rastro absoluto, firmeza mentida del espejo.
El espejo se olvida del sonido y de la noche
y su puerta al cambiante pontífice entreabre.
Máscara y río, grifo de los sueños.
Frío muerto y cabellera desterrada del aire
que la crea, del aire que le miente son
de vida arrastrada a la nube y a la abierta
boca negada en sangre que se mueve.

Ascendiendo en el pecho solo blanda,
olvidada por un aliento que olvida y desentraña.
Olvidado papel, fresco agujero al corazón
saltante se apresura y la sonrisa al caracol.
La mano que por el aire líneas impulsaba,
seca, sonrisas caminando por la nieve.
Ahora llevaba el oído al caracol, el caracol
enterrando firme oído en la seda del estanque.

Granizados toronjiles y ríos de velamen congelados,
aguardan la señal de una mustia hoja de oro,
alzada en espiral, sobre el otoño de aguas tan hirvientes.
Dócil rubí queda suspirando en su fuga ya ascendiendo.
Ya el otoño recorre las islas no cuidadas, guarnecidas
islas y aislada paloma muda entre dos hojas enterradas.
El río en la suma de sus ojos anunciaba
lo que pesa la luna en sus espaldas y el aliento que en halo convertía.

Antorchas como peces, flaco garzón trabaja noche y cielo,
arco y castillo y sierpes encendidos, carámbano y lebrel.
Pluma morada, no mojada, pez mirándome, sepulcro.
Ecuestres faisanes ya no advierten mano sin eco, pulso desdoblado:
los dedos en inmóvil calendario y el hastío en su trono cejijunto.
Lenta se forma ola en la marmórea cavidad que mira

por espaldas que nunca me preguntan, en veneno
que nunca se pervierte y en su escudo ni potros ni faisanes.

Como se derrama la ausencia en la flecha que se aísla
y como la fresa respira hilando su cristal,
así el otoño en que su labio muere, así el granizo
en blando espejo destroza la mirada que le ciñe,
que le miente la pluma por los labios, laberinto y halago
le recorre junto a la fuente que humedece el sueño.
La ausencia, el espejo ya en el cabello que en la playa
extiende y al aislado cabello pregunta y se divierte.

Fronda leve vierte la ascensión que asume.
¿No es la curva corintia traición de confitados mirabeles,
que el espejo reúne o navega, ciego desterrado?
¿Ya se siente temblar el pájaro en mano terrenal?
Ya sólo cae el pájaro, la mano que la cárcel mueve,
los dioses hundidos entre la piedra, el carbunclo y la doncella.
Si la ausencia pregunta con la nieve desmayada,
forma en la pluma, no círculos que la pulpa abandona sumergida.

Triste recorre —curva ceñida en ceniciento airón—
el espacio que manos desalojan, timbre ausente
y avivado azafrán, tiernos redobles sus extremos.
Convocados se agitan los durmientes, fruncen las olas
batiendo en torno de ajedrez dormido, su insepulta tiara.
Su insepulta madera blanda el frío pico del hirviente cisne.
Reluce muelle: falsos diamantes; pluma cambiante: terso atlas.
Verdes chillidos: juegan las olas, blanda muerte el relámpago en sus venas.

Ahogadas cintas mudo el labio las ofrece.
Orientales cestillos cuelan agua de luna.
Los más dormidos son los que más se apresuran,
se entierran, pluma en el grito, silbo enmascarado, entre frentes y garfios.

Estirado mármol como un río que recurva o aprisiona
los labios destrozados, pero los ciegos no oscilan.
Espirales de heroicos tenores caen en el pecho de una paloma
y allí se agitan hasta relucir como flechas en su abrigo de noche.

Una flecha destaca, una espalda se ausenta.
Relámpago es violeta si alfiler en la nieve y terco rostro.
Tierra húmeda ascendiendo hasta el rostro, flecha cerrada.
Polvos de luna y húmeda tierra, el perfil desgajado en la nube que es
    espejo.
Frescas las valvas de la noche y límite airado de las conchas
en su cárcel sin sed se destacan los brazos,
no preguntan corales en estrías de abejas y en secretos
confusos despiertan recordando curvos brazos y engaste de la frente.

Desde ayer las preguntas se divierten o se cierran
al impulso de frutos polvorosos o de islas donde acampan
los tesoros que la rabia esparce, adula o reconviene.
Los donceles trabajan en las nueces y el surtidor de frente a su sonido
en la llama fabrica sus raíces y su mansión de gritos soterrados.
Si se aleja, recta abeja, el espejo destroza el río mudo.
Si se hunde, media sirena al fuego, las hilachas que surcan el invierno
tejen blanco cuerpo en preguntas de estatua polvorienta.

Cuerpo del sonido el enjambre que mudos pinos claman,
despertando el oleaje en lisas llamaradas y vuelos sosegados,
guiados por la paloma que sin ojos chilla,
que sin clavel la frente espejo es de ondas, no recuerdos.
Van reuniendo en ojos, hilando en el clavel no siempre ardido
el abismo de nieve alquitarada o gimiendo en el cielo apuntalado.
Los corceles si nieve o si cobre guiados por miradas la súplica
destilan o más firmes recurvan a la mudez primera ya sin cielo.

La nieve que en los sistros no penetra, arguye
en hojas, recta destroza vidrio en el oído,
nidos blancos, en su centro ya encienden tibios los corales,
huidos los donceles en sus ciervos de hastío, en sus bosques rosados.
Convierten si coral y doncel rizo las voces, nieve los caminos,
donde el cuerpo sonoro se mece con los pinos, delgado cabecea.
Mas esforzado pino, ya columna de humo tan aguado
que canario en su aguja y surtidor en viento desrizado.

Narciso, Narciso. Las astas del ciervo asesinado
son peces, son llamas, son flautas, son dedos mordisqueados.
Narciso, Narciso. Los cabellos guiando florentinos reptan perfiles,
labios sus rutas, llamas tristes las olas mordiendo sus caderas.
Pez del frío verde el aire en el espejo sin estrías, racimo de palomas
ocultas en la garganta muerta: hija de la flecha y de los cisnes.
Garza divaga, concha en la ola, nube en el desgaire,
espuma colgaba de los ojos, gota marmórea y dulce plinto no ofreciendo.

Chillidos frutados en la nieve, el secreto en geranio convertido.
La blancura seda es ascendiendo en labio derramada,
abre un olvido en las islas, espadas y pestañas vienen
a entregar el sueño, a rendir espejo en litoral de tierra y roca impura.
Húmedos labios no en la concha que busca recto hilo,
esclavos del perfil y del velamen secos el aire muerden
al tornasol que cambia su sonido en rubio tornasol de cal salada,
busca en lo rubio espejo de la muerte, concha del sonido.

Si atraviesa el espejo hierven las aguas que agitan el oído.
Si se sienta en su borde o en su frente el centurión pulsa en su costado.
Si declama penetran en la mirada y se fruncen las letras en el sueño.
Ola de aire envuelve secreto albino, piel arponeada
que coloreado espejo sombra es del recuerdo y minuto del silencio.
Ya traspasa blancura recto sinfín en llamas secas y hojas lloviznadas.
Chorro de abejas increadas muerden la estela, pídenle el costado.
Así el espejo averiguó callado, así Narciso en pleamar fugó sin alas.

SONETOS A LA VIRGEN

III

Cautivo enredo ronda tu costado,
pluma nevada hiriendo la garganta.
Breve trono y su instante destronado
tiemblan al silbo si suave se levanta.

Más que sombra, que infante desvelado,
la armadura del cielo que nos canta
su aria sin sonido, su son deslavazado
maraña ilusa contra el viento anda.

Lento se cae el paredón del sueño;
dulce costumbre de este incierto paso;
grita y se destruyen sus escalas.

Ya el viento navega a nuevo vaso
y sombras buscan deseado dueño.
¿Y si al morir no nos acuden alas?

IV

Pero sí acudirás; allí te veo,
ola tras ola, manto dominado,
que viene a invitarme a lo que creo:
mi Paraíso y tu Verbo, el encarnado.

En ramas de cerezo buen recreo,
o en cestillos de mimbre gobernado;
en tan despierto tránsito lo feo
se irá tornando en rostro del Amado.

El alfiler se bañará en la rosa,
sueño será el aroma y su sentido,
hastío el aire que al jinete mueve.

El árbol bajará dicción hermosa,
la muerte dejará de ser sonido.
Tu sombra hará la eternidad más breve.

PENSAMIENTOS EN LA HABANA

PORQUE HABITO UN SUSURRO como un velamen,
una tierra donde el hielo es una reminiscencia,
el fuego no puede izar un pájaro
y quemarlo en una conversación de estilo calmo.
Aunque ese estilo no me dicte un sollozo
y un brinco tenue me deje vivir malhumorado,
no he de reconocer la inútil marcha
de una máscara flotando donde yo no pueda,
donde yo no pueda transportar el picapedrero o el picaporte
a los museos donde se empapelan los asesinatos
mientras los visitadores señalan la ardilla
que con el rabo se ajusta las medias.
Si un estilo anterior sacude el árbol,
decide el sollozo de dos cabellos y exclama:
my soul is not in an ashtray.

Cualquier recuerdo que sea transportado,
recibido como una galantina de los obesos embajadores de antaño,
no nos hará vivir como la silla rota
de la existencia solitaria que anota la marea
y estornuda en otoño.

Y el tamaño de una carcajada,
rota por decir que sus recuerdos están recordados,
y sus estilos los fragmentos de una serpiente
que queremos soldar
sin preocuparnos de la intensidad de sus ojos.
Si alguien nos recuerda que nuestros estilos
están ya recordados;
que por nuestras narices no escogita un aire sutil,
sino que el Eolo de las fuentes elaboradas
por los que decidieron que el ser
habítase en el hombre,
sin que ninguno de nosotros
dejase caer la saliva de una decisión bailable,
aunque presumimos como los demás hombres
que nuestras narices lanzan un aire sutil.
Como sueñan humillarnos,
repitiendo día y noche con el ritmo de la tortuga
que oculta el tiempo en su espaldar:
ustedes no decidieron que el ser habitase en el hombre;
vuestro Dios es la luna
contemplando como una baulastrada
al ser entrando en el hombre.
Como quieren humillarnos le decimos
the chief of the tribe descended the staircase.

Ellos tienen unas vitrinas y usan unos zapatos.
En esas vitrinas alternan el maniquí con el quebrantahuesos disecado,
y todo lo que ha pasado por la frente del hastío
del búfalo solitario.
Si no miramos la vitrina, charlan
de nuestra insuficiente desnudez que no vale una estatuilla de Nápoles.
Si la atravesamos y no rompemos los cristales,
no subrayan con gracia que nuestro hastío puede quebrar el fuego

186

y nos hablan del modelo viviente y de la parábola del quebrantahuesos.
Ellos que cargan con sus maniquíes a todos los puertos
y que hunden en sus baúles un chirriar
de vultúridos disecados.
Ellos no quieren saber que trepamos por las raíces húmedas del helecho
—donde hay dos hombres frente a una mesa; a la derecha, la jarra
y el pan acariciado—,
y que aunque mastiquemos su estilo,
we don't choose our shoes in a show-window.

El caballo relincha cuando hay un bulto
que se interpone como un buey de peluche,
que impide que el río le pegue en el costado
y se bese con las espuelas regaladas
por una sonrosada adúltera neoyorquina.
El caballo no relincha de noche;
los cristales que exhala por su nariz,
una escarcha tibia, de papel;
la digestión de las espuelas
después de recorrer sus músculos encristalados
por un sudor de sartén.
El buey de peluche y el caballo
oyen el violín, pero el fruto no cae
reventado en su lomo frotado
con un almíbar que no es nunca el alquitrán.
El caballo resbala por el musgo
donde hay una mesa que exhibe las espuelas,
pero la oreja erizada de la bestia no descifra.

La calma con música traspiés
y ebrios caballos de circo enrevesados,
donde la aguja muerde porque no hay un leopardo
y la crecida del acordeón

elabora una malla de tafetán gastado.
Aunque el hombre no salte, suenan
bultos divididos en cada estación indivisible,
porque el violín salta como un ojo.
Las inmóviles jarras remueven un eco cartilaginoso:
el vientre azul del pastor
se muestra en una bandeja de ostiones.
En ese eco del hueso y de la carne, brotan unos bufidos
cubiertos por un disfraz de telaraña,
para el deleite al que se le abre una boca,
como la flauta de bambú elaborada
por los garzones pedigüeños.
Piden una cóncava oscuridad
donde dormir, rajando insensibles
el estilo del vientre de su madre.
Pero mientras afilan un suspiro de telaraña
dentro de una jarra de mano en mano,
el rasguño en la tiorba no descifra.

Indicaba unas molduras
que mi carne prefiere a las almendras.
Unas molduras ricas y agujereadas
por la mano que las envuelve
y le riega los insectos que la han de acompañar.
Y esa espera, esperada en la madera
por su absorción que no detiene al jinete,
mientras no unas máscaras, los hachazos
que no llegan a las molduras,
que no esperan como un hacha o una máscara,
sino como el hombre que espera en una casa de hojas.
Pero al trazar las grietas de la moldura
y al perejil y al canario haciendo gloria,
l'extranjer nous demand le garçon maudit.

El mismo almizclero conocía la entrada,
el hilo de tres secretos
se continuaba hasta llegar a la terraza
sin ver el incendio del palacio grotesco.
¿Una puerta se derrumba porque el ebrio
sin las botas puestas le abandona su sueño?
Un sudor fangoso caía de los fustes
y las columnas se deshacían en un suspiro
que rodaba sus piedras hasta el arroyo.
Las azoteas y las barcazas
resguardan el líquido calmo y el aire escogido;
las azoteas amigas de los trompos
y las barcazas que anclan en un monte truncado,
ruedan confundidas por una galantería disecada que sorprende
a la hilandería y al reverso del ojo enmascarado tiritando juntos.

Pensar que unos ballesteros
disparan a una urna cineraria
y que de la urna saltan
unos pálidos cantando,
porque nuestros recuerdos están ya recordados
y rumiamos con una dignidad muy atolondrada
unas molduras salidas de la siesta picoteada del cazador.
Para saber si la canción es nuestra o de la noche,
quieren darnos una hacha elaborada en las fuentes de Eolo.
Quieren que saltemos de esa urna
y quieren también vernos desnudos.
Quieren que esa muerte que nos han regalado
sea la fuente de nuestro nacimiento,
y que nuestro oscuro tejer y deshacerse
esté recordado por el hilo de la pretendida.
Sabemos que el canario y el perejil hacen gloria
y que la primera flauta se hizo de una rama robada.

Nos recorremos
y ya detenidos señalamos la urna y a las palomas
grabadas en el aire escogido.
Nos recorremos
y la nueva sorpresa nos da los amigos
y el nacimiento de una dialéctica:
mientras dos diedros giran mordisqueándose,
el agua paseando por los canales de los huesos
lleva nuestro cuerpo hacia el flujo calmoso
de la tierra que no está navegada,
donde un alga despierta digiere incansablemente a un pájaro dormido.
Nos da los amigos que una luz redescubre
y la plaza donde conversan sin ser despertados.
De aquella urna maliciosamente donada,
saltaban parejas, contrastes y la fiebre
injertada en los cuerpos de imán
del paje loco sutilizando el suplicio lamido.
Mi vergüenza, los cuernos de imán untados de luna fría,
pero el desprecio paría una cifra
y ya sin conciencia columpiaba una rama.
Pero después de ofrecer sus respetos,
cuando bicéfalos, mañosos correctos
golpean con martillos algosos el androide tenorino,
el jefe de la tribu descendió la escalinata.

Los abalorios que nos han regalado
han fortalecido nuestra propia miseria,
pero como nos sabemos desnudos
el ser se posará en nuestros pasos cruzados.
Y mientras nos pintarrajeaban
para que saltásemos de la urna cineraria,
sabíamos que como siempre el viento rizaba las aguas
y unos pasos seguían con fruición nuestra propia miseria.

Los pasos huían con las primeras preguntas del sueño.
Pero el perro mordido por luz y por sombra,
por rabo y cabeza;
de luz tenebrosa que no logra grabarlo
y de sombra apestosa; la luz no lo afina
ni lo nutre la sombra; y así muerde
la luz y el fruto, la madera y la sombra,
la mansión y el hijo, rompiendo el zumbido
cuando los pasos se alejan y él toca en el pórtico.
Pobre río bobo que no encuentra salida,
ni las puertas y hojas hinchando su música.
Escogió, doble contra sencillo, los terrones malditos,
pero yo no escojo mis zapatos en una vitrina.

Al perderse el contorno en la hoja
el gusano revisaba oliscón su vieja morada;
al morder las aguas llegadas al río definido
el colibrí tocaba las viejas molduras.
El violín de hielo amortajado en la reminiscencia.
El pájaro mosca destrenza una música y ata una música.
Nuestros bosques no obligan al hombre a perderse,
el bosque es para nosotros una serafina en la reminiscencia.
Cada hombre desnudo que viene por el río,
en la corriente o el huevo hialino,
nada en el aire si suspende el aliento
y extiende indefinidamente las piernas.
La boca de la carne de nuestras maderas
quema las gotas rizadas.
El aire escogido es como un hacha
para la carne de nuestras maderas,
y el colibrí las traspasa.

Mi espalda se irrita surcada por las orugas
que mastican un mimbre trocado en pez centurión,
pero yo continúo trabajando la madera,
como una uña despierta,
como una serafina que ata y destrenza en la reminiscencia.
El bosque soplado
desprende el colibrí del instante
y las viejas molduras.
Nuestra madera es un buey de peluche;
el estado ciudad es hoy el estado y un bosque pequeño.
El huésped sopla el caballo y las lluvias también.
El caballo pasa su belfo y su cola por la serafina del bosque;
el hombre desnudo entona su propia miseria,
el pájaro mosca lo mancha y traspasa.
Mi alma no está en un cenicero.

RESISTENCIA

LA RESISTENCIA TIENE QUE DESTRUIR siempre al acto y a la potencia que reclaman la antítesis de la dimensión correspondiente. En el mundo de la *poiesis,* en tantas cosas opuesto al de la física, que es el que tenemos desde el Renacimiento, la resistencia tiene que proceder por rápidas inundaciones, por pruebas totales que no desean ajustar, limpiar o definir el cristal, sino rodear, romper una brecha por donde caiga el agua tangenciando la rueda giradora. La potencia está como el granizo en todas partes, pero la resistencia se recobra en el peligro de no estar en tierra ni en granizo. El demonio de la resistencia no está en ninguna parte, y por eso aprieta como el mortero y el caldo, y queda marcando como el fuego en la doradilla de las visiones. La resistencia asegura que todas las ruedas están girando, que el ojo nos ve, que la potencia es un poder delegado dejado caer en nosotros, que ella es el no yo, las cosas, coincidiendo con el yo más oscuro, con las piedras dejadas en nuestras aguas. Por eso los ojos de la potencia no cuentan, y en la resistencia lo que nos sale al paso, bien brotado de nosotros mismos o de un espejo, se reorganiza en ojos por donde pasan corrientes que acaso no nos pertenezcan nunca. Comparada con la resistencia la morfología es puro ridículo. Lo que la morfología permite, realización de una época en un estilo, es muy escaso en comparación con la resistencia eterna de lo no permisible. La potencia es tan sólo el permiso concedido. Método: ni aun la intuición, ni lo que Duns Scotus llamaba conocimiento abstracto confuso, razón desarreglada. Método: ni la visión creadora, ya que la resistencia total impide las organizaciones del sujeto. Cuando la resistencia ha vencido lo cuantitativo, recuerdos ancestrales del despensero, y las figuraciones últimas y estériles de lo cualitativo, entonces empieza a hervir el hombre del que se han arrepentido de haberlo hecho, el hombre hecho y desprendido, pero con diario arrepentimiento de haberlo hecho el que lo hizo. Entonces... *En esta noche al principio della vieron caer del cielo un maravilloso ramo de fuego en la mar, lejos de ellos cuatro o cinco leguas* (Diario de navegación, 15 de Setiembre 1492). No caigamos en lo del paraíso recobrado, que venimos de una resistencia, que los hombres que venían apretujados en un barco que caminaba dentro de una resistencia, pudieron ver un ramo de fuego que caía en el mar porque sentían la historia de muchos en una sola visión. Son las épocas de salvación y su signo es una fogosa resistencia.

DÉCIMA
(De *Paradiso*)

UN COLLAR tiene el cochino,
calvo se queda el faisán,
con los molinos del vino
los titanes se hundirán.

Navaja de la tonsura
es el cero en la negrura
del relieve de la mar.
Naipes en la arenera,
fija la noche entera
la eternidad... y a fumar.

UNIVERSALIDAD DEL ROCE

LA UNIVERSALIDAD DEL ROCE,
del frotamiento, del coito de la lluvia
y sus menudas preguntas sobre la tierra.
¡Qué engendros para una nueva raza!
¡Qué nueva descendencia del hombre y de la piedra!
Una caja de fósforos esparcida
sobre los cabellos que comienzan
agitándose como fragmentos que se unen
en un gusano lleno de plumillas.
La tijera cortando las aspas del ventilador
y el marco de una ventana que se cae
sobre un jarro de leche.
El anverso y el reverso
en el borde de la hoja.
Acaricio el nuevo monstruo,
después, ya me acostumbro,
y lo veo caminar
hacia el oeste del abismo con pinares.
Entrechocado,
frotándose los pies
con la llave maestra del patio secreto
que asciende en el elevador.

Precipitándose sobre una cascada congelada
la rotación convertida en un coito universal,
de la abeja con la respiración,
del sombrero con los siete anillos de Saturno.
¿Qué hijos darían que siguiesen
conversando cuando soplan la lluvia?
El gato copulando con la marta
no pare un gato
de piel shakespeariana y estrellada,
ni una marta de ojos fosforescentes.
Engendran el gato volante.

6 de mayo y 1974

DISCORDIAS

DE LA CONTRADICCIÓN de las contradicciones,
la contradicción de la poesía,
obtener con un poco de humo
la respuesta resistente de la piedra
y volver a la transparencia del agua
que busca el caos sereno del océano
dividido entre una continuidad que interroga
y una interrupción que responde,
como un hueco que se llena de larvas
y allí reposa después una langosta.
Sus ojos trazan el carbunclo del círculo,
las mismas langostas con ojos de fanal,
conservando la mitad en el vacío
y con la otra arañando en sus tropiezos
el frenesí del fauno comentado.

Contradicción primera: caminar descalzo
sobre las hojas entrecruzadas,
que tapan las madrigueras donde el sol
se borra como la cansada espada,
que corta una hoguera recién sembrada.
Contradicción segunda: sembrar las hogueras.
Última contradicción: entrar
en el espejo que camina hacia nosotros,
donde se encuentran las espaldas,
y en la semejanza empiezan
los ojos sobre los ojos de las hojas,
la contradicción de las contradicciones.
La contradicción de la poesía,
se borra a sí misma y avanza
con cómicos ojos de langosta.
Cada palabra destruye su apoyatura
y traza un puente romano secular.
Gira en torno como un delfín
caricioso y aparece
indistinto como una proa fálica.
Restriega los labios que dicen
la orden de retirada.
Estalla y los perros del trineo
mascan las farolas en los árboles.
De la contradicción de las contradicciones,
la contradicción de la poesía,
borra las letras y después respíralas
al amanecer cuando la luz te borra.

Diciembre y 1971

LA MUJER Y LA CASA

HERVÍAS la leche
y seguías las aromosas costumbres del café.
Recorrías la casa
con una medida sin desperdicios.
Cada minucia un sacramento,
como una ofrenda al peso de la noche.
Todas tus horas están justificadas
al pasar del comedor a la sala,
donde están los retratos
que gustan de tus comentarios.
Fijas la ley de todos los días
y el ave dominical se entreabre
con los colores del fuego
y las espumas del puchero.
Cuando se rompe un vaso,
es tu risa la que tintinea.
El centro de la casa
vuela como el punto en la línea.
En tus pesadillas
llueve interminablemente
sobre la colección de matas
enanas y el flamboyán subterráneo.
Si te atolondraras,
el firmamento roto
en lanzas de mármol,
se echaría sobre nosotros.

Febrero y 1976

EL PABELLÓN DEL VACÍO

Voy con el tornillo
preguntando en la pared,
un sonido sin color
un color tapado con un manto.
Pero vacilo y momentáneamente
ciego, apenas puedo sentirme.
De pronto, recuerdo,
con las uñas voy abriendo
el *tokonoma* en la pared.
Necesito un pequeño vacío,
allí me voy reduciendo
para reaparecer de nuevo,
palparme y poner la frente en su lugar.
Un pequeño vacío en la pared.
Estoy en un café
multiplicador del hastío,
el insistente *daiquirí*
vuelve como una cara inservible
para morir, para la primavera.
Recorro con las manos
la solapa que me parece fría.
No espero a nadie
e insisto en que alguien tiene que llegar.
De pronto, con la uña
trazo un pequeño hueco en la mesa.
Ya tengo el *tokonoma,* el vacío,
la compañía insuperable,
la conversación en una esquina de Alejandría.
Estoy con él en una ronda
de patinadores por el Prado.
Era un niño que respiraba

todo el rocío tenaz del cielo,
ya con el vacío, como un gato
que nos rodea todo el cuerpo,
con un silencio lleno de luces.

Tener cerca de lo que nos rodea
y cerca de nuestro cuerpo,
la idea fija de que nuestra alma
y su envoltura caben
en un pequeño vacío en la pared
o en un papel de seda raspado con la uña.
Me voy reduciendo,
soy un punto que desaparece y vuelve
y quepo entero en el *tokonoma*.
Me hago invisible
y en el reverso recobro mi cuerpo
nadando en una playa,
rodeado de bachilleres con estandartes de nieve,
de matemáticos y de jugadores de pelota
describiendo un helado de mamey.
El vacío es más pequeño que un naipe
y puede ser grande como el cielo,
pero lo podemos hacer con nuestra uña
en el borde de una taza de café
o en el cielo que cae por nuestro hombro.

El principio se une con el *tokonoma*,
en el vacío se puede esconder un canguro
sin perder su saltante júbilo.
La aparición de una cueva
es misteriosa y va desenrollando su terrible.
Esconderse allí es temblar,
los cuernos de los cazadores resuenan

en el bosque congelado.
Pero el vacío es calmoso,
lo podemos atraer con un hilo
e inaugurarlo en la insignificancia.
Araño en la pared con la uña,
la cal va cayendo
como si fuese un pedazo de la concha
de la tortuga celeste.
¿La aridez en el vacío
es el primer y último camino?
Me duermo, en el *tokonoma*
evaporo el otro que sigue caminando.

1º de abril y 1976

Virgilio Piñera

[Cárdenas, 1912-La Habana, 1979]

Obra poética: *Las furias* (1941); *La isla en peso* (1943); *Poesía y prosa* (1944); *La vida entera* (1969); *Una broma colosal* (1988); *Poesía y crítica* (1994); *Vida de Flora y otros poemas* (antología, 1999); *La isla en peso: obra poética* (1998 y 2000).

LA ISLA EN PESO

La MALDITA CIRCUNSTANCIA del agua por todas partes
me obliga a sentarme en la mesa del café.
Si no pensara que el agua me rodea como un cáncer
hubiera podido dormir a pierna suelta.
Mientras los muchachos se despojaban de sus ropas para nadar
doce personas morían en un cuarto por compresión.
Cuando a la madrugada la pordiosera resbala en el agua
en el preciso momento en que se lava uno de sus pezones,
me acostumbro al hedor del puerto,
me acostumbro a la misma mujer que invariablemente masturba,
noche a noche, al soldado de guardia en medio del sueño de los peces.
Una taza de café no puede alejar mi idea fija,
en otro tiempo yo vivía adánicamente.
¿Qué trajo la metamorfosis?

La eterna miseria que es el acto de recordar.
Si tú pudieras formar de nuevo aquellas combinaciones,

201

devolviéndome el país sin el agua,
me la bebería toda para escupir al cielo.
Pero he visto la música detenida en las caderas,
he visto a las negras bailando con vasos de ron en sus cabezas.
Hay que saltar del lecho con la firme convicción
de que tus dientes han crecido,
de que tu corazón te saldrá por la boca.
Aún flota en los arrecifes el uniforme del marinero ahogado.
Hay que saltar del lecho y buscar la vena mayor del mar para desangrarlo.
Me he puesto a pescar esponjas frenéticamente,
esos seres milagrosos que pueden desalojar hasta la última gota de agua
y vivir secamente.
Esta noche he llorado al conocer a una anciana
que ha vivido ciento ocho años rodeada de agua por todas partes.
Hay que morder, hay que gritar, hay que arañar.
He dado las últimas instrucciones.
El perfume de la piña puede detener a un pájaro.
Los once mulatos se disputaban el fruto,
los once mulatos fálicos murieron en la orilla de la playa.
He dado las últimas instrucciones.
Todos nos hemos desnudado.

Llegué cuando daban un vaso de aguardiente a la virgen bárbara,
cuando regaban ron por el suelo y los pies parecían lanzas,
justamente cuando un cuerpo en el lecho podría parecer impúdico,
justamente en el momento en que nadie cree en Dios.
Los primeros acordes y la antigüedad de este mundo:
hieráticamente una negra y una blanca y el líquido al saltar.
Para ponerme triste me huelo debajo de los brazos.
Es en este país donde no hay animales salvajes.
Pienso en los caballos de los conquistadores cubriendo a las yeguas,
pienso en el desconocido son del areíto
desaparecido para toda la eternidad,

ciertamente debo esforzarme a fin de poner en claro
el primer contacto carnal en este país, y el primer muerto.
Todos se ponen serios cuando el timbal abre la danza.
Solamente el europeo leía las meditaciones cartesianas.
El baile y la isla rodeada de agua por todas partes:
plumas de flamencos, espinas de pargo, ramos de albahaca, semillas de
    aguacate.
La nueva solemnidad de esta isla.
¡País mío, tan joven, no sabes definir!

¿Quién puede reír sobre esta roca fúnebre de los sacrificios de gallos?
Los dulces ñáñigos bajan sus puñales acompasadamente.
Como una guanábana un corazón puede ser traspasado sin cometer
    crimen.
Una mano en el *tres* puede traer todo el siniestro color de los caimitos
más lustrosos que un espejo en el relente,
sin embargo el bello aire se aleja de los palmares.
Si hundieras los dedos en su pulpa creerías en la música.
Mi madre fue picada por un alacrán cuando estaba embarazada.

¿Quién puede reír sobre esta roca de los sacrificios de gallos?
¿Quién se tiene a sí mismo cuando las claves chocan?
¿Quién desdeña ahogarse en la indefinible llamarada del flamboyán?
La sangre adolescente bebemos en las pulidas jícaras.
Ahora no pasa un tigre sino su descripción.

Las blancas dentaduras perforando la noche,
y también los famélicos dientes de los chinos esperando el desayuno
después de la doctrina cristiana.
Todavía puede esta gente salvarse del cielo,
pues al compás de los himnos las doncellas agitan diestramente
los falos de los hombres.
La impetuosa ola invade el extenso salón de las genuflexiones.

Nadie piensa en implorar, en dar gracias, en agradecer, en testimoniar.
La santidad se desinfla en una carcajada.
Sean los caóticos símbolos del amor los primeros objetos que palpe,
afortunadamente desconocemos la voluptuosidad y la caricia francesa,
desconocemos el perfecto gozador y la mujer pulpo,
desconocemos los espejos estratégicos,
no sabemos llevar la sífilis con la reposada elegancia de un cisne,
desconocemos que muy pronto vamos a practicar estas mortales
    elegancias.
Los cuerpos en la misteriosa llovizna tropical,
en la llovizna diurna, en la llovizna nocturna, siempre en la llovizna,
los cuerpos abriendo sus millones de ojos,
los cuerpos, dominados por la luz, se repliegan
ante el asesinato de la piel,
los cuerpos, devorando oleadas de luz, revientan como girasoles de
    fuego
encima de las aguas estáticas,
los cuerpos, en las aguas, como carbones apagados derivan hacia el mar.
Es la confusión, es el terror, es la abundancia,
es la virginidad que comienza a perderse.
Los mangos podridos en el lecho del río ofuscan mi razón,
y escalo el árbol más alto para caer como un fruto.
Nada podría detener este cuerpo destinado a los cascos de los caballos,
turbadoramente cogido entre la poesía y el sol.

Escolto bravamente el corazón traspasado,
clavo el estilete más agudo en la nuca de los durmientes.
El trópico salta y su chorro invade mi cabeza
pegada duramente contra la costra de la noche.
La piedad original de las auríferas arenas
ahoga sonoramente las yeguas españolas,
la tromba desordena las crines más oblicuas.

No puedo mirar con estos ojos dilatados.
Nadie sabe mirar, contemplar, desnudar un cuerpo.
Es la espantosa confusión de una mano en lo verde,
los estranguladores viajando en la franja del iris.
No sabría poblar de miradas el solitario curso del amor.

Me detengo en ciertas palabras tradicionales:
el aguacero, la siesta, el cañaveral, el tabaco,
con simple ademán, apenas si onomatopéyicamente,
titánicamente paso por encima de su música,
y digo: el agua, el mediodía, el azúcar, el humo.

Yo combino:
el aguacero pega en el lomo de los caballos,
la siesta atada a la cola de un caballo,
el cañaveral devorando a los caballos,
los caballos perdiéndose sigilosamente
en la tenebrosa emanación del tabaco,
el último gesto de los siboneyes mientras el humo pasa por la horquilla
como la carreta de la muerte,
el último ademán de los siboneyes,
y cavo esta tierra para encontrar los ídolos y hacerme una historia.

Los pueblos y sus historias en boca de todo el pueblo.

De pronto, el galeón cargado de oro se mete en la boca
de uno de los narradores,
y Cadmo, desdentado, se pone a tocar el bongó.
La vieja tristeza de Cadmo y su perdido prestigio:
en una isla tropical los últimos glóbulos rojos de un dragón
tiñen con imperial dignidad el manto de una decadencia.

Las historias eternas frente a la historia de una vez del sol,
las eternas historias de estas tierras paridoras de bufones y cotorras,
las eternas historias de los negros que fueron,
y de los blancos que no fueron,
o al revés o como os parezca mejor,
las eternas historias blancas, negras, amarillas, rojas, azules
—toda la gama cromática reventando encima de mi cabeza en llamas—,
la eterna historia de la cínica sonrisa del europeo
llegado para apretar las tetas de mi madre.
El horroroso paseo circular,
el tenebroso juego de los pies sobre la arena circular,
el envenado movimiento del talón que rehúye el abanico del erizo,
los siniestros manglares, como un cinturón canceroso,
dan la vuelta a la isla,
los manglares y la fétida arena
aprietan los riñones de los moradores de la isla.

Sólo se eleva un flamenco absolutamente.

¡Nadie puede salir, nadie puede salir!
La vida del embudo y encima la nata de la rabia.
Nadie puede salir:
el tiburón más diminuto rehusaría transportar un cuerpo intacto.
Nadie puede salir:
una uva caleta cae en la frente de la criolla
que se abanica lánguida en una mecedora,
y "nadie puede salir" termina espantosamente en el choque de las claves.
Cada hombre comiendo fragmentos de la isla,
cada hombre devorando los frutos, las piedras y el excremento nutridor,
cada hombre mordiendo el sitio dejado por su sombra,
cada hombre lanzando dentelladas en el vacío donde el sol se acostumbra,
cada hombre, abriendo su boca como una cisterna, embalsa el agua
del mar, pero como el caballo del barón de Munchausen,

la arroja patéticamente por su cuarto trasero,
cada hombre en el rencoroso trabajo de recortar
los bordes de la isla más bella del mundo,
cada hombre tratando de echar a andar a la bestia cruzada de cocuyos

La bestia es perezosa como un bello macho
y terca como una hembra primitiva.
Verdad es que la bestia atraviesa diariamente los cuatro momentos
    caóticos,
los cuatro momentos en que se la puede contemplar
—con la cabeza metida entre sus patas— escrutando el horizonte con
    ojo atroz,
los cuatro momentos en que se abre el cáncer:
madrugada, mediodía, crepúsculo y noche.

Las primeras gotas de una lluvia áspera golpean su espalda
hasta que la piel toma la resonancia de dos maracas pulsadas
    diestramente
En este momento, como una sábana o como un pabellón de tregua,
    podría
desplegarse un agradable misterio,
pero la avalancha de verdes lujuriosos ahoga los mojados sones,
y la monotonía invade el envolvente túnel de las hojas.

El rastro luminoso de un sueño mal parido,
un carnaval que empieza con el canto del gallo,
la neblina cubriendo con su helado disfraz el escándalo de la sabana,
cada palma derramándose insolente en un verde juego de aguas,
perforan, con un triángulo incandescente, el pecho de los primeros
    aguadores,
y la columna de agua lanza sus vapores a la cara del sol cosida por un
    gallo.
Es la hora terrible.

Los devoradores de neblina se evaporan
hacia la parte más baja de la ciénaga,
y un caimán los pasa dulcemente a ojo.
Es la hora terrible.
La última salida de la luz de Yara
empuja los caballos contra el fango.
Es la hora terrible.
Como un bólido la espantosa gallina cae,
y todo el mundo toma su café.
¿Qué puede el sol en un pueblo tan triste?
Las faenas del día se enroscan al cuello de los hombres
mientras la leche cae desesperadamente.
¿Qué puede el sol en un pueblo tan triste?
Con un lujo mortal los macheteros abren grandes claros en el monte,
la tristísima iguana salta barrocamente en un caño de sangre,
los macheteros, introduciendo cargas de claridad, se van ensombreciendo
hasta adquirir el tinte de un subterráneo egipcio.
¿Quién puede esperar clemencia en esta hora?

Confusamente un pueblo escapa de su propia piel
adormeciéndose con la claridad,
la fulminante droga que puede iniciar un sueño mortal
en los bellos ojos de hombres y mujeres,
en los inmensos y tenebrosos ojos de estas gentes
por los cuales la piel entra a no sé qué extraños ritos.

La piel, en esta hora, se extiende como un arrecife
y muerde su propia limitación,
la piel se pone a gritar como una loca, como una puerca cebada,
la piel trata de tapar su claridad con pencas de palma,
con yaguas traídas distraídamente por el viento,
la piel se tapa furiosamente con cotorras y pitahayas,
absurdamente se tapa con sombrías hojas de tabaco

y con restos de leyendas tenebrosas,
y cuando la piel no es sino una bola oscura,
la espantosa gallina pone un huevo blanquísimo.

¡Hay que tapar! ¡Hay que tapar!
Pero la claridad avanzada, invade
perversamente, oblicuamente, perpendicularmente,
la claridad es una enorme ventosa que chupa la sombra,
y las manos van lentamente hacia los ojos.
Los secretos más inconfesables son dichos:
la claridad mueve las lenguas,
la claridad mueve los brazos,
la claridad se precipita sobre un frutero de guayabas,
la claridad se precipita sobre los negros y los blancos,
la claridad se golpea a sí misma,
va de uno a otro lado convulsivamente,
empieza a estallar, a reventar, a rajarse,
la claridad empieza el alumbramiento más horroroso,
la claridad empieza a parir claridad.
Son las doce del día.

Todo un pueblo puede morir de luz como morir de peste.
Al mediodía el monte se puebla de hamacas invisibles,
y, echados, los hombres semejan hojas a la deriva sobre aguas metálicas.
En esta hora nadie sabría pronunciar el nombre más querido,
ni levantar una mano para acariciar un seno;
en esta hora del cáncer un extranjero llegado de playas remotas
preguntaría inútilmente qué proyectos tenemos
o cuántos hombres mueren de enfermedades tropicales en esta isla.
Nadie lo escucharía: las palmas de las manos vueltas hacia arriba,
los oídos obturados por el tapón de la somnolencia,
los poros tapiados con la cera de un fastidio elegante
y de la mortal deglución de las glorias pasadas.

¿Dónde encontrar en este cielo sin nubes el trueno
cuyo estampido raje, de arriba abajo, el tímpano de los durmientes?
¿Qué concha paleolítica reventaría con su bronco cuerno el tímpano de
    los durmientes?
Los hombres-conchas, los hombres-macaos, los hombres-túneles.
¡Pueblo mío, tan joven, no sabes ordenar!
¡Pueblo mío, divinamente retórico, no sabes relatar!
Como la luz o la infancia aún no tienes un rostro.
De pronto el mediodía se pone en marcha,
se pone en marcha dentro de sí mismo,
el mediodía estático se mueve, se balancea,
el mediodía empieza a elevarse flatulentamente,
sus costuras amenazan reventar,
el mediodía sin cultura, sin gravedad, sin tragedia,
el mediodía orinando hacia arriba,
orinando en sentido inverso a la gran orinada
de Gargantúa en las torres de Notre Dame,
y todas esas historias, leídas por un isleño que no sabe
lo que es un cosmos resuelto.

Pero el mediodía se resuelve en crepúsculo y el mundo se perfila.
A la luz del crepúsculo una hoja de yagruma ordena su terciopelo,
su color plateado del envés es el primer espejo.
La bestia lo mira con su ojo atroz.
En este trance la pupila se dilata, se extiende
hasta aprehender la hoja.
Entonces la bestia recorre con su ojo las formas sembradas en su lomo
y los hombres tirados contra su pecho.
Es la hora única para mirar la realidad en esta tierra.

No una mujer y un hombre frente a frente,
sino el contorno de una mujer y un hombre frente a frente,
entran ingrávidos en el amor,

de tal modo que Newton huye avergonzado.
Una guinea chilla para indicar el ángelus:
abrus precatorious, anona myristica, anona palustris.

Una letanía vegetal sin trasmundo se eleva
frente a los arcos floridos del amor:
Eugenia aromática, eugenia fragrans, eugenia plicatula.
El paraíso y el infierno estallan y sólo queda la tierra:
Ficus religiosa, ficus nitida, ficus suffocans.
La tierra produciendo por los siglos de los siglos:
Panicum colonum, panicum sanguinale, panicum maximum.
El recuerdo de una poesía natural, no codificada, me viene a los labios:
Árbol de poeta, árbol del amor, árbol del seso.

Una poesía exclusivamente de la boca como la saliva:
Flor de calentura, flor de cera, flor de la Y.

Una poesía microscópica:
Lágrimas de Job, lágrimas de Júpiter, lágrimas de amor.

Pero la noche se cierra sobre la poesía y las formas se esfuman.
En esta isla lo primero que la noche hace es despertar el olfato:
todas las aletas de todas las narices azotan el aire
buscando una flor invisible;
la noche se pone a moler millares de pétalos,
la noche se cruza de paralelos y meridianos de olor,
los cuerpos se encuentran en el olor,
se reconocen en este olor único que nuestra noche sabe provocar;
el olor lleva la batuta de las cosas que pasan por la noche,
el olor entra en el baile, se aprieta contra el güiro,
el olor sale por la boca de los instrumentos musicales,
se posa en el pie de los bailadores,
el corro de los presentes devora cantidades de olor,
abre la puerta y las parejas se suman a la noche.

La noche es un mango, es una piña, es un jazmín,
la noche es un árbol frente a otro árbol sin mover sus ramas,
la noche es un insulto perfumado en la mejilla de la bestia;
una noche esterilizada, una noche sin almas en pena,
sin memoria, sin historia, una noche antillana;
una noche interrumpida por el europeo,
el inevitable personaje de paso que deja su cagada ilustre,
a lo sumo, quinientos años, un suspiro en el rodar de la noche antillana,
una excrecencia vencida por el olor de la noche antillana.
No importa que sea una procesión, una conga,
una comparsa, un desfile.
La noche invade con su olor y todos quieren copular.
El olor sabe arrancar las máscaras de la civilización,
sabe que el hombre y la mujer se encontrarán sin falta en el platanal.
¡Musa paradisíaca, ampara a los amantes!

No hay que ganar el cielo para gozarlo,
dos cuerpos en el platanal valen tanto como la primera pareja,
la odiosa pareja que sirvió para marcar la separación.
¡Musa paradisíaca, ampara a los amantes!

No queremos potencias celestiales sino presencias terrestres,
que la tierra nos ampare, que nos ampare el deseo,
felizmente no llevamos el cielo en la masa de la sangre,
sólo sentimos su realidad física
por la comunicación de la lluvia al golpear nuestras cabezas.

Bajo la lluvia, bajo el olor, bajo todo lo que es una realidad,
un pueblo se hace y se deshace dejando los testimonios:
un velorio, un guateque, una mano, un crimen,
revueltos, confundidos, fundidos en la resaca perpetua,
haciendo leves saludos, enseñando los dientes, golpeando sus riñones,
un pueblo desciende resuelto en enormes postas de abono,

sintiendo cómo el agua lo rodea por todas partes,
más abajo, más abajo, y el mar picando en sus espaldas;
un pueblo permanece junto a su bestia en la hora de partir,
aullando en el mar, devorando frutas, sacrificando animales,
siempre más abajo, hasta saber el peso de su isla;
el peso de una isla en el amor de un pueblo.

1943

VIDA DE FLORA

TÚ TENÍAS GRANDES PIES y un tacón jorobado.
Ponte la flor. Espérame, que vamos juntos de viaje.

Tú tenías grandes pies. ¡Qué tristeza en el aire!
¿Quién se mordía la cola? ¿Quién cantaba ese aire?

Tú tenías grandes pies, mi amiga en seco parada.
Una gran luz te brotaba. De los pies, digo, te brotaba,
y sin que nadie lo supiera te fue sorbiendo la nada.

Un gran ruido se sentía en tu cuarto. ¿A Flora qué le pasa?
Nada, que sus grandes pies ocupan todo el espacio.
Sí, tú tenías, tenías la imponderable amargura de un zapato.

Ibas y venías entre dos calientes planchas:
Flora, mucho cuidado, que tus pies son muy grandes,
y la peletería te contrata para exhibir sus hormas gigantes.

Flora, cuántas veces recorrías el barrio
pidiendo un poco de aceite y el brillo de la luna te encantaba.
De pronto subían tus dos monstruos a la cama,
tus monstruos horrorizados por una cucaracha.

Flora, tus medias rojas cuelgan como lenguas de ahorcados.
¿En qué pies poner estas huérfanas? ¿Adónde tus últimos zapatos?

Oye, Flora: tus pies no caben en el río que te ha de conducir a la nada,
al país en que no hay grandes pies ni pequeñas manos ni ahorcados.
Tú querías que tocaran el tambor para que las aves bajaran,
las aves cantando entre tus dedos mientras el tambor repicaba.

Un aire feroz ondulando por la rigidez de tus plantas,
todo eso que tú pensabas cuando la plancha te doblegaba.

Flora, te voy a acompañar hasta tu última morada.
Tú tenías grandes pies y un tacón jorobado.

1944

BUENO, DIGAMOS

A Lezama

BUENO, digamos que hemos vivido,
no ciertamente —aunque sería elegante—
como los griegos de la polis radiante,
sino parecidos a estatuas kriselefantinas,
y con un asomo de esteatopigia.
Hemos vivido en una isla,
quizá no como quisimos,
pero como pudimos.
Aun así derribamos algunos templos,
y levantamos otros
que tal vez perduren
o sean a su tiempo derribados.

Hemos escrito infatigablemente,
soñado lo suficiente
para penetrar la realidad.
Alzamos diques
contra la idolatría y lo crepuscular.
Hemos rendido culto al sol
y, algo aún más esplendoroso,
luchamos para ser esplendentes.
Ahora, callados por un rato,
oímos ciudades deshechas en polvo,
arder en pavesas insignes manuscritos,
y el lento, cotidiano gotear del odio.
Mas, es sólo una pausa en nuestro devenir.
Pronto nos pondremos a conversar.
No encima de las ruinas, sino del recuerdo,
porque fíjate: son ingrávidos
y nosotros ahora empezamos.

1972

NADIE

CADA VEZ QUE EL EMPLEADO levanta la sábana que cubre tu cuerpo, el
que mira exclama: Nunca lo he visto.
Tuviste amigos, una esposa, hijos, jefes y subordinados.
Todos desfilan. Escrutan tu cara, y suponiendo que podrías ser al que
amaron u odiaron, se consternan ante tu calculada inescrutabilidad.

1977

ISLA

AUNQUE ESTOY a punto de renacer,
no lo proclamaré a los cuatro vientos
ni me sentiré un elegido:
sólo me tocó en suerte,
y lo acepto porque no está en mi mano
negarme, y sería por otra parte una descortesía
que un hombre distinguido jamás haría.
Se me ha anunciado que mañana,
a las siete y seis minutos de la tarde,
me convertiré en una isla,
isla como suelen ser las islas.
Mis piernas se irán haciendo tierra y mar,
y poco a poco, igual que un andante chopiniano,
empezarán a salirme árboles en los brazos,
rosas en los ojos y arena en el pecho.
En la boca las palabras morirán
para que el viento a su deseo pueda ulular.
Después, tendido como suelen hacer las islas,
miraré fijamente al horizonte,
veré salir el sol, la luna,
y lejos ya de la inquietud,
diré muy bajito:
¿así que era verdad?

1979

Samuel Feijoo
[San Juan de los Yeras, 1914-Santa Clara, 1992]

Obra poética: *Camarada celeste* (1944); *Poeta en el paisaje* (1946); *Media imagen* (en *Concierto,* 1947); *Aventura con los aguinaldos* (1947); *Errante asilo* (1948); *Caracol vagabundo* (1949); *Beth-el* (1949); *Jiras guajiras* (1949); *Gajo joven* (1950); *Gallo campero* (1950); *Libro de apuntes* (tomo 1, 1954); *Faz* (1956); *Carta en otoño* (1957); *Violas* (1958); *Poemas del bosquezuelo / Haz de la ceniza* (1960); *El pájaro de las soledades. Diario de un joven poeta enfermo* (1961); *El girasol sediento* (1963); *Ser fiel* (1964); *Cuerda menor* (1964); *Viaje de siempre* (1977); *Polvo que escribe* (1979); *Ser* (antología, 1983); *Poesía* (1984); *Paisaje habitado* (1998).

UN AVE, UN PAISAJE, EL SOL, MI MADRE, CUALQUIER RAMA

UN AVE, un paisaje, el sol, mi madre, cualquier rama,
me dicen: "adiós, soy lejano y misterioso".
Y mis sentidos,
y la noche y los astros, dan
en su viaje eterno una señal profunda.

No quiero irme sin haber bebido mansamente
la sangre de mis sueños.
Esta poesía de sueño, ¿por qué se me hace como agua de segura niñez?
No es mía, es de celestes refrescaderos.
¿Es un eco que choca en mi frente de la aurora esperada?

217

Desnudo hasta la muerte está mi pensamiento,
en su puerta silenciosa.
Vestido sin terror para esos ojos…
Absorto quedo ante una luminosa ventana de girasoles,
sintiendo crecer extrañas melodías.

DONES

Amigo, joven amigo,
únete al agua.
Joven ojo, cásate
con la palmera vespertina.
Joven oreja, matrimoníate
con el himno insomne.
Cásate en la casa de las joviales maracas,
en el bohío de los humildes cásate;
firme dagame, duro ocuje, cásate con patria
en verdes que no envela el rayo,
con las cerradas albas, con el rincón
donde las viejas calientan su sopa
y luego miran y sonríen.

BELLEZA

Aunque la rama aleje su alegría
y la ágil cuerda la ola amanecida
pierda en la ruina de su cresta herida,
el ojo entiende, grave.

Ya, aunque el Día
lo húmedo del monte deje en fría
huerta de gemas alabando vida
de fábulas ligeras, despedida
cruel no habrá, jamás.

De la elegía
el tono estéril necesita el fondo:
la belleza impasible que se goza.

...Tendida el alma ya sobre lo hondo
del fatigado ojo de su poza,
sin fe, pero clareando bajo el blondo
y recio gajo que afriado roza.

YERBA

APRENDE LA LECCIÓN de la yerba
echa tu hoja.
Ella ignora si aprovechará su trabajo
y echa su hoja verde.
No se pregunta si vendrá el poeta
a cantarla,
a comer de sus verdes para dar esperanzas.
Si vendrán los amantes
a reposar sobre sus palacios.
Echa su hojita verde.
No sabe si la comerá el cordero
o el diente de la nieve.
No oye la palabra polvo,
no entiende la palabra estéril.
Echa su hojita verde.

Ah, no soy una yerba:
puedo echar mi hojita verde
pero sé que los cuervos no la comen
ni el león, ni la sierpe.
Echo mi hojita.
Quizás una hormiguita cansada
a mi sobra reposará,
quizás una lombriz errabunda
eluda al buitre bajo mi verde.
Y si no viene nadie
¿Qué culpa tengo yo de echar mi verde
como si viniera el orbe a comerlo?

LA CANCIÓN DEL HOMBRE EN LA MUERTE

CUANDO PASEN LAS REVOLUCIONES SOCIALES sobre el mundo
e implanten su justicia y no haya más hambre
ni crimen de otras hambres, el hombre continuará exhalando
su canción que sube a la vida desde los labios
transitorios donde se ha formado. Extraño destino,
valeroso y claro. Extraño y suave.
Entonces, muchos hombres tendrán paz suficiente
para gozar de la belleza del canto en la belleza que transita
al cambiante mundo
humano, en el arte humano. Y necesitarán cantos
que los acompañen, y gozarán el arte antiguo y nuevo
en su reto a la muerte.
Como todo hombre, el cancionero enfrenta su sombra,
le ha comido niñez, adolescencia, amigos,
padres, días, amores, sueños, entrañas. Entra a ella
mermando en su ilusión, con la fatiga que da

para que no exista violencia de morir, desesperación
por más vida ante la tumba. Entra a ella con el
tesoro inmenso de los sueños de su juventud,
gran manantial despeñado en las alusiones del tiempo.
Fueron éstos los días mayores;
llevaba en sí una turbación
inmensa e indecible; jamás pudo cantarla.
Su boca sirve para encender fuegos. Las tardes lo cansaron.

28 de diciembre de 1962

EL NIÑO

YO NO BUSCO el palacio
lujoso,
los altares de oro:
    yo
    busco
el hogar humildísimo
y en él a un niño.
En ese niño está
mi dios mortal,
pidiéndome:
        ayúdame,
        ¿no ves que soy
        un niño?
Sea un dios o sea un dragón
            futuro:
¡es un niño que me mira!
Ven a mi pecho, hijo,
mis brazos necesitan abrirse,
aunque abracen quimeras.

221

Gastón Baquero

[Banes, 1916-Madrid, 1997]

Obra poética: *Poemas* (1942); *Saúl sobre su espada* (1942); *Poemas escritos en España* (1960); *Memorial de un testigo* (1966); *Magias e invenciones* (1984); *Poemas invisibles* (1991); *Autoantología comentada* (1992); *Antología (1937-1994)* (1995); *Poesía completa* (1995 y 1998); *Palabras en la arena* (antología, 1997); *La patria serena de los frutos* (antología, 2001).

PALABRAS ESCRITAS EN LA ARENA
POR UN INOCENTE

I

YO NO SÉ ESCRIBIR y soy un inocente.
Nunca he sabido para qué sirve la escritura y soy un inocente.
No sé escribir, mi alma no sabe otra cosa que estar viva.
Va y viene entre los hombres respirando y existiendo.
Voy y vengo entre los hombres y represento seriamente el papel que
    ellos quieren:
Ignorante, orador, astrónomo, jardinero.

E ignoran que en verdad soy solamente un niño.
Un fragmento de polvo llevado y traído hacia la tierra por el peso de su
    corazón.
El niño olvidado por su padre en el parque.
De quien ignoran que ríe con todo su corazón, pero jamás con los ojos.

Mis ojos piensan y hablan y andan por su cuenta.

Pero yo represento seriamente mi papel y digo:

Buenos días, doctor, el mundo está a sus órdenes, la medida exacta de la tierra es hoy de seis pies y una pulgada, ¿no es ésta la medida exacta de su cuerpo?

Pero el doctor me dice:

Yo no me llamo Protágoras, pero me llamo Anselmo.

Y usted es un inocente, un idiota inofensivo y útil.

Un niño que ignora totalmente el arte de escribir.

Vuelva a dormirse.

II

Yo soy un inocente y he venido a la orilla del mar.

Del sueño, al sueño, a la verdad, vacío, navegando el sueño.

Un inocente, apenas, inocente de ser inocente, despertando inocente.

Yo no sé escribir, no tengo nociones de lengua persa.

¿Y quién que no sepa el persa puede saber nada?

Sí, señor, flor, amor, puede acaso que sepa historia de la antigüedad.

En la antigüedad está erguido Julio César con Cleopatra en los brazos.

Y César está en los brazos de Alejandro.

Y Alejandro está en los brazos de Aristóteles.

Y Aristóteles está en los brazos de Filipo.

Y Filipo está en los brazos de Ciro.

Y Ciro está en los brazos de Darío.

Y Darío está en los brazos del Helesponto.

Y el Helesponto está en los brazos del Nilo

Y el Nilo está en la cuna del inocente David.

Y David sonríe y canta en los brazos de las hijas del Rey.

Yo soy un inocente, ciego, de nube en nube, de sombra a sombra levantado.

Veo debajo del cabello a una mujer y debajo de la mujer a una rosa y
　　debajo de la rosa a un insecto.
Voy de alucinación en alucinación como llevado por los pies del tiempo.
Asomado a un espejo está Absalom desnudo y me adelanto a estrecharle
　　la mano.
Estoy muerto en este balcón desde hace cinco minutos lleno de dardos.
Estoy cercado de piedras colgado de un árbol oyendo a David.
Hijo mío Absalom, hijo mío, hijo mío Abasalom!
Nunca comprendo nada y ahora comprendo menos que nunca.
Pero tengo la arena del mar, sueño, para escribir el sueño de los dedos.
Y soy tan sólo el niño olvidado inocente durmiéndose en la arena.

VII

Andan caminando por las seis de la mañana.
¿Querría usted hacer un poco de silencio?
La tierra se encuentra cansada de existir.
Día tras día moliendo estérilmente con su eje.
Día tras día oyendo a los dioses burlarse de los hombres.
Usted no sabe escucharla, ella rueda y gime.
Usted cree que escucha las campanas y es la tierra quien gime.
Recoja sus manos de inocente sobre la playa.
No escriba. No exista. No piense.
Ame usted si lo desea, ¿a quién le importa nada?
No es a usted a quien aman, compréndalo, renuncie gentilmente.
Piense en las estrellas e invéntese algunas constelaciones.
Hable de todo cuanto quiera pero no diga su nombre verdadero.
No se palpe usted el fantasma que lleva debajo de la piel.
No responda ante el nombre de un sepulcro. Niéguese a morir. Desista.
　　Reconcilie.
No hable de la muerte, no hable del cuerpo, no hable de la belleza.
Para que los barcos anden,

"Para que las piedras puedan moverse y hablar los árboles".
Para corroborar la costumbre un poco antigua de morirse,
Remonten suavemente las amazonas el blanco río de sus cabellos.

VIII

"Yo soy el mentiroso que siempre dice su verdad."
Quien no puede desmentirse ni ser otra cosa que inocente.
Yo soy un niño que recibe por sus ojos la verdad de su inocencia.
Un navegante ciego en busca de su morada, que tropieza en las rocas
    vivientes del cuerpo humano, que va y viene hacia la tierra bajo el
    peso agobiante de su pequeño corazón.
Quien padece su cuerpo como una herejía, y sabe que lo ignora.
Quien suplica un poco más de tiempo para olvidarse.
La mano de su Padre recogiéndolo piadosa en medio del parque.
Sonriendo, sollozando, mintiendo, proclamando su nombre sordamente.
Bufón de Dios, vestido de pecado, sonriendo, gritando bajo la piel, por
    su fantasma venidero.
Amor hacia las más bellas torres de la tierra.
Amor hacia los cuerpos que son como resplandecientes afirmaciones.
Amor, ciegamente, amor, y la muerte velando y sonriendo en el balcón
    de los cuerpos más hermosos.
Las manos afirmando y el corazón negando.

Vuelve, vuelve a soñar, inventa las precisas realidades.
Aduéñate del corazón que te desdeña bajo los cielos de Burma.
Sueña donde desees lo que desees. No aceptes. No renuncies. Reconcilia.
Navega majestuoso el corazón que te desdeña.
Sueña e inventa tus dulces imprecisas realidades, escribe su nombre en
    las arenas, entrégalo al mar, viaja con él, silente navío desterrado.
Inventa tus precisas realidades y borra su nombre en las arenas.
Mintiendo por mis ojos la dura verdad de mi inocencia.

TESTAMENTO DEL PEZ

Yo te amo, ciudad,
aunque sólo escucho de ti el lejano rumor,
aunque soy en tu olvido una isla invisible,
porque resuenas y tiemblas y me olvidas,
yo te amo, ciudad.

Yo te amo, ciudad,
cuando la lluvia nace súbita en tu cabeza
amenazando disolverte el rostro numeroso,
cuando hasta el silente cristal en que resido
las estrellas arrojan su esperanza,
cuando sé que padeces,
cuando tu risa espectral se deshace en mis oídos,
cuando mi piel te arde en la memoria,
cuando recuerdas, niegas, resucitas, pereces,
yo te amo, ciudad.

Yo te amo, ciudad,
cuando desciendes lívida y extática
en el sepulcro breve de la noche,
cuando alzas los párpados fugaces
ante el fervor castísimo,
cuando dejas que el sol se precipite
como un río de abejas silenciosas,
como un rostro inocente de manzana,
como un niño que dice acepto y pone su mejilla.

Yo te amo, ciudad,
porque te veo lejos de la muerte,
porque la muerte pasa y tú la miras
con tus ojos de pez, con tu radiante

rostro de un pez que se presiente libre;
porque la muerte llega y tú la sientes
cómo mueve sus manos invisibles,
cómo arrebata y pide, cómo muerde
y tú la miras, la oyes sin moverte, la desdeñas,
vistes la muerte de ropajes pétreos,
la vistes de ciudad, la desfiguras
dándole el rostro múltiple que tienes,
vistiéndola de iglesia, de plaza o cementerio,
haciéndola quedarse inmóvil bajo el río,
haciéndola sentirse un puente milenario,
volviéndola de piedra, volviéndola de noche,
volviéndola ciudad enamorada, y la desdeñas,
la vences, la reclinas,
como si fuese un perro disecado,
o el bastón de un difunto,
o las palabras muertas de un difunto.

Yo te amo, ciudad
porque la muerte nunca te abandona,
porque te sigue el perro de la muerte
y te dejas lamer desde los pies al rostro,
porque la muerte es quien te hace el sueño,
te inventa lo nocturno en sus entrañas,
hace callar los ruidos fingiendo que dormitas,
y tú la ves crecer en tus entrañas,
pasearse en tus jardines con sus ojos color de amapola,
con su boca amorosa, su luz de estrella en los labios,
la escuchas cómo roe y cómo lame,
cómo de pronto te arrebata un hijo,
te arrebata una flor, te destruye un jardín,
y te golpea los ojos y la miras
sacando tu sonrisa indiferente,

dejándola que sueñe con su imperio,
soñándose tu nombre y tu destino.
Pero eres tú, ciudad, color del mundo,
tú eres quien haces que la muerte exista;
la muerte está en tus manos prisionera,
es tus casas de piedra, es tus calles, tu cielo.

Yo soy un pez, un eco de la muerte,
en mi cuerpo la muerte se aproxima
hacia los seres tiernos resonando,
y ahora la siento en mí incorporada,
ante tus ojos, ante tu olvido, ciudad, estoy muriendo,
me estoy volviendo un pez de forma indestructible,
me estoy quedando a solas con mi alma,
siento cómo la muerte me mira fijamente,
cómo ha iniciado un viaje extraño por mi alma,
cómo habita mi estancia más callada,
mientras descansas, ciudad, mientras olvidas.

Yo no quiero morir, ciudad, yo soy tu sombra,
yo soy quien vela el trazo de tu sueño,
quien conduce la luz hasta tus puertas,
quien vela tu dormir, quien te despierta;
yo soy un pez, he sido niño y nube,
por tus calles, ciudad, yo fui geranio,
bajo algún cielo fui la dulce lluvia,
luego la nieva pura, limpia lana, sonrisa de mujer,
sombrero, fruta, estrépito, silencio,
la aurora, lo nocturno, lo imposible,
el fruto que madura, el brillo de una espada,
yo soy un pez, ángel he sido,
cielo, paraíso, escala, estruendo,
el salterio, la flauta, la guitarra,

la carne, el esqueleto, la esperanza,
el tambor y la tumba.

Yo te amo, ciudad
cuando persistes,
cuando la muerte tiene que sentarse
como un gigante ebrio a contemplarte,
porque alzas sin paz en cada instante
todo lo que destruye con sus ojos,
porque si un niño muere lo eternizas,
si un ruiseñor perece tú resuenas,
y siempre estás, ciudad, ensimismada,
creándote la eterna semejanza,
desdeñando la muerte,
cortándole el aliento con tu risa,
poniéndola de espalda contra un muro,
inventándote el mar, los cielos, los sonidos,
oponiendo a la muerte tu estructura
de impalpable tejido y de esperanza.

Quisiera ser mañana entre tus calles
una sombra cualquiera, un objeto, una estrella,
navegarte la dura superficie dejando el mar,
dejarlo con su espejo de formas moribundas,
donde nada recuerda tu existencia,
y perderme hacia ti, ciudad amada,
quedándome en tus manos recogido,
eterno pez, ojos eternos,
sintiéndote pasar por mi mirada
y perderme algún día dándome en nube y llanto,
contemplando, ciudad, desde tu cielo único y humilde
tu sombra gigantesca laborando,
en sueño y en vigilia,

en otoño, en invierno,
en medio de la verde primavera,
en la extensión radiante del verano,
en la patria sonora de los frutos,
en las luces del sol, en las sombras viajeras por los muros,
laborando febril contra la muerte,
venciéndola, ciudad, renaciendo, ciudad, en cada instante,
en tus peces de oro, tus hijos, tus estrellas.

NACIMIENTO DE CRISTO

POR DARLE ETERNIDAD a cuanta alma
en hombre, flor o ave se aprisiona,
sustancia eterna ya brindose en palma
salvando del martirio a la paloma.

La blanca sombra y el gentil aroma
que sus carnes exhalan; y la calma
de angustias plena que la frente asoma,
alma sin par desnudan en su alma.

Siendo recién venido eternidades
a sus ojos acuden en tristeza.
Ya nunca sonreirá. Hondas verdades

ciñéndole en tinieblas la cabeza,
van a ocultar su luz, sus potestades,
mientras en sombras la paloma reza.

MEMORIAL DE UN TESTIGO*

I

CUANDO JUAN SEBASTIÁN comenzó a escribir la *Cantata del café*,
yo estaba allí:
llevaba sobre sus hombros, con la punta de los dedos,
el compás de la zarabanda.

Un poco antes,
cuando el *siñorino* Rafael subió a pintar las cameratas vaticanas
alguien que era yo le alcanzaba un poquito de blanco sonoro bermejo,
y otras gotas de azul virginal, mezclando y atenuando,
hasta poner entre ambos en la pared el sol parido otra vez,
como el huevo de una gallina alimentada con azul de Metilene.

¿Y quién le sostenía el candelabro a Mozart,
cuando simboliteaba (con la lengua entre los dientecillos de ratón)
los misterios de la Flauta y el dale que dale al Pajarero y a la Papagina?
¿Quién, con la otra mano, le tendía un alón de pollo y un vasito de vino?

Pero si también yo estaba allí, en el Allí de un Espacio escribible con
    mayúsculas,
en el instante en que el Señor Consejero mojaba la pluma de ganso
    egandino,
y tras, tras, ponía en la hojita blanca (que yo iba secando con acedera
    meticulosamente)
Elegía de Marienbad, amén de las lágrimas.
        Y también allí, haciendo el palafrenero,
cuando hubo que tomar de las bridas al caballo del Corso
y echar a correr Waterloo abajo. Y allí, de prisa, un tantito más lejos, yo
    estaba

* *Suite para orquesta núm.* 1 (1066), de J. S. Bach.

231

junto a un hombre pomuloso y triste, feo más bien y no demasiado claro,
quien se levantó como un espantapájaros en medio de un cementerio, y
   se arrancó diciendo:
Four score and seven years ago.

Y era yo además quien, jadeante, venía (un tierno gamo de ébano corre
   por la orillas de Manajata)
de haber dejado en la puerta de un hombre castamente erótico como el agua,
llamado Walterio, Walterio Whitman, si no olvido,
una cesta de naranjas y unos repollos morados para su caldo,
envío secretísimo de una tía suya, cuyo rígido esposo no admitía tratos
con el poco decente gigantón oloroso a colonia.

II

Ya antes en todo tiempo yo había participado mucho. Estuve presente
(sirviendo copas de licor, moviendo cortinajes, entregando almohadones,
   cierto, pero estuve presente),
en la conversación primera de Cayo Julio con la Reina del Nilo:
una obra de arte, os lo digo, una deliciosa anticipación del psicoanálisis
   y de la radioactividad.

La reina llevaba cubierta de velos rojos su túnica amarilla,
y el romano exhibía en cada uno de sus dedos un topacio descomunal,
   homenaje frustrado
a los ojos de la Asombrosa Señora. ¿Quién, quién pudo engañarle
a él, azor tan sagaz, mintiéndole el color de aquellos ojos?
Nosotros en la intimidad le decíamos Ojito de Perdiz y Carita de Tucán,
pero en público la mencionábamos reverentemente como Hija del Sol y
   Señora del Nilo,
y conocíamos el secreto de aquellos ojos, que se abrían grises con el
   albor de la mañana,
y verdecían lentamente con el atardecer.

232

III

Luego bajé a saltos las escaleras del tiempo, o las subí, ¡quién sabe!
para ayudar un día a ponerse los rojos calzones al Rey Sol en persona
(la música de Lalande nos permitía bailar mientras trabajábamos):
y fui yo quien en Yuste sirvió su primera sopita de ajos al Rey,
ya tenía la boca sumida, y le daba cierto trabajo masticar el pan,
y entré luego al cementerio para acompañar los restos de Monsieur Blas
   Pascal,
que se iba solo, efectivamente solo, pues nadie murió con él ni muere
   con nadie.
¡Ay las cosas que he visto sirviendo de distracción al hombre y
   engañándole sobre su destino!

Un día, dejadme recordar, vi a Fra Angélico descubrir la luz de cien mil
   watios,
y escuché a Schubert en persona, canturreando en su cuarto la Bella
   molinera.

No sé si antes o después o siempre o nunca, pero yo estaba allí, asomado
   a todo
y todo se me confunde en la memoria, todo ha sido lo mismo:
un muerto al final, un adiós, unas cenizas revoladas, ¡pero no un olvido!
porque hubo testigos, y habrá testigos, y si no es el hombre será el cielo
   quien recuerde siempre
que ha pasado un rumoroso cortejo, lleno de vestimentas y sonatas, lleno
   de esperanzas
y rehuyendo el temor: siempre habrá un testigo que verá convertirse en
   columnilla de humo
lo que fue una meditación o una sinfonía, y siempre renaciendo.

IV

Yo estuve allí,
Alcanzándole su roja peluca a Antonio Vivaldi cuando se disponía a
   cantar el *Dixit,*
yo estuve allí, afilando los lápices de Mister Isaac Newton, el de los
   números como patitas de mosca,
y unos días después fui el atribulado espectador de aquel médico
   candoroso
que intentaba levantar una muralla entre el ceñudo
   portaestandarte Cristóbal Rilke
y la muerte que él, dignamente, se había celosamente preparado.

Sobre los hombros de Juan Sebastián,
con la punta de los dedos, yo llevaba el compás de la zarabanda. Y no
   olvido nada,
guardo memoria de cada uno de los trajes de fiesta del Duque de Gandía,
   pero de éstos,
de estos rojos tulipanes punteaditos de oro, de estos tulipanes que adornan
   mi ventana,
ya no sé si me fueron regalados por Cristina de Suecia, o por Eleonora
   Duse.

TÓTEM*

TENGO QUE ESCONDERLO en lo más íntimo de mis venas:
el Ancestro,
a cuyo tormentoso refugio sólo llegan truenos
y relámpagos.

* Adaptación de un poema de Leopoldo Sedar Senghor, *Senegal.*

Mi animal protector, el tótem mío,
tengo que ocultarlo,
porque no quiero romper las barreras del escándalo,
no quiero abandonar la prudencia del mundo ajeno.
Él es mi sangre fiel que demanda fidelidad,
protegiendo mi orgullo desnudo contra mí mismo,
y protegiéndome contra la soberbia
de las razas felices.

LA FIESTA DEL FAUNO

A l'heure oú ce bois d'or et de cendres se teinte.
Une fête s'exalte en la feuillée éteinte...

S. MALLARMÉ

SILBABA POR EL BOSQUE
su blanda cancioncilla
el hermoso mulato,
aquel cuya mirada era
una llama verde y sofocada.
Volvía fatigado, pero recio
del duro trabajar de cada día.
Daba a la fresca tarde
la estatua de su cuerpo humedecido.
Era un astil de oro volando entre las ramas;
descalzo, con el torso desnudo, anudada
a la estrecha cintura la camisa,
elástico y sereno el paso de poderoso
centauro o fauno renacido, silbaba
su dulce cancioncilla
bajo la tibia techumbre de las ramas.

Doradas piernas, estilizados muslos,
andar que la gacela imitaría,
iba el hermoso bosque de miel y de canela
olvidado de todo, viajero de su silbo deleitoso,
cuando tocó en su hombro la leve piedrecilla
que alguien le arrojara; detenido quedó
bajo el palio de las verdes columnas. Inmóvil,
como el ciervo temeroso y ansioso a un tiempo mismo,
hundió entre las ramas la verde llamarada de sus ojos,
y descubrió a poco el rostro apasionado de la ninfa lejana,
de la que viera tantas veces contemplarle de lejos, recatada
tras las persianas de la casa señorial.

                              La brisa de la tarde
era ahora el silbo, era
el único sonido que podía escucharse
entre el cálido silencio de la pasión:
el fauno sintió la llamarada
de un cuerpo ya desnudo,
apartó suavemente las ramas,
y delicado, callado, reverente,
ofreció de nuevo,
a la curiosidad insaciable de los dioses,
la estatua de dos cuerpos enlazados.

EN LA NOCHE, CAMINO DE SIBERIA

I

Toda la noche
estuve soñando que paseaba en un largo trineo:
la música de fondo, desde luego, era ofrecida
por las Danzas Alemanas de Beethoven.

236

Los perros de inevitable pelaje grisáceo,
llenos de cascabeles y de correajes rojos,
ladraban tan armoniosamente, que la nieve,
por escucharlos, hacía más lenta su caída.

Íbamos hacia un punto secreto de Siberia;
un punto borrado del mapa, reservado
para guardar allí a los más odiados prisioneros.

Todo mi delito había consistido en recitar en voz alta a Mallarmé,
mientras el camarada Stalin leía monótonamente
su Informe anual al Partido: cuando él decía *usina,*
yo decía "Aparición"; cuando él hablaba del Este,
yo decía en voz muy alta: "¡esa noche Idumea, esa noche Idumea".
Y en los momentos en que enumeraba tanques, cañones, y tractores,
yo decía: *"Nevar blancos racimos de estrellas perfumadas".*

Y de pronto el tirano puso a un lado sus papeles,
descolgó de la pared un corto látigo de seis colas,
y comenzó a golpearme en las piernas y en los brazos,
rítmicamente, mientras gritaba (con entonación afinada, lo reconozco):
—"¡Toma poesía!, ¡toma decadencia!, ¡toma putrefacta Europa!"
Luego clavó sus ojos grisoverdes en Beria, y no dijo nada:
guiñóle picarescamente el párpado izquierdo, pues ése era su lenguaje;
era su púdica clave de Señor de la Vida de todos para decir al otro:
"Mándamelo a Siberia hasta que yo te avise".

Y en el largo trineo íbamos rodando toda la noche,
al galope, azuzados por las Danzas Alemanas, llenos de gozo:
nos bebíamos el horizonte reposadamente, en sorbos paradisíacos,
como si hubiese sido una copita de Marie Brizard después de comer
   bombones rellenos;
íbamos contentos, arrastrados por la música, no por los perros,

y a precipitarnos en un baile muy hermoso, no en una prisión. Nadie
   lloraba.
Tarareábamos a ritmo con los cascabeles, y dijérase que nos dirigíamos
en busca de Érika, de Catalina, de Alejandra Feodorovna para
   sumergirlas
en el río del vals, junto al pardo Danubio, un domingo por la tarde,
llenándoles el pelo de violetas.

II

Al despertar me dije: he de ir hoy mismo al psiquiatra,
este sueño me parece altamente complicado, y quizás sea hasta inmoral,
porque acaso anuncia que voy a deslizarme por las paredes del
   masoquismo.

Entré en el despacho del psiquiatra, a quien creía conocer
pero era la primera vez en mi vida que lo veía. Me dijo impersonalmente:
"¿qué lo trae por aquí penado doce mil quinientos treinta y seis?"
Y al explicarle el sueño tan lleno de perros, de nieve, de danzas,
de latigazos, de cascabeles, de alegre temor de llegar al confín de Siberia,
me dijo de nuevo: "Ya estás curado, ya no tienes nada, penado
doce mil quinientos treinta y seis; llegaste a Siberia anoche,
sobre las doce y treinta y seis minutos: no has soñado nada: eres
prisionero y morirás en prisión. Soñaste lo que vivías. Ahora,
disponte para siempre a vivir como soñando de continuo que vas hacia
   allá,
que regresas en un largo trineo, arrastrado por perros de pelaje grisáceo,
corriendo jubilosos por la nieve, bajo el látigo incesante
de las Danzas Alemanas de Beethoven".

Eliseo Diego
[La Habana, 1920-México, 1994]

Obra poética: *En las oscuras manos del olvido* (1942); *Divertimentos* (1946); *En la Calzada de Jesús del Monte* (1949); *Por los extraños pueblos* (1958); *El oscuro esplendor* (1966); *Todos los fuegos el fuego* (1967); *Muestrario del mundo o Libro de las maravillas de Boloña* (1968); *Versiones* (1970); *Nombrar las cosas* (1973); *Los días de tu vida* (1977); *La casa del pan* (1978); *Un almacén como otro cualquiera* (1978); *A través de mi espejo* (1981); *Inventario de asombros* (1982); *Poesía* (1983); *Veintiséis poemas recientes* (1986); *Entre las dichas y las tinieblas. Antología. 1949-1985* (1986); *Soñar despierto* (1988); *Libro de quizás y de quien sabe* (1989); *Cuadernillo de Bella sola* (1990); *Poesía y prosa selectas* (1991); *Cuatro de oros* (1992); *La sed de lo perdido* (1993); *El silencio de las pequeñas cosas* (1993); *Signos del zodiaco* (1995); *Donde nunca jamás se lo imaginan* (1997); *El otro reino frágil* (1999); *Aquí he vivido* (2000); *Poemas al margen* (2000); *Obra poética* (2001); *Poemas* (2001).

EL PRIMER DISCURSO

EN LA CALZADA más bien enorme de Jesús del Monte
donde la demasiada luz forma otras paredes con el polvo
cansa mi principal costumbre de recordar un nombre,

y ya voy figurándome que soy algún portón insomne
que fijamente mira el ruido suave de las sombras
alrededor de las columnas distraídas y grandes en su calma.

Cuánto abruma mi suerte, que barajan mis días estos dedos de piedra
en el rincón oculto que orea de prisa la nostalgia
como un soplo que nombra el espacio dichoso de la fiesta.

Al centro de la noche, centro también de la provincia,
he sentido los astros como espuma de oro deshacerse
si en el silencio delgado penetraba.

Redondas naves despaciosas lanudas de celestes algas
daban ganas de irse por la bahía en sosiego
más allá de las finas rompientes estrelladas.

Y en la ciudad las casas eran altas murallas para que las tinieblas quiebren,
¡oh el hervor callado de la luna que sitia las tapias blancas
y el ruido de las aguas que hacia el origen se apresuran!,

y daban miedo las tablas frágiles del sueño lamidas por la noche vasta.
Mas en los días el vuelo desgarrador de la paloma
embriagaba mis ojos con la gracia cruel de las distancias.

Cómo pesa mi nombre, qué maciza paciencia para jugar sus días
en esta isla pequeña rodeada por Dios en todas partes,
canto del mar y canto irrestañable de los astros.

Calzada, reino, sueño mío, de veras tú me comprendes
cuando la demasiada luz forma nuevas paredes con el polvo
y mi costumbre me abruma y en ti ciego me descanso.

EL SITIO EN QUE TAN BIEN SE ESTÁ

1

EL SITIO DONDE GUSTAMOS las costumbres,
las distracciones y demoras de la suerte,
y el sabor breve por más que sea denso,
difícil de cruzarlo como fragancia de madera,
el nocturno café,
bueno para decir esto es la vida,
confúndanse la tarde y el gusto,
no pase nada, todo sea
lento y paladeable como espesa noche
si alguien pregunta díganle
aquí no pasa nada, no es más que la vida,
y usted tendrá la culpa como un lío de trapos
si luego nos dijeran qué se hizo la tarde,
qué secreto perdimos que ya no sabe,
que ya no sabe nada.

2

Y hablando de la suerte sean los espejos
por un ejemplo comprobación de los difuntos,
y hablando y trabajando
en las reparaciones imprescindibles del invierno,
sean los honorables como fardos de lino
y al más pesado trábelo
una florida cuerda y sea presidente,
que todo lo compone,
el hígado morado de mi abuela y su entierro
que nunca hicimos como quiso porque llovía tanto.

Ella siempre
lo dijo: tápenme
bien los espejos,
que la muerte presume.

Mi abuela, siempre
lo dijo: guarden
el pan,
para que haya
con qué alumbrar la casa.

Mi abuela, que no tiene,
la pobre, casa
ya,
ni cara.

Mi abuela,
que
en paz
descanse.

4

Los domingos en paz me descansa
la finca de los fieles difuntos,
cuyo gesto tan propio,
el silencioso "pasen" dignísimo
me conmueve y extraña
como palabra de otra lengua.
En avenidas los crepúsculos
para el que, cansado, sin prisa

se vuelve por su pecho adentro
hacia los días de dulces nombres,
jueves, viernes, domingo de antes.
No hay aquí más que las tardes
en orden bajo los graves álamos.
(Las mañanas, en otra parte,
las noches, puede que por la costa.)
Vengo de gala negra, saludo,
escojo, al azar, alguna,
vuelvo, despacio, crujiendo hojas
de mi año mejor, el noventa.
Y en paz descanso estas memorias,
que todo es una misma copa
y un solo sorbo la vida ésta.
Qué fiel tu cariño, recinto,
vaso dorado, buen amigo.

5

Un sorbo de café a la madrugada,
de café solo, casi amargo,
he aquí el reposo mayor, mi buen amigo,
la confortable arcilla donde bien estamos.
Alta la noche de los flancos largos
y pelo de mojado algodón ceniciento,
en el estrecho patio reza
sus pobres cuentas de vidrio fervorosas,
en beneficio del tranquilo,
que todo lo soporta en buena calma y cruza
sobre su pecho las manos como bestias mansas.
¡Qué parecido!, ha dicho, vago búho,
su gran reloj de mesa,
y la comadre cruje sus leños junto a la mampara

243

si en soledad la dejan,
como anciana que duerme sus angustias
con el murmullo confortador del viento.
De nuevo la salmodia de la lluvia cayendo,
lentos pasos nocturnos, que se han ido,
lentos pasos del alba, que vuelve
para echarnos, despacio, su ceniza
en los ojos, su sueño,
y entonces sólo un sorbo de café nos amiga
en su dulzura con la tierra.

6

Y hablando del pasado y la penuria,
de lo que cuesta hoy una esperanza,
del interior y la penumbra,
de la Divina Comedia, Dante: mi seudónimo,
que fatigosamente compongo cuando llueve,
verso con verso y sombra y sombra
y el olor de las hojas mojadas: la pobreza,
y el raído jardín y las hormigas que mueren
cuando tocaban ya los muros del puerto,
el olor de la sombra
y del agua y la tierra
y el tedio y el papel de la Divina Comedia,
y hablando y trabajando
en estos alegatos de socavar miserias,
giro por giro hasta ganar la pompa,
contra el vacío, el oro y las volutas,
la elocuencia embistiendo los miedos,
contra la lluvia la República,
contra el paludismo quién sino la República
a favor de las viudas

y la Rural contra toda suerte de fantasmas:
no tenga miedo, señor, somos nosotros, duerma,
no tenga miedo de morirse,
contra la nada estará la República,
en tanto el café como la noche nos acoja,
con todo eso, señor, con todo eso,
trabajoso levanto a través de la lluvia,
con el terror y mi pobreza,
giro por giro hasta ganar la pompa,
la Divina Comedia, mi Comedia.

7

Tendrá que ver
cómo mi padre lo decía:
la República.

En el tranvía amarillo:
la República, era,
lleno el pecho, como
decir la suave,
amplia, sagrada
mujer que le dio hijos.

En el café morado:
la República, luego
de cierta pausa, como
quien pone su bastón
de granadillo, su alma,
su ofrendada justicia,
sobre la mesa fría.
Como si fuese una materia,
el alma, la camisa,

las dos manos,
una parte cualquiera
de su vida.

Yo, que no sé
decirlo: la República.

8

Y hablando y trabajando
en las reparaciones imprescindibles del recuerdo,
de la tristeza y la paloma
y el vals sobre las olas
y el color de la luna, mi bien amada,
tu misterioso color de luna entre hojas,
y las volutas doradas ascendiendo
por las consolas que nublan las penumbras,
giro por giro hasta ganar la noche,
y el General sobre la mesa erguido
con su abrigo de hieles,
siempre derecho, siempre:
¡si aquel invierno ya muerto cómo nos enfría!
pero tu delicada música,
oh mi señora de las cintas teñidas en la niebla,
vuelve si cantan los gorriones sombríos en las tapias,
a la hora del sueño y de la soledad, los constructores,
cuando me daban tanta pena los muertos
y bastaría que callen los sirvientes,
en los bajos oscuros, para que ruede
de mi mano la última esfera de vidrio
al suelo de madera sonando sordo
en la penumbra como deshabitado sueño.

9

Tenías el portal
ancho, franco, según se manda,
como una generosa
palabra: pasen —reposada.

Se te colmaba
la espaciosa frente, como
de buenos pensamientos,
de palomas.

¡Qué regazo el tuyo
de piedra, fresco, para
las hojas!

¡Qué corazón el tuyo,
qué abrigada púrpura,
silenciosa!

Deshabitada,
tu familia
dispersa, ciegas
tus vidrieras,
qué sola te quedaste,
mi madre, con tus huesos,
que tengo que soñarte, tan despacio,
por tu arrasada tierra.

Y hablando de los sueños
en este sitio donde gustamos lo nocturno
espeso y lento, lujoso de promesas,
el pardo confortable,
si me callase de repente,
bien miradas las heces,
los enlodados fondos y las márgenes,
las volutas del humo, su demorada filtración
giro por giro hasta llenar el aire,
aquí no pasa nada, no es más que la vida
pasando de la noche a los espejos
arreciados en oro, en espirales,
y en los espejos una máscara
lo más ornada que podamos pensarla,
y esta máscara gusta
dulcemente su sombra en una taza
lo más ornada que podamos soñarla,
su pastosa penuria, su esperanza.
Y un cuidadoso giro
azul que dibujamos soplando lento.

EL GENERAL A VECES NOS DECÍA

EL GENERAL a veces nos decía
extendiendo sus manos transparentes:
"así fue que lo vimos aquel día
en la tranquila lluvia indiferente

sobre el negro caballo memorable".
Suavizaba la sombra del alero

su camisa de nieve irreprochable
y el arco duro del perfil severo.

Y mientras en el patio de azul fino
cercana renacía la tristeza
del platanal con sus nocturnos roces,

más allá de las palmas y el camino,
limpiamente ceñida su pobreza,
pasaban en silencio nuestros dioses.

EL OSCURO ESPLENDOR

JUEGA EL NIÑO con unas pocas piedras inocentes
en el cantero gastado y roto
como paño de vieja.

Yo pregunto:
qué irremediable catástrofe separa
sus manos de mi frente de arena,
su boca de mis ojos impasibles.

Y suplico
al menudo señor que sabe conmover
la tranquila tristeza de las flores, la sagrada
costumbre de los árboles dormidos.

Sin quererlo
el niño distraídamente solitario empuja
la domada furia de las cosas, olvidando
el oscuro esplendor que me ciega y él desdeña.

VERSIONES

LA MUERTE ES ESA PEQUEÑA JARRA, con flores pintadas a mano, que hay en todas las casas y que uno jamás se detiene a ver.

La muerte es ese pequeño animal que ha cruzado en el patio, y del que nos consuela la ilusión, sentida como un soplo, de que es sólo el gato de la casa, el gato de costumbre, el gato que ha cruzado y al que ya no volveremos a ver.

La muerte es ese amigo que aparece en las fotografías de la familia, discretamente a un lado, y al que nadie acertó nunca a reconocer.

La muerte, en fin, es esa mancha en el muro que una tarde hemos mirado, sin saberlo, con un poco de terror.

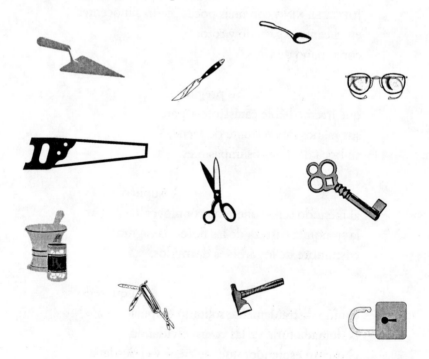

LAS HERRAMIENTAS TODAS DEL HOMBRE

ÉSTAS SON TODAS LAS HERRAMIENTAS de este mundo.
Las herramientas todas que el hombre hizo
para afianzarse bien en este mundo.

Éstas son las navajas de
filo exacto con que se
afeita al tiempo.

Y éstas las tijeras para cortar los
paños, para cortar los hipogrifos y las
flores y cortar las máscaras y todas las tramas y, en
fin, para cortar la vida misma del hombre, que es
un hilo.

Éstas son las sierras y
serruchos —también
cuchillos, sin duda,
pero imaginados
de tal modo que los
propios defectos del borde sirvan al propósito.

Y ésta es una cuchara que alude a los principios y a
las postrimerías   y en resumen
al incalificable des-   valimiento del
hombre.

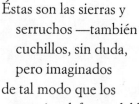

Éste es un fuelle para atizar el fuego
que sirve para animar al hierro
que sirve para hacer el hacha
con que se siega la generosa testa
del hombre.

Éste es un compás que mide la belleza justa
para que no rebose y quiebre y le deshaga
el humilde corazón al hombre.

Y ésta es una paleta 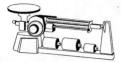 de albañil con que
se allegan los ma-   teriales necesarios
para que sea feliz y   se resguarde de todo daño.

Éstas son unas pesas, llaves, cortaplumas
   y anteojos

(si es que lo son, que
no se sabe)

que en realidad no sirven para nada sino para
            establecer
            de una vez para siempre la sólida posición
            del hombre.

Éstas son unas gafas que se han de usar para
   mirar
si se ha hecho ya lo imaginable,
   lo previsible, simple e imposible
para tratar de asegurar las herramientas
   todas del hombre.

Y éste, en fin, es el mortero al que fiamos el menjurje
con que uniremos los pedazos, trizas, minucias y
    despojos
si es que a las últi- mas y a tiempo, si
es que a las tontas y a las locas, si es que
a ciegas y al fin

no aprendemos a usar, amansar, dulcificar y manejar
las herramientas todas del hombre.

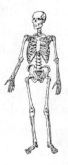

RIESGOS DEL EQUILIBRISTA

ALLÁ VA EL EQUILIBRISTA, imaginando
las aventuras y prodigios del aire.
No es como nosotros, el equilibrista,
sino que más bien su naturalidad comienza
donde termina la naturalidad del aire:
allí es donde su imaginación inaugura los festejos
del otro espacio en que se vive de milagro
y cada movimiento está lleno de sentido y belleza.
Si bien lo miramos qué hace el equilibrista
sino caminar lo mismo que nosotros
por un trillo que es el suyo propio:
qué importa que ese sendero esté volado
sobre un imperioso abismo si ese abismo
arde con los diminutos amarillos y violetas,
azules y rojos y sepias y morados
de los sombrerillos y las gorras y los venturosos
pañuelos de encaje.

                Lo que verdaderamente importa
es que cada paso del ensimismado equilibrista
puede muy bien ser el último de modo

que son la medida y el ritmo los que guían
esos pasos.

        La voluntad también de aventurarse
por lo que no es ya sino un hilo de vida
sin más esperanza de permanencia
que el ir y venir de ayer a luego,
es sin duda otra distinción apreciable.
Sin contar que todo lo hace por una gloria tan efímera
que la misma indiferencia del aire
es por contraste más estable, y que no gana
para vivir de los sustos y quebrantos. El equilibrio
ha de ser a no dudarlo recompensa
tal que no la imaginamos.

        ¡ADELANTE!,
decimos al equilibrista, retirándonos
al respaldo suficiente de la silla
y la misericordiosa tierra: nosotros
pagamos a tiempo las entradas y de aquí no nos vamos.

PEQUEÑA HISTORIA DE CUBA

I

CUANDO EN LOS PUEBLOS la tarde cae de polvo a púrpura,
en Bejucal o en Santa María del Rosario,
Calabazar, rincón de soledades,
Artemisa del alma o misterioso Guáimaro,
la gente se va a los parques. Desde la tierra
los ojos lentos suben a la locura del murciélago
yendo y ahondando las vacuidades solitarias,
y pónese uno a hablar de los taínos, y de David y Boticelli.
Los españoles no hicieron aquí cosas muy grandes,
pero tampoco, es cierto, las hicieron los indios, esos pobres,
que en vez de templos o pirámides nos legaron cazuelas,
en vez de altares para la sangre, recipientes
para el casabe. No sabían mucho, eran más bien felices
y no escribieron nunca. En Cuba no había oro.

Pánfilo de Narváez batió en vano sus mandíbulas
y desquitóse luego matando hasta por gusto, a tajos.
De prisa y corriendo se hicieron dos o tres ciudades, a lo sumo,
porque no había oro: qué vergüenza. Quizás una pepita o dos, a lo más
    cuatro.
y así quién hace catedrales. (El Hijo del Carpintero
tampoco habría podido costearlas.) Y piénsese que todo el tiempo
el Almirante mismo, Colón, Cristóbal,
el genovés de los ojos obstinados,
había dicho que ésta era la tierra más linda que soñaron ojos humanos
con todo lo demás que dice sobre los pajaritos piando esplendores.
Pero no les bastaba. En la ridícula Isla no había oro,
y así quién pinta, quién guerrea, quién construye, quién hace nada.

De rabia desgajaron los bosques, deglutieron la tierra, se tragaron las
   aguas.
La belleza de la Isla que se la lleve el diablo.

II

Entre un murciélago y el otro cabe la invención de la caña,
en Bejucal, en Santa María del Rosario,
entre la tierra y la locura de los aires
cabe el negrero, el bocabajo, el látigo: por fin tuvieron oro.
Tumbaron todos los bosques, chapotearon en sus feos trajines, locos de
   gusto,
esparcieron horror a manos llenas, agarraron su oro.
El espectro de Pánfilo de Narváez iba en la lluvia riendo gordo,

Calabazar lo vio y también Artemisa y el remoto Guáimaro.
Pero los negros no tenían ni grandes templos ni tampoco
   pirámides
ni hermosos ritos crueles por los que suba el humo de la sangre
a borbotones de miles y de miles de sacrificios humanos.
(Tampoco los taínos enviaron a los cielos otro humo ritual que el del
   tabaco.)
No trajeron, los negros, en la estrechez de los barcos negreros,
más que su música y sus bailes y esa voz que resuena como en el mismo
   corazón del hombre.
Por fin había oro, pero los españoles no hicieron catedrales a Dios gracias,
ni en Artemisa ni en Bejucal ni en la mismísima Santa María del
   Rosario: no había tiempo.
(Nazaret fue un pueblo así de raso: no se menciona su sinagoga para
   nada.)
El oro era tanto, que no había tiempo más que para pegar, arrancar y
   llevárselo.

Con lo que nos cansamos por fin los blancos y los negros (indios ya no
    había)
y nos quemamos los ingenios (¡cómo chillaban!) y nos quemamos los
    plantíos (¡cómo lloraban!)
y los botamos a patadas. Sólo que con la ira
la mano se nos fue en el fuego desde Calabazar a Guáimaro,
y los pueblos siguieron tan feos como antes. Sí, la usura
desgarró de fealdad la tierra más hermosa; luego vino la cólera;
luego empezamos otra vez, dale que dale con el oro,
ya es verano en El Encanto, haga su agosto en La Ópera, sea vivo,
dale que dale con el oro, emporcándonos,
masticando en inglés, mandándonos al diablo, hasta que por fin nos
    cansamos.
Vivos, vivones, vivarachos de siempre, se acabó lo que se daba; ya no
    hay oro.
Porque no nos importa, porque es un sucio becerro y no nos da la gana,
porque no especulamos, de espejo a turbio espejo, ya infernalmente con
    la caña,
porque las mismas manos que la cortan la llevan a la boca: ya no hay oro.
Desde los bancos de los parques el humo sube poquito a poco,
    empinándose,
confundiendo al murciélago: sobre la hoja de plátano
amanece el cocuyo, la trémula belleza del origen,
y ya podemos irnos, soñando, a casa. Mañana será la Isla
como la vio Cristóbal, el Almirante, el genovés de los duros ojos abiertos,
en amistad la tierra con el mar, tierra naciente
de transparencia en transparencia, iluminada.

DONDE NUNCA JAMÁS SE LO IMAGINAN

ENTONCES YA ES SEGURO que estás muerto.
No volveremos otra vez a verte
jugar con el aliento de los hartos
al escribir como al desgano: che,
sobre el dinero.

        Entre leyendas
viniste brevemente a nuestro día
para después marcharte entre leyendas.
Cruzabas en la sombra, rápido
filo sediento de relámpago,
y el miedo iba a tronar donde no estabas.
Luego, es verdad, la boina seria
y el tabaco risueño, nos creímos
—y tú sabrás, si cabe, perdonarlo—
que te quedabas ya para semilla
de cosas y de años.

        Hoy nos dicen
que estás muerto de veras, que te tienen
por fin donde querían.
        Se equivocan
más que nosotros figurándose
que eres un torso de absoluto mármol
quieto en la historia, donde todos
puedan hallarte.

        Cuando tú
no fuiste nunca sino el fuego,
sino la luz, el aire,
sino la libertad americana
soplando donde quiere, donde nunca
jamás se lo imaginan, Che Guevara.

Cintio Vitier

[Cayo Hueso, Estados Unidos, 1921]

Obra poética: *Poemas 1937-1938* (1938); *Sedienta cita* (1943); *De mi provincia* (1945); *Extrañeza de estar* (1945); *El hogar y el olvido: 1946-1949* (1949); *Sustancia* (1950); *Conjeturas* (1951); *Vísperas. 1938-1953* (1953); *Canto llano. 1954-1955* (1956); *La luz del imposible* (1957); *Escrito y cantado. 1954-1959* (1959); *Más* (1967); *Testimonios. 1953-1968* (1968); *Antología poética* (1981); *La fecha al pie* (1981); *Viaje a Nicaragua* (1987); *Vísperas y testimonios* (1988); *Hojas perdidizas* (1988); *Poemas de mayo y junio* (1990); *El Cristo de la catedral de Mérida* (1990); *Versos de la nueva casa* (1991); *Nupcias* (1993); *Dama pobreza* (1994); *Poesía* (1997); *Luz ya sueño* (1997); *Antología poética* (1998), *Cuaderno así* (2000).

LA JERIGONZA

Queríamos vivir ocultos,
ser harapientos héroes,
usar el idioma como un trapo tenebroso
que esconde la joya más ardiente.

Queríamos arroparnos en la nada
de nuestra creación y calentarnos
con un orgullo que se perdía en risa
por el túnel giboso de la jerigonza,
frente al todo compacto de los otros.

Queríamos andar a oscuras
debajo de los muebles prehistóricos,
estrujar las semanas oficiales,
llenarnos los bolsillos de mentiras.

Queríamos ser puros, deformarnos,
ser nadies invisibles, ser enormes,
aparecer entre los juegos como espectros
que contemplaban desdeñosos el ocaso,
pisar la raya para unirnos
con el que espera en la inaudita costa.

Queríamos el cojo en la gramática,
el verbo mendigando entre los números,
el trece de mudez, fingir que todo junta
las manos para implorar clemencia,
más rápidos que oscuros, enfundarnos
en un gabán de interminable burla.

Queríamos vivir, ser otros.

TORRE DE MARFIL

La política está llegando a la raíz del mundo,
a los átomos,
a los electrones.

El cielo parece libre,
los árboles, ajenos a la historia,
la mariposa, ausente del periódico.

Todavía
podemos ir al mar
y pensar en los griegos,
o, tal vez, sumergirnos
en la feroz frescura del olvido.

Naturaleza, en suma
(aquí donde no caen bombas
todavía)
es una torre de marfil inesperada.

Mas no hay que preocuparse, pues ya será la última.
Los dispositivos están situados en el centro de la flor.

Enero de 1967

PALABRAS A LA ARIDEZ

NO HAY DESEOS ni dones
que puedan aplacarte.
Acaso tú no pidas (como la sed
o el amor) ser aplacada. La compañía
no es tu reverso arrebatador, donde tus rayos,
que se alargan asimétricos y ávidos
por la playa sola, girasen melodiosamente
como las imantadas puntas de la soledad
cuando su centro es tocado. Tú no giras
ni quieres cantar, aunque tu boca
de pronto es forzada a decir algo,
a dar una opinión sobre los árboles, a entonar en la brisa
que levemente estremece su grandioso silencio,

una canción perdida, imposible, como si fueras
la soledad, o el amor, o la sed. Pero la piedra
tirada en el fondo del pozo seco, no gira
ni canta; solamente a veces, cuando la luna baña los siglos,
echa un pequeño destello como unos ojos que se abrieran
cargados de lágrimas.

                        Tampoco eres
una palabra, ni tu vacío quiere ser llenado
con palabras, por más que a ratos ellas
amen tus guiños lívidos, se enciendan como espinas
en un desértico fuego,
quieran ser el árbol fulminado,
la desolación del horno, el fortín hosco y puro.
No, yo conozco
tus huraños deseos, tus disfraces. No he de confundirte
con los jardines de piedras ni los festivales
sin fin de la palabra. No la injurio por eso. Pero tú no eres ella,
sino algo que la palabra no conoce,
y aunque de ti se sirva, como ahora, en mí, para aliviar
el peso de los días, tú le vuelves la espalda,
le das el pecho amargo, la miras como a extraña, la atraviesas
sin saber su consistencia ni su gloria. La vacías.
No se puede decir lo que tú haces
porque tu esencia no es decir ni hacer. Antigua,
estás, al fondo, y yo te miro.

Todo lo que existe pide algo.
La mano suplicante es la sustancia de los soles
y las bestias; y de la criatura que en el medio
es el mayor escándalo. Sólo tú,
aridez,
no avanzas ni retrocedes,

no subes ni bajas,
no pides ni das, piedra calcinada,
hoguera en la luz del mediodía,
espina partida,
montón de cal que vi de niño
reverberando en el vacío de la finca,
velándome la vida, fondo de mi alma, ardiendo siempre,
diurna, pálida, implacable,
al final de todo.

      Y no hay reposo para ti,
única almohada
donde puede mi cabeza reposar. Y yo me vuelvo
de las alucinantes esperanzas
que son una sola,
de los actos infinitos del amor
que son uno solo,
de las velocísimas palabras devorándome
que son una sola,
despegado eternamente de mí mismo,
a tu seno indecible, ignorándolo todo,
a tu rostro sin rasgos, a tu salvaje flor,
amada mía.

EL ROSTRO

TE BUSQUÉ EN LA ESCRITURA de los hombres que te amaron. No quería
ver la letra, sino oír la voz que a veces pasa por ella milagrosamente;
oír con sus oídos, mirar desde sus ojos. Quería ser ellos, asumirlos,
para verte.

Allí estabas, sin duda; pero siempre sucesivo como las palabras de un poema; inalcanzable como el centro de una melodía; disperso, como los pétalos de una flor que el viento ha roto.

Mientras más avanzaba por el suave y ardiente frenesí del bosquezuelo, más te me alejabas. ¿Eras aquel brillo de una hoja o un ala? ¿Eras aquel largo rumor, aquel silbido? ¿Aquel silencio, aquellas piedras de pronto tan pálidas?

Eras todo aquello, sin duda; pero ¿cómo componerte, rasgo a rasgo, con brillos, rumores, pausas? Detrás estabas, respirando y brillando entero: astro que ellos habían visto de frente, o entrevisto en la bruma, o buscado como yo te buscaba, y entonces lo que dejaban en mis manos era también la noche del anhelo, el temblor de la esperanza.

Te busqué en los paisajes que están vírgenes de toda letra, que ningún nombre ha descendido sobre ellos para amortajarlos, que están en la palma de la mano de Dios como reliquias:

en la mirada nupcial de las estribaciones de la Sierra y en el casto idilio pensante del Hanabanilla,

y aquella tarde, desde el mirador de San Blas, como en la primera vaporosa mañana del mundo,

y aquella noche, bajo la recia y dulce estrellada del Escambray, en la Cabeza de Cristo yacente mirando al Padre cara a cara: la cuenca del ojo de roca, la nariz y los labios de roca, el pelo y la barbas de árboles enormes e inocentes.

Y sin duda estabas allí; pero un velo nos separaba, sutil e intraspasable. Y yo sentía en el alentar de la naturaleza, siempre lejana, tu llamado silencioso y apremiante, pero no podía responderle, porque estabas

265

y no estabas allí, o más bien tu estar difuso era un señalarme hacia otro sitio que yo no sabía encontrar; y me iba exaltado y melancólico, el rayo de gracia caído entre las manos, la gloria, suave, retumbando por el pecho, disolviéndose.

Y te buscaba, siempre, también, en mí mismo. ¿Acaso no eras de mi linaje y de mi sangre? ¿No eras, en cierto modo, yo mismo? ¿No me bastaba entrar en la memoria para reconstruirte sabor a sabor, secreto a secreto, como el huérfano que palpa en la tiniebla los rasgos de la madre?

Pero ¿es posible de veras reconstruir el alba? Y sobre todo, ¿no era yo mismo el mayor obstáculo? ¿Aquella conciencia que tenía de una pérdida, de una caída, de un imposible, no era lo que me impediría siempre alcanzar tu realidad?

Te he buscado sin tregua, toda mi vida te he buscado, y cada vez te enmascarabas más y dejabas que pusieran en tu sitio un mascarón grotesco, imagen del deshonor y del vacío.

Y te volvías un enigma de locura, un jeroglífico banal, y ya no sabíamos quiénes éramos, dónde estábamos, cuál era el sabor de los alimentos del cuerpo y del espíritu.

¡Pero hoy, al fin, te he visto, rostro de mi patria! Y ha sido tan sencillo como abrir los ojos.

Sé que pronto la visión va a cesar, que ya se está desvaneciendo, que la costumbre amenaza invadirlo todo otra vez con sus vastas oleadas. Por eso me apresuro a decir:

El rostro vivo, mortal y eterno de mi patria está en el rostro de estos hombres humildes que han venido a libertarnos.

Yo los miro como quien bebe y come lo único que puede saciarlo. Yo los miro para llenar mi alma de verdad. Porque ellos son la verdad.

Porque en estos campesinos, y no en ningún libro ni poema ni paisaje ni conciencia ni memoria, se verifica la sustancia de la patria como en el día de su resurrección.

6-I-59

Jesús Orta Ruiz (el Indio Naborí)

[Guanabacoa, 1922]

Obra poética: *Guardarraya sonora* (1946); *Bandurria y violín* (1948); *Estampas y elegías* (1955); *Boda profunda* (1957); *Marcha triunfal del ejército rebelde y poemas clandestinos y audaces* (1959); *Cuatro cuerdas* (1960); *Sueño reconstruido* (1962); *El pulso del tiempo* (1966); *Entre y perdone usted...* (1973); *Cantos breves* (1978); *Una parte consciente del crepúsculo* (1982): *Décima y folklore* (1982); *Verso a verso* (1988); *Viajera peninsular* (1990); *Entre el reloj y los espejos* (1990); *Mis nietos en escena* (1995); *Con tus ojos míos* (1995); *Desde un mirador profundo* (1997); *Biopoemas* (1998); *Cristal de aumento* (2001).

GRATITUD

A María Kodama
a Eloína Pérez

ESTOY LEYENDO con tus ojos míos
los poemas que Borges
escribió con la mano de otra mujer.

A ella y a ti doy gracias
por este sol de la noche en mis tinieblas.

GUAYABAS

En la escondida poceta
las ramas se repetían
y las frutas que caían
doraban el agua quieta.

Era como una secreta
mina de oro que en la estancia
descubrió mi pobre infancia
cuando para un niño hambriento
tocaba el ángel del viento
el clarín de la fragancia.

HERENCIA

Siempre a mis alrededores
las palmas crecer me vieron:
nodrizas que me ofrecieron
las nanas de sus rumores.

Las amé con los amores
más raigales de mi ser;
y por nacer y crecer
en su dulce compañía,
tengo la melancolía
de ellas al anochecer.

UNA PARTE CONSCIENTE DEL CREPÚSCULO

V

ME QUEDA POR DECIR no sé qué cosa
que me parece inusitada y bella.
He gastado palabras como estrella,
rocío, rosicler, sonrisa, rosa…

Y en lo pobre del verso y de la prosa
no he logrado apresar el alma de ella.
La he visto: fugitiva mariposa
o pájaros con alas de centella.

Cuando callo, la escucho y la medito,
pero se pierde en el poema escrito.
Me queda poco tiempo de palabra.

Me desespera la que nunca encuentro.
¿Y he de morir sin que mi mano abra
puertas al ave que me canta dentro?

X

Vendrá mi muerte ciega para el llanto,
me llevará, y el mundo en que he vivido
se olvidará de mí, pero no tanto
como yo mismo, que seré el olvido.

Olvidaré a mis muertos y mi canto.
Olvidaré tu amor siempre encendido.
Olvidaré a mis hijos, y el encanto
de nuestra casa con calor de nido.

Olvidaré al amigo que más quiero.
Olvidaré a los héroes que venero.
Olvidaré las palmas que despiden

al Sol. Olvidaré toda la historia.
No me duele morir y que me olviden,
sino morir y no tener memoria.

Fina García Marruz
[La Habana, 1923]

Obra poética: *Poemas* (1942); *Transfiguración de Jesús en el Monte* (1947); *Las miradas perdidas. 1944-1950* (1951); *Visitaciones* (1970); *Poesías escogidas* (1984); *Viaje a Nicaragua* (1987); *Créditos de Charlot* (1990); *Los Rembrandt de L'Hermitage* (1992); *Viejas melodías* (1993); *Nociones elementales y algunas elegías* (1994); *La anunciación* (1995); *Habana del centro* (1997); *Antología poética* (1997); *Poesías escogidas* (2000).

EL BELLO NIÑO

TÚ SÓLO, bello niño, puedes entrar a un parque.
Yo entro a ciertos verdes, ciertas hojas o aves.

Tú sólo, bello niño, puedes llevar la ropa
ausente del difunto, distraída y remota.

La ropa dibujada, el sombrero del ave.
Tú sólo en ese reino indisoluble y grave

has tocado la magia de lo exterior, las cosas
indecibles. Yo llevo la ropa maliciosa

del que de muerte sabe y de amarga inocencia.
Tú no sabes que tienes toda posible ciencia.

Mas ay, cuando lo sepas, el parque se habrá ido,
conocerás la extraña lucidez del dormido,

y por qué el sol que alumbra tus álamos de oro
los dora hoy con palabras y días melancólicos.

AFUERAS DE ARROYO NARANJO

(Anacreonte)

ME ENCANTA VER cuando la tarde cae
arder un breve fuego: hojas quemadas,
latas, basuras, mil desechos arden,
allí junto al hogar de pulcras yaguas.

Me encanta ver la luz que va envolviendo
los portales abiertos, las cocinas
de fragante fogón, y se va huyendo
hasta la lejanía como un ópalo.

La madre con el niño en las rodillas
ve la tarde pasar, sin pensar nada.
Lo mece en el sillón, como el aire a la hoja.

Algo cuida lo intacto. "Yo conozco
los señalados por el amor: poseen
como una marca suave", dijo el ópalo.

LA DEMENTE EN LA PUERTA
DE LA IGLESIA

HA CRUZADO EL PASILLO de la iglesia con leve aire triunfante en sus ojos
de aislado desafío;

ha mirado a ambos lados con oblicuo desprecio mientras el absurdo
esplende en sus medias amarillas;

y nos llega el fanático blancor de su vestido anudado extrañamente
como súbita cólera

que deshace el pañuelo mugriento en la cabeza vagamente floreada y
planetaria.

Vedla sentada a la puerta de su rostro, guardadora de un misterio perdido;

ved a la oscura lúcida, general como el viento materia del milagro,

su ignorancia ha abarcado nuestro orgullo, se sienta en la otra orilla,

con distracción sagrada toca una vihuela suave y anacrónica.

En el nevado país de los mendigos, a la sombra original, remota cual la
infancia;

más lejos que sus ojos, en el oscuro reino inalcanzable del anhelante
tacto,

a cuestas con el enigma de su fealdad, genialmente pasea como dama,

y la ironía dobla el borde de sus zapatos como el borde de la oscura
risa.

274

Mirad que esa demente es quizás tan sólo un esplendor incomprensible,

pero decidme a que alude su flor pintarrajeada, y esa tremenda suerte
de aislamiento,

qué ha podido llevarla al extraño país de su avarienta mirada sujetando
la miseria como una moneda,

cuando el oro imposible de su cabellera esplende el aire que no podemos
tocar,

decidme qué significa esa monstruosa diferencia como una estirpe
sagrada,

cuya cordura distinta me deja temblando junto a la puerta, junto al siglo
y las máscaras,

por las que pasa ella envuelta en fábula veraz de mutilada diosa, con una
dignidad triste.

VISITACIONES

1

CUANDO EL TIEMPO YA ES IDO, uno retorna
como a la casa de la infancia, a algunos
días, rostros, sucesos que supieron
recorrer el camino de nuestro corazón.
Vuelven de nuevo los cansados pasos
cada vez más sencillos y más lentos,
el mismo día, el mismo amigo, el mismo
viejo sol. Y queremos contar la maravilla

ciega para los otros, a nuestros ojos clara,
en donde la memoria ha detenido
como un pintor, un gesto de la mano,
una sonrisa, un modo breve de saludar.
Pues poco a poco el mundo se vuelve impenetrable,
los ojos no comprenden, la mano ya no toca
el alimento innombrable, lo real.

2

Uno vuelve a subir las escaleras
de su casa perdida (ya no llevan
a ningún sitio), alguien nos llama
con una voz querida, familiar.
Pero ya no hace falta contestarle.
La voz sola nos llama, suficiente,
cual si nada pudiera hacerle daño,
en el pasillo inmenso. Una lluvia
que no puede mojarnos, no se cansa
de rodear un día preferido.
Uno toca la puerta de la casa
que le fue deparada a nuestras manos
mortales, como un tímido consuelo.

3

El que solía visitarnos, el que era
de todos más amado, suave vuelve
a la sala sencilla, cada día
más real y más leve, ya de humo.
¿Cuándo tocó a la puerta? No podemos
recordarlo. Estaba allí, estaba!
Y no se irá jamás ni puede irse.

No nos trae la memoria las palabras
del adiós. Sólo podrá volverse
por la puerta de un ruido, de un llamado
de ese mundo que borra, ignora y vence.

4

¿Qué caprichosa y exquisita mano
trazó, eligió ese gesto perdurable,
lo sacó de su nada, como un dios,
para alumbrar por siempre otra alegría?

¿Participabas tú del dar eterno
que dejaste la mano humilde llena
del tesoro? En su feliz descuido
adolescente ¿derramaste el óleo?
¿Qué misterio fue el tuyo, instante puro,
silencioso elegido de los días?
Pues ellos van tornándose borrosos
y tú te quedas como estrella fija
con potencia mayor de eternidad.

5

Y cuando el tiempo torna impuro un rostro,
una vida que amamos en su hora
cierta de dar, por siempre más reales
que su verdad presente, lo veremos
cuando lo rodeaba aquella lumbre,
cuando el tiempo era apenas un fragmento
de un cuerpo más espléndido, invisible.
Todo hombre es el guardián de algo perdido.
Algo que sólo él sabe, sólo ha visto.

Y ese enterrado mundo, ese misterio
de nuestra juventud, lo defendemos
como una fantástica esperanza.

6

Y lo real es lo que aún no ha sido!
Toda apariencia es una misteriosa
aparición. En la rama de otoño
no acaba el fruto sino en la velada
promesa de ser siempre que su intacta
forma ofreció un momento a nuestra dicha.
Pues toda plenitud es la promesa
espléndida de la muerte, y la visitación
del ángel en el rostro del más joven
que todos sabíamos que se iría antes
pues escogía el Deseo su sonrisa nocturna.

7

A aquel vago delirio de la sala
traías el portal azul del pueblo
de tu niñez, en tu silencio abríase
una lejana cena misteriosa.
Cayó el espeso velo de los ojos
y al que aguardó toda la noche abrimos.
Partía el pan con un manto de nieve.
Con las espaldas del pastor huiste,
cuando volviste el rostro era la noche,
todo había cambiado y sin embargo
en la granja dormían tranquilas las ovejas.

8

Huésped me fue palabra misteriosa.
Huésped es el que viene de muy lejos,
de algún pueblo que nunca habremos visto.
Huésped es el que viene por la noche,
toca la aldaba de la puerta y todo
el umbral resplandece como nieve.
Huésped es quien se sienta a nuestra mesa
sólo por una noche, y no se acierta
sino ya a oír lo que su boca dijo.
Huésped es el que alegra con su rostro,
y alumbra con sus manos nuestro pan
y no logramos recordar su nombre.
Huésped es el que ha de partir, al alba.

9

Oh vosotras, lámparas del otoño,
más fragante que todos los estíos!
¿Por qué ha de ser aquel que devenimos
con el tiempo, más real, menos efímero,
que aquel que fuimos a tus luces pálidas?
¿Por qué el polvo desierto, la agonía
junto a las armas bellas, quedan sólo
del resplandor de la victoria? Lejano
es todo vencimiento. En otro espacio

sucede, más allá del moribundo
rostro que hunde la gloria y deja ciego
junto al viento que lleva las banderas
espléndidas que huyen. Fiera es toda victoria.

10

Amigo, el que yo más amaba,
venid a la luz del alba.

Cómo ha cambiado el tiempo aquella fija
mirada inteligente que una extraña
ternura, como un sol, desdibujaba!
La música de lo posible rodeaba tu rostro,
como un ladrón el tiempo llevó sólo el despojo,
en nuestra fiel ternura te cumplías
como en lo ardido el fuego, y no en la lívida
ceniza, acaba. Y donde ven los otros
la arruga del escarnio, te tocamos
el traje adolescente, casi nieve
infantil a la mano, pues que sólo
nuestro fue el privilegio de mirarte
con el rostro de tu resurrección.

11

Since I have walk'd with you through
shady lanes...
KEATS

¿Quién no conoce ese sendero en sombras,
ese continuo hablar, interrumpiéndose
el uno al otro amigo, en el gozoso
diálogo hasta la puerta de la casa,

servida ya la cena? ¿Quién no escucha
las nocturnas pisadas en la acera
tornarse más opacas al cruzar por la yerba
que nos trae al amigo, al bien llegado?
¿A quién, ya tarde, no le cuesta mucho
despedirse y murmura generosos deseos,
inexplicables dichas, bajo los fríos astros?

12

...qui laetificat juventútem meam...

Sólo vosotras, bestias, claros árboles,
podéis seguir! Mas, eterno es el hombre.
Salvaje privilegio de la muerte,
heredad sólo nuestra, mientras derrama el astro
su luz sobreviviente sobre ese rostro altivo
de ser fugaz, junto a los ciclos fijos,
y ese verdor, eterno! Se fue yendo
la gloria de los rostros más amados,
y tornamos, como la ola ciega, al tiempo
del cuerpo incorruptible que esperaste
y no pudimos retener, llorando
en la perdida lámpara, las voces,
lo que encuentro creímos y es partida.

Oh lo real, el mundo en el misterio
de nuestra juventud, que nos aguarda!
Nos ha sido prometida su alegría.
Nos ha sido prometido su retorno.
Eres lo que retorna, oh siempre lo supimos.
Pero no como ahora, amigo mío.

1953

HOMENAJE A KEATS

1

and with thee fade away into the forest dim
To a Nightingale

UNA SOLA PALABRA TUYA y cruzamos los espacios más tristes
hacia los esplendores intactos e invisibles.
Una sola palabra tuya y un reino leche y rosa
salta como del tallo pegajoso el jugo.

¿Dónde encontraste esas materias duras,
suaves, brillantes, en el mundo? ¿Dónde
esos prados que ocultan llamas rojas al fondo?
¿Dónde se vio un rocío resistente?

Tus estrofas parecen manadas de corderos,
dulce Endymión. Sigo su rastro
y el vuelo de unos pájaros me indica
"¡Lejos, lejos!" Es allí donde empiezas.

Es allí donde oigo, rodeando el caramillo
de dioses matinales, la isla entre las prímulas.
Desde tu medianoche, las flautas y tambores.
Las vírgenes saliendo del sonido del adiós.
El ruiseñor con que penetras el bosque más oscuro.

2

Esos donceles griegos ¿estuvieron
en el bosque del "Sueño de una noche
de verano"? ¿De allí salió ese tordo
jaspeado confundiéndose en el verde

dibujante? ¿El andar en puntas aprendió
de la planta de Puck, por el retozo
del arroyo entre guijas sermoneando?
¿Y esa ala pulida de paloma
tomó a Titania la hebra blanco-seda?

¡Nubes que empiezan pareciendo ovejas
y que luego al pasar se desbarrancan
por los bancales del azul! ¡Ardientes
materias que tal éxtasis traspasa!
Espíritu de Ariel, con corazón
ligero siempre! ¡Vino provenzal
burbujeando tras copa cristalina!
¡La transparencia tras la transparencia!

No fue breve tu vida como no es
breve una entera duración de flor.
Por lo breve, ese lujo de los brillos
de la lisa, redonda peonía,
del pétalo que un rosa-blanco esparce.
¡Pliegues de los ardientes clavelones
que se pierden por los bordes estrellados
detrás de qué neblinas!

3

Como tú oías, tras la somnolencia
de la tarde invernal, cantar el grillo
con su verano a cuestas, que te hacía
soñar con las colinas siempre verdes,
yo te veo tras la niebla, los hogares
del Norte, el frío inmenso,

el cuarto de estudiantes en que pensabas
en la luciente Grecia, en los ardores
de Italia en el estío. Te imagino
leyendo los periódicos de Londres,
el diario matutino con la crítica
del Endymión. Veo tu rostro
de tal delicadeza inteligente,
y tu idioma de bosque shakespeariano
hablándole a las hadas, que los cerdos
hollaron. Y veo tu luna
como la luz que está siempre en el fondo
de todo, de la vida que se sabe
breve, alumbrando todavía
para siempre tu carta a Fanny Brown.

4

Bright star...!

¿Y fue éste tu último soneto?
¿Vio por última vez el aire oscuro
tu rostro alzarse a estrellas impasibles?
La que miraste ¿supo el privilegio
de tener frente a frente un rostro vivo,
un planeta de lágrimas y fulgor, invisible?
Y en el entrecruzarse impar, ¿te deseaba
ella también, altiva estrella oscura?
Ay tu soneto, ay estampido ciego
de tan incauto, juvenil arranque,
saliendo del silencio "como los corredores
de la cinta en los juegos",*
primero, jadeante, con toda su victoria
en la espléndida frente destinada!

* Darío, *Du Bois.*

Como aquel que camina entre herbazales
y juncos, por nocturno bosquecillo,
muy lejos de enredarse en lo sombrío
halla de pronto un claro que conduce
al hogar de los encendidos leños,
así tu ardiente y dolorosa vida
no alcanzó entre sus lianas atraparte.
Cual la ágil ardilla en el ligero
cuerpo encuentra el escape, la salida
de la persecución feroz, tu alada
naturaleza no pudo quedarse
en la región de luto, sin alzar
el vuelo hacia los reinos de la luz,
guiado por la aguda voz del ave
cuyo rastro rescata el bosque oscuro
y lo lleva al secreto del diamante.

6

Tú no miraste el pájaro en el árbol
tornasolado. Sólo el movimiento
de la rama por él abandonada
temblar imperceptible. Otro día
fue escribiéndole a Reynolds: era un tordo
el que vino a decirte: "Nada sé, y sin embargo
la tarde me escucha". Luego
fue el grillo sobre el seto, y otra vez
el petirrojo musitando: "Lejos, por
aquí, más lejos", para luego
perderse con el tropel de otros alados
duendecillos. Y hasta siempre he creído

que el martín pescador fingió posarse
aquella vez e ir a beber, tan sólo
para indicarte el rastro, y porque sabe
que lo encontraste al fin, es que se alisa
la pluma y nuevamente echa a volar.

7

Tú viste en el color cómo las cosas
tienen en la sustancia el paraíso,
la blanca margarita bordeada de rojo,
el sauce ámbar y el espino blanco,
el jaspeado matiz del tierno laberinto.
Viste al ser en la dicha palpitando,
las yemas tiernas, el cordero alzado,
las colinas balando hacia lo azul.
Tú viste que el inmenso sufrimiento
abarcándolo todo no es la última
semilla. Y del fondo del bosque
tremendo, salir viste a un ruiseñor,
el secreto final, el ser alado
cantando al fondo del morir, y unido
con él ya para siempre, arrebatado
de las colinas verdes del idilio
eterno, dijiste para consolarnos
de la perdida luz: Tierna es la noche.

CINE MUDO

No es que le falte
el sonido,

es que tiene
el silencio.

SU LIGEREZA DE COLIBRÍ, SU TORNASOL, SU MIMBRE

Cuba, Cuba...
Plácido

Su ligereza de colibrí, su tornasol, su mimbre,
su suavidad de hierro indoblegable,
su desmoche a las plantaciones de lo secular,
su vivir, como el pájaro, en el instante.
La maderita débil de sus juguetes y paredes,
lo ralo de sus conjuntos y lo desértico de su pecho,
la palma sin sombra en el sol de su pobreza real.
La forma como vacía la esperanza y la torna lejanía,
su sobrepasamiento burlón y corto
de las afirmaciones enfáticas, aunque ligeras, de lo diario,
su amor a la extravagancia y rareza personal,
su petardismo y alborote,
el poco fondo de su manoteo y la lejanía inalcanzable de sus ojos.
Su ingravidez de papalote en lo azul,
la forma como el valor irrumpe y cambia el ritmo en el cajón,
su diablo con diente de oro y el enigma
de lo que no tiene enigma y se sonríe.
Sus ángeles de mentira con un ala de verdad,
sus santos de clavo en el escaparate y membrana de mariposa,

el revés de su gracia en el desconocimiento,
el revés de su danzante intrascendencia,
brisa que se arremolina en ciclonera,
soplo suave que luego barre y deja el sol de la intemperie,
lo insondable de su irresponsabilidad
capaz de originar la chispa que incendie el universo
sin ningún plan previsto,
la imposibilidad de culpar la culpa de ese rostro
que sonríe a la nada y habla de su madre con cariño.

Carilda Oliver Labra
[Matanzas, 1924]

Obra poética: *Preludio* (1943); *Al sur de mi garganta* (1949); *Canto a Martí* (1953); *Memoria de la fiebre* (1958); *Antología de versos de amor* (1963); *Tú eres mañana* (1979); *Las sílabas y el tiempo* (1983); *Desaparece el polvo* (1984); *Calzada de Tirry 81* (1987); *Sonetos* (1990); *Se me ha perdido un hombre* (1991); *Antología poética* (1994 y 1997); *Noche para dejarla en testamento* (1996); *Discurso de Eva* (1997); *Sombra seré que no dama* (antología, 2000); *Error de magia* (antología, 2000).

ELEGÍA POR MI PRESENCIA (III)

¡Qué plenitud me cerca de cansancio y hastío!
¡Qué tedio me sumerge como un pesado río!

Me voy quitando todos los sueños de las sienes
y hay siempre en mi mirada algún adiós de trenes.

Qué menester tan necio entretener los días
con visitas, y tiendas, y cines y tranvías.

Y qué aburrido es esto de contemplar embarques,
de saludar amigos, de recorrer los parques.

Y la costumbre inútil de abrir una ventana
y la tarde podrida detrás de la mañana

y el obrero cesante y la madre soltera
y el cigarro caído en mitad de la acera.

Yo sé cómo es terrible pararse frente al mar
y así: casi desnuda, sin nada que rezar,
sentir que el viento es suave y que quizás soy buena.
(Porque me sabe a lágrima cada tristeza ajena.)

Y sé también… ah, sé: que estoy en el paisaje
permanecida e inerte, aunque parezca en viaje;
y que me estorba el pan, la cifra y el fusil
y el reloj y la atmósfera y el Código Civil.

Mas todo sigue igual de paso bajo el sol:
la rueda, el bisturí, la escoba, el caracol,
el vecino de enfrente que vive con corbata,
la crónica social, el hombre que se mata,
y el cuartel y la fonda y el farol de la esquina,
y el humo vertical y el perro que se orina.

A mí me ha dado tedio ver tantas primaveras.
Encuentro insoportables las niñas pordioseras,
el pésame, el pregón, la circular que cita,
la gente que me llama doctora o señorita;
y la lluvia incesante y el alquiler mensual
y la media corrida y el hueco en el dedal.

Pero debo decirle a Dios, con la sonrisa
de una muchacha rubia sin ayer y sin prisa:
Déjame aquí otro rato, perdida entre las cosas,
para tener un novio… y cuidar unas rosas.

ME DESORDENO, AMOR, ME DESORDENO

ME DESORDENO, amor, me desordeno,
cuando voy en tu boca, demorada,
y casi sin por qué, casi por nada,
te toco con la punta de mi seno.

Te toco con la punta de mi seno
y con mi soledad desamparada;
y acaso sin estar enamorada
me desordeno, amor, me desordeno.

Y mi suerte de fruta respetada
arde en tu mano lúbrica y turbada
como una mal promesa de veneno;

y aunque quiero besarte arrodillada,
cuando voy en tu boca, demorada,
me desordeno, amor, me desordeno.

1946

VOZ DE LA NOVIA

SI EL TIEMPO no estuviera
raído de venganza,
si no hubiese ahorcados en el atardecer,
si no estuviéramos
a mil novecientos cincuenta y ocho
en Cuba.

Si la Sierra no fuese mi propia entraña,
yo podría
decir que te amo.

Pero es que parpadeo
y se me borra un campesino, un niño del alba,
y la pequeña trampa de ternura
con que te esperaba
se deshace…

Pero es que me detengo a contar los tomeguines
y un avión interfiere la gracia;

entonces me deshago de tus muslos,
de tu importancia,
y arranco los anuncios de nuestro amor.

Porque, di:
a esta hora,
cuando los muertos de mañana nos dan la mano
y la guitarra no es una parte de la música
y caen ametrallados los papalotes de los niños;
a esta hora,
cuando se acaban los pañuelos en las madres
y el manisero fulge como lágrima;
a esta hora del castigo
y el arresto,
de la huelga y el sabotaje,
del despedirse;
a esta hora de la América empinándose;
a esta hora tuya y mía
y de los otros,
di…
¿no se malogra el beso en los amantes?

Si la luna no estuviera temblando
de injusticia,

si el ojo de la abeja no duplicase el arma,
yo podría decir que te amo;
pero ha sonado la guerra
y todos los alfileres se declaran.

No me toques…

Granada taciturna,
estallaré para la patria.

¡AY, HERMANOS
QUE TENGO POR EL MUNDO!

¡AY, HERMANOS que tengo por el mundo,
ay, mi carne perdida en tres pedazos!
¿Dónde están esos rostros, esos brazos,
dónde están que en mí misma los confundo?

Aquí vivo con patria pero sola,
y no puedo olvidarlos simplemente
aunque sé que es más huérfano el ausente
de esta tierra de luz y caracola.

Ay, hermanos que huyeron de mis venas
y que siguen llagando con sus penas
tantas noches terribles de vigilia…
¡Cuántas veces invento vuestras almas
y me pongo a sembrarlas como palmas
para unir otra vez nuestra familia!…

Rolando Escardó

[Camagüey, 1925-1960]

Obra poética: *Libro de Rolando* (1961); *Las ráfagas* (1961); *Rolando Escardó: antología mínima* (1975); *Órbita de Rolando Escardó* (1981).

HORA DE PREGUNTAR

¿Y DESPUÉS DE TODO ESTO, qué más?

El tiempo desafío, el tiempo todo existir
siendo la exacta forma de mi muerte;
el peso cada vez de los días
y la piel,
los verdes ojos desgastándose, por donde
el fondo de lo eterno ampara mi latido,
el gran fondo sin fondo
del FONDO.

Ay…, cuánto viento en mi espacio solitario,
cuánta agua de amor entre mis manos.

El pájaro de fuego picoteando asesina los días
¿no oyes tú, como cayéndose sus cuerpos?
Ay…, qué solitario en la invisible esfera que me guarda;
pero yo quiero ser el párpado suspendido de la NADA;
el comienzo y el fin,

la primera y segunda mitad cuando la Oncena Estrella caiga.
Y sólo soy un hombre lleno de espantos y preguntas,
y mi jornada no me cansa dando gritos;
soy un poco de vida palpitando;
pero existo en mi punto y soy
un mundo en el espacio...

5 de mayo de 1955

ESTA NOCHE VENDRÁN A BUSCARME

ESTA NOCHE VENDRÁN a buscarme
(otra vez hacia lo que ignoro),
golpeando la puerta
con sus pistolas
entrarán.
Me dicen los familiares
que Dios te guarde.

Así todas las noches
ellos me rodean sentándome
bajo un farol,
acosándome con sustos,
situaciones delicadas.

Esta noche vendrán a buscarme
y tengo miedo —miedo
de no haber muerto—
de vivir todos los días.

Agosto, 1957

LA FAMILIA

MADRE ME ACOGE en su pecho caliente
día a día.
Abuelo y su cojez retumban el tablado.
Aurora es joven, no piensa aún en casarse:
sueña.
Olema ya comienza por pintarse las uñas.
(Aún Perucho no ha muerto.)
Mamá de vez en vez teclea en el piano.
Antonio es cocinero
y Salvador es el que empuja el carro.
¡Enrique!…
¡Falta Enrique!…
(Enrique fue el que malgastó el dinero…?)

FAMILIARIDADES

¡EL ODIO FAMILIAR es tan cordial!
el odio familiar que es la raíz del odio general
y el desprecio que sale disparado
pero envuelto en un gesto de piedad
en donde la razón se inmoviliza
en el deseo de ignorar.
El odio así trepando
en una mal disimulada complacencia
subiendo hasta la copa
trepando el muro de la casa.
Casa aislada en el tiempo
casa lejana mía
casa de nunca

casa devuelta en el cristal
que nos devuelve un aire espeso
como el miedo.
Ay… casa del sosiego
de aquel día.
Casa de entonces
casa de la cordialidad
y el odio tan cordial del familiar.
Cordialidad del
múdate y arranca
—traslada el hueso a este lugar;
sólo caen tres goteras
y alguna vez las tablas se desprenden;
sólo que aquí no hay lavamanos,
sólo que a veces, cuando llueve,
entra un poco de agua.
Se necesita el otro cuarto.
Ah, no olvides no olvides levantarte temprano—.
¡Cuánta cordialidad el odio familiar!

FUEGO

¡CUÁNTO FUEGO, Dios mío!
¡Dios de todos los días y todas las horas!
¡Ay, cuánto fuego;
fuego en mis cosas que no tengo,

                    FUEGO!

Y pienso
pienso esta mañana en el cigarro
como cuando no había
y recogí los cabos,

pues no me deja este maldito vicio
de la cárcel en que estuve,
como un hombre que hace trampas
y que soy.
Supongo solamente lo que es,
lo que puede haber sido obra de Dios
o de la gallega que no ha cobrado puntualmente,
porque no tengo fósforos ni pan,
ni familiar que me sacie el hambre de los huesos.
¡Ay, cuánto fuego, Dios mío!

EQUILIBRIOS

...AGUÁNTENME ESTA TARIMA en donde estoy subido
que no se incline a un lado y caiga o cuelgue
mi ardoroso cuerpo.
Aguanten una pena
Aguántenme
que no quiero que pase y suceda lo de siempre
caer sin cumplir.
Aguanten la tarima
ayúdenme a aguantarla
que ya he caído antes y no quiero jamás.

EL VALLE DE LOS GIGANTES

LA LUZ TRANSFORMA esa pared silenciosa,
el pozo, la caverna.
La luz se cae al pozo de mi alma.
¿Dónde, dónde encontrar,
dónde una puerta abierta, una ventana
dónde el sitio de estarme para siempre?
En esta profunda cavidad sin mapa, estoy perdido.
(**¿Desde cuándo se pierde lo perdido?**)
Hundido entre estatuas de cristal,
tocando la bóveda del alma;
elictitas de vueltas y arcos espaciales,
esponjas y pilares,
gotas de espanto, rocas.
Exploro el interior. Atisbo, palpo, pregunto:
¿qué estoy haciendo Dios, qué busco en la caverna?

ISLA

ESTA ISLA es una montaña sobre la que vivo.
La madre solemne
empujó hacia los mares estas rocas.
En el tiempo desconocido que no se nombra
en el límite que no se escribe
sucediéndose los deslaves
las profundas grietas:
—gargantas hasta los fuegos blancos—
llega la hora de mi nacimiento en esta isla:
—planeta ardiendo en el cielo—
llega la hora de mi nacimiento

y también la de mis muertes
pues al mundo he venido a instalarme.
¿Por qué esos labios se abren como túneles a los que no bajo?
Yo sé que el hombre es un rumbo que se instala
sé estas cosas y otras más que no hablo
pero yo puedo darme con los dos puños en el pecho
feliz de esta Revolución que me da dientes
aunque de todo soy culpable
de todas esas muertes soy culpable
y no me arrepienten los conjuros
que en el triángulo de fuego he provocado.
Yo soy el gran culpable
mi delito no puede condenarlo sino Dios
y aun ni el mismo Dios pudiera
(vosotros no lo sabéis
pues ni siquiera los colores de la bandera
os sugieren
vosotros no lo entenderéis)
y esto se quedará como un poema más en la tiniebla
como el ruido de palabras del viento que me arrastra
aunque sea la estrella del alba
pues de todas estas cosas os burlaréis
hermanos
más allá del deseo de vuestras convicciones
en la trama creada para mi deleite
pero yo sólo sé
pero yo sólo estoy seguro
pero yo mismo lo he vivido de mis muertes y nacimientos
¿y cómo puedo yo mismo así negarme,
cómo podría yo mirar al Sol y no cegarme?
Pero lo que importa es la Revolución
lo demás son palabras
del trasfondo

de este poema que entrego al mundo
lo demás son mis argumentos.
No creáis en mis palabras
soy uno de tantos locos que hablan
y no me comprenderéis
no creáis mis palabras
esta isla es una montaña
sobre la que vivo…

Lorenzo García Vega

[Jagüey Grande, 1926]

Obra poética: *Suite para la espera* (1948); *Ritmos acribillados* (1972); *Poemas para penúltima vez, 1948-1989* (1991); *Variaciones a como veredicto para sol de otras dudas. Fragmento de una Construcción 1936* (1993); *Palíndromo en otra cerradura (Homenaje a Duchamp)* (1999).

CARRETAS

LLUVIAS TRAIDORAS SEGANDO. Bujías como cocuyo trepan hilos de la noche.

Las carretas retan su son turbio, sin espiras, con el concierto húmedo de la fiesta exhausta.

Corceles mueren herméticos con la inútil conciencia de pasos que no existen y sus querencias marchitas avanzaban.

Diluviaban los copos de silencio. En su danza, burbujas.

De bruces el niño entretenía marcha de cristales percibida.

CERBATANAS

LOS CABALLOS DE CERA queman sus encrucijadas. Y la tarde lame sus lomos, como en mordisqueamiento de llama.

Después las campanas. El niño se ha puesto los ojos. Aspira la espiral del rocío, como un son de manos lentas.

El cuerpo trenza y destrenza filigramas para alcanzar la piel en fino jubileo con las aguas.

En el rumor de distancias hacia las cosas, el sol mordisquea nuestra ropa como una prolongación de los caminos.

Los muros ensánchanse. ¡Allí había estado! Mi memoria estrujaba serpientillas y el revoloteo de las cosas, dando más fuerte en la aparente tiesura de mi cuerpo.

Para auxiliarme di con libros. Y vi su hilo de luz que se extendió como abanico sobre mi sien. ¡Aunque avergüenza su saber menudo!

El trote, sin pausas, a regocijo: ¡Las estatuas están tiradas por cuerdas!

En paladeos de hilillos, di en briznas de hierbas, en chozas de niños, y tras sus cortinajes de brisa. Los idolillos frívolos, después de haber visto al ángel, atemorizados por su belleza se sumergían en la fuente.

Aquella planicie sin continuidades reía en reinos de algodón. ¡Gustaba dar a mis zapatos un abrigo de confusiones!

EL MIERDA

NADIE PARECE MIRARLO, ¿le importará? Finge, o no, una cuidadosa postura: da lo mismo. Sus manos secas —arrugadas tanto que pudieron ayer ser finas, o las de un niño—, ahora estrujan un pañuelo sucio. Los ojos —¿cómo son los ojos?, ¿turbios o ingenuos?, ¿frescos o lastimosos?—, se ensañan sobre una piel, sobre un lomo de cristal, sobre una mujer, quizás, también, sobre el asomo de un recuerdo.

Y la palabra usada, gastada.

¡La palabra! La palabra ceño de venitas hirsutas, lagañas de plano desvencijado: rueda infiel, pero no áspera: casi… casi como si fuera tierna —esto a veces, claro está—.

Y él se sacude la frente, se estruja el sudor, se rasca los sobacos; su saco puede apestar, sus medias pueden apestar. El tiempo fue: él espera lo que no importa nada, lo que no importa a nadie. Meses, años, su pasado, lo resume en el anillo que le regaló el abuelo, en la hijita que se le murió de meses.

Sombras, periódicos que lee. Voces, cháchara que inútilmente escucha. ¿Su vida es triste?, ¿ha sido triste? ¿Su vida es mierda?, ¿ha sido mierda? Él desocupa, las molestias, de sus días; intenta existir. El día tuerce a veces, un extraño peso sobre su cabeza.

TEXTO MARTIANO

DESDE UNA CONCHA ELECTRÓNICA, con la joven quinceañera, Martí desciende bailando. Giran, ahí con el recordatorio alegórico, el punzó descolorido, o el blanco, o el azul desteñido: colores del prisma albino.

Desde una concha electrónica, de mirar y recordar todo el tiempo disponible. ¡Tenemos, todos, el tiempo!

Desde una concha electrónica se aplaude con el silencio. Un punzó descolorido se iza por los rincones. Hay pinos. Y en el sillón del portal el que su vejez desliza.

Desde una concha electrónica ha vuelto la noche albina. Martí ya deja la danza y vuelve a Fundar la Patria. Hay huesos. Hay un parque inexistente. Hay un banco desteñido. Al muerto acuesta Martí. A dormir acuesta al muerto sobre la noche del banco. No se oye. Y un punzó descolorido en el parque inexistente.

LETRA PARA EL DOCTOR FANTASMA

EL DOCTOR FANTASMA rebatía sus orígenes: frente a hojitas de jazmín buscaba círculos —intersección— donde puntos ceros cortan los sintagmas de los recuerdos infantiles.

El doctor Fantasma, imagen frente al espejo, al mediodía escuchaba el ruido de una sierra: era cuando su cuerpo se desgranaba en grumos; era

304

cuando su especular consunción embestía un híbrido espacio (¿Así que era su espejo ese ruido —¿casual?— de la sierra al mediodía?).

El doctor Fantasma era el ciudadano de una patria albina. Rastreaba sus equívocos de transparente snob, por lo que había que verlo allí, gallardo como el disfrazado reverso de un Wilde químicamente puro, trazando las diminutas peripecias de una microscópica pradera mallarmeana.

Llevaba su cuerpo por frígidos avatares de delicias, aquélla, su teoría espiritual, para que así él, el transparente, meciera piezas somáticas dentro de objetadas alquímicas sensaciones, de tal manera que sus fríos, su caliente, sus pedos, surgieran y se dilataran por dentro de una cenestésica pradera metafísica. O sea —dicho de otra forma— que él, artista doctor Fantasma, sus recetas doctor Bachelard destilaran pedrerías anacrónicas o vidrieras de lujoso fin de siglo, así fuera en la calle donde la no transparencia o el calor pudiera reconciliarse, hasta convertirse en médiums ahorcados eso de una trasnochada fauna de personajes surrealistas.

Por ello esta letra dice: ¡Oh modelo, parámetro, oh estructura! La letra dice que, sincrónicamente, te perfilaste lujoso, doctor Fantasma, pues tus dedos no tocaron los abismos, sino que oscuro, adelgazado continuamente remendaste las siempre fieles superficies —texto de heladas letras—, hasta que el rasguño de la palabra fue convirtiendo tu inútil cuerpo en un tatuaje de signos exquisitamente ininteligibles.

FRENTE A LA COMPOSICIÓN

RECOMENDABLE, frente a la composición, el recoveco de la serenidad.

¿En qué imágenes descansarán los engranajes?

Un rayo de luz puede pulir, pero cuide, el doctor Fantasma, la precaución de que el rayo de luz no avance por ningún discurso. (Así, girando las máquinas en su geométrico compás, permanecerán, sin embargo, ilustrando el círculo ideal.)

Advertencias. 1.— Deberá, el doctor Fantasma, permanecer inmóvil frente a ese quieto aquelarre de engranajes.

2.— La máquina fotográfica del doctor Fantasma no ha de deslizar ningún dedo actoplasmático.

3.— Láminas adversas serán sacrificadas, en aras de una pureza francamente inútil.

UN ANVERSO Y UN REVERSO HAY EN LA FOTOGRAFÍA DE UN JARDÍN

EN LA FOTOGRAFÍA DE UN JARDÍN hay un anverso y un reverso.

Anverso: cruzan látigos, clásicas Danaides, flotas de damas; esto es como euforia de desquiciada pereza mineral.

Reverso: surge, con fondo de jardín de Coral Gables, desde la cintura para arriba, la figura del doctor Fantasma; y esto, que es sonrisa metonímica pasando por el rostro del doctor, eleva, literariamente a paralelas, los contrastes de dos imágenes azogadas.

ARAÑAZO MEDIÚMNICO

CUCHILLO, filo, faro. ¿Qué más? Y el decorado, filigrana, de una caja de bombones Art Deco.

¿Qué es eso?

Borde donde reaparece el... Viejo asunto —todo eso— de la nada. Y en el texto (imposible texto) lo que, con hirsuta fidelidad, bien pudiera perderse.

Pero, confieso que yo tampoco entiendo.

EL EXTRAÑO RIGOR

CON REQUERIDO RIGOR computarizó el paisaje: la cosa estuvo programada con todos los hierros, alambres, tornillos, etc. ¡Ni una sola imagen sin colocar! ¡Perfecta la acuarela! Por lo que al final, terminada su faena, no cupo duda de que en lo simultáneo del reverso, él no dejó de sacar del horno lo que antes había puesto a calentar: ese juego de sus tantas piezas, perennemente frías.

ANOTACIÓN AUTOBIOGRÁFICA

¿QUIÉN FUE?, ¿rostro? Puntos.

Mocho puente, de algunos pájaros el canto: esto para empezar, sin continuar.

Y es que siempre he empezado a construir la noche. Siempre lo parásito de una palabra en esquina (como gesto).

Podría entonces, decir (frío a fuer de ininteligible), que la tarde como un mapa.

Pero me confirmo —confino—, ligeramente desquiciado.

BICOCA A PIQUE

8) Lo que oculta un Motel

LA MARAÑA O LA RAMA de lo que desenreda en un paisaje. Una luz como el desorden pero apenas. He visto en el Trompe-l'oeil, entre apagado medallón de hojas de plátano lo absurdo de una escurridiza conversación que ya, definitivamente, el Tiempo desfiguró. Pero esto es sólo el telón de un más opaco, aunque último mundo. Un mundo donde, extrañamente, las alegorías tienen toda la brusca inmediatez de unas viandas acabadas de tragar. Un artificio (aunque también naturaleza) muy raro, sin embargo: pausas (árboles) y puntos (quemadas luces) que en esta tarde de Otoño se extienden con la compulsión de lo que, al aparecer, desaparece. ¡Muy raro!, pues, lo que oculta este Motel.

10) La Realidad

Pues enfrente, enfrente mismo del Hospital donde me acababan de chequear. Por lo que, mucho no tuve que caminar para llegar hasta allí. Encontrar restos, lo que me constituye: puntos (quizá demasiado literarios) como de una mano llena de ladrillos; el crepúsculo bien podrido por la costumbre; las llamadas telefónicas que no hice, por lo que a veces las repito como una estereotipia; y, sobre todo, ese hueco negro que, sin acabar de una vez, continuamente me traga y me devuelve. Todo esto es la R-E-A-L-I-D-A-D. Enfrente, como ya dije. Enfrente mismo del Hospital.

16) Receta para la Playa Albina

En la playa: en la hierba, en un patio: dos puntos. Empezando con un punto donde agujero, toalla, tendedera: textualmente lo que nutre lo pobretón de un sol de cada día. Otro punto, *el otro* (por supuesto, sin idéntico, cotidiano, escenario, pero en mismo patio) donde, desde la enloquecida altura de una cita (¿cita de cuál anacrónico texto surrealista?), un esquelético río, como ejecutante, vibra (o suena, con la sonoridad de un carrito de helados nicaragüense), sobre lo espectral de un rosado Motel, encapuchado de barroco. Carlos Fuentes / o Paramount Pictures.

17) Manuscrito para la cajita

Para la cajita. Pudiera decirse que la Transparencia (como, en la pared de la cajita, la foto de aquel pobre diablo que sólo en disfrazarse pensó) cubierta de telarañas. Pero esto, ni mucho menos, es una cajita surrea-

lista. Es —semejante al chabacano dibujo de una hamaca pobre— como la cosa que traduce a una voz en el ocaso. O más: lo que pudiera parecer más complicado: 1, un discurso que serviría para decir el olvido; o 2, lo desdibujado, en la colisión de un tiempo de mediodía de allá, ———
——— (HAY, EN EL MANUSCRITO, UN ESPACIO BORRADO) cuando ———
——— (HAY EN EL MANUSCRITO, TAMBIÉN UN ESPACIO EN BLANCO), aquel niño que fui, tomaba el jugo de naranja.

33) Se está en el ghetto

Ni números —Cábala— de fantasmas, ni acantaleada espelunca, ni tampoco el posible escape por los lugares de una hermética Geografía. Sino a lo más —y sólo esto en contadas ocasiones—, la luna. Pues, al final se está en el ghetto, lugar donde la corrompida enumeración de: agua como una piedra, el cremita sofá botado en la tierra baldía, lagos disecados hasta simular híbridos hongos, o esas hojas —nada fulmíneas— que a veces imitan a las más podridas raíces.

Francisco de Oraá
[La Habana, 1929]

Obra poética: *Es necesario* (1964); *Celebraciones con un aire antiguo* (1965); *Por nefas 1954-1960* (1966); *Con figura de gente y en uso de razón* (1969); *Bodegón de las llamas* (1978); *Ciudad, ciudad* (1979); *Desde la última estación* (1982); *Haz una casa para todos* (1986); *Bodas* (1989); *Mundo mondo* (1989); *La rosa en la ceniza* (1991); *A la nada que actúa* (2000); *Noche y fulgor. Compilación* (2002).

DE CÓMO FUE LA MUERTE HALLADA
DENTRO DE UNA BOTIJA

ÉSTA ES LA HISTORIA de quien halló sólo excrementos
buscando no sabía si era el ojo absoluto
en el podrido callejón de la infancia

(todos sabemos ya que ese lugar mental sólo contiene huesos
que amueblaron el tiempo, bombillas negras y
bolsas de pestilencia)

pensó que el tiempo era tal vez una botija llena de verde lluvia
y el poema tal vez una botija ciega bajo las tablas del tiempo
y la herramienta para machacar los astutos ojillos con que la muerte intenta
    penetrarnos

310

y halló que tú, Poema, no eres ya un hirviente soñadero
ni el ómnibus en que pasamos despiertos en la noche
ni la venduta donde sopesamos las coles pensativas

(porque el Echador de Suertes dijo *"Sabido es que da lo mismo poeta que
    viandero"*)

y al destapar los párpados de la botija verde había dentro
sólo un rumor como la noche,
nada más que la muerte que conservaba su frescura
(que la muerte, esa sola botija llena de tiempo y noche)

porque ya tú, Poema, callejón en el tiempo, no eres
esa fresca botija de donde salen los sueños
sino el parque vacío donde me siento bajo la llovizna

LOS VÍVERES, LOS SERES

TIENEN, también, los huesos
voraces del Mercado
su soñolienta ternura, dicha como
dócil fango a los dedos del hombre,
fresca inocencia como el alba:
recientes animales de agua, ojos de niño,
amorosos objetos
donde la vida deja verse
en especie de llamas
ya desnuda
y a nuestra vida acude y a nuestros ojos toca
tan silenciosamente y solícita
de nosotros la pudiente alegría

311

—oh víveres, oh llamas
del Mercado!
   Extraños son
   como la noche del nacido
   y obediencia al ansioso tiempo del hombre.
Y así la cita de sus nombres es
un amoroso rosario
tal como saborear el alba
o repta el viento de la dicha
o nuestra lengua recordar
el rostro, el nombre del amor,
llegar al soplo cauteloso
con que asoma a mirar la enterrada estación:
el tiempo fresco en animales hojas
que cada día inauguran con sus ojos el tiempo.

Entérese del agua
en varios sueños dividida;
reciba usted los apocados ojos
de la vida
por usted sonriendo, sí señor,
en cada copa del infierno; acepte
un paraíso meditado en libras,
la luz en depósitos tercos,
la fuerza numerada, el tiempo
en nombres arrendado.
            La vida paseable,
comerciable.
            La vida entra en cintura
graciosa.
   Así la luz comienza en el cordero
y en vegetales la inocencia del espacio,
la melancólica

oscuridad del tiempo mira
por ojos de ganado
y permanece la aterrada noche de los pájaros
(se supone que vuelos felices) en sus nichos;
el carnicero, voluntad delgada, corta
cuajos de tiempo; con los ojos
es posible
pensar el alba en ropas
de la hortaliza: son
la frescura pueril y la sonrisa del Mercado,
su femenino aliento y piel
las frutas.
Duerme el arroz, el pan musita,
la sal ilumina la noche
—oh suave pensamiento, tranquila voluntad de la materia!

HACER SU CASA

Nos acompañan dioses taciturnos
ocultos en su desnudez: los soles,
padres que ciegan su presencia ahí;
siempre lejano el mar junto a los ojos,
el viento, femenina piel y furia;
la hierba, lámpara consoladora;
la tierra de hosca resistencia; el párpado
total que vela el sueño.

Tierra en bloques
que va el desposeído amontonando
su posesión, que es su empezar a ser,
y de carne de mundo hace su casa,

313

carne de mundo, amasa el propio ser,
sucio en carne de mundo hace belleza
y ocupa una abstracción, sueña en un vientre
de madre fría, boca del tiempo no.
Y en su mundo, de frente participa,
libre, en la fiesta muda de los dioses.

Pablo Armando Fernández

[Central Delicias, Las Tunas, 1930]

Obra poética: *Sálterio y lamentaciones. 1951-1953* (1953); *Nuevos poemas. 1953-1955* (1956); *Toda la poesía* (1961); *Himnos* (1962); *Libro de los héroes* (1964); *Un sitio permanente* (1970); *Aprendiendo a morir* (1983); *Campo de amor y de batalla* (1984); *El sueño, la razón. 1948-1983* (1988); *Ronda de encantamiento* (1990); *Nocturno en San Cugat* (1995); *Libro de la vida* (1997); *En otra estrella* (1998); *El pequeño cuaderno de Manila Hartman. 1947-1951* (2000).

EL GALLO DE POMANDER WALK

I

SÉ QUE EN MÍ MISMO han expirado muchas cosas.
Cuando las llaves de los cementerios me fueron entregadas
yo era un niño. Fue el instante elegido para ensuciar
la claridad del hombre. El instant de las quemaduras de la envidia.
El instante de los ardores de la cólera y la separación
de cólera y blasfemia: hay mucha hambre en las entrañas de los hombres;
hay mucho miedo, y cólera y blasfemia no pueden caber juntas.
Fue el instante en que mostré la lengua
y se me hizo entrega de una inscripción dorada para la frente.
Alcé los ojos para leerla y no vi nada. Había perdido la frente:
había perdido la imaginación y el pensamiento.
Estas cosas sólo son posibles en la frente de un niño.
Ahora jamás podré abrir las puertas de los cementerios.

V

Fue aquel instante, en que vi a mi adversario
y en "sus manos" las llaves
que abrían las puertas de los cementerios,
el instante de mi absolución.
¿Qué haría sin mi miedo?
Quise estrechar su mano desdeñosa, pero mis ojos
estaban hartos de perecer y se volvieron a dormir.
Mi adversario fue mucho más feliz, es cierto, despreciaba
vivir. Cantaba en un país de nieves agrias.
Conservó con su vida la inocencia. ¡Oh, espantosa hermosura!,
déjame, ahora hambriento, a tus pies hacer ruidos de animal expiatorio.
Estoy en ti, el tiempo no me incluye.

VIII

El que regresa todo lo ha olvidado.
En Christopher Square asiste
al acto que proclama
esta plaza:
La Nueva Elia Capitolina.
La solemnidad de los dioses es infrecuente
(los carniceros, los boticarios, los oficinistas
tiemblan y se comportan como los griegos muertos).
Las *queens* y las *fairies*
durante horas ofrecen discretas sugerencias.
Adriano, el *justiciero,* dicta las nuevas leyes
(Plotina, que es corista, no quiso ser su amante).
Adriano lee un pergamino
que prohíbe circuncidar la carne del prepucio.
Adriano regresa de la guerra y encuentra
que la guerra no hizo bien su trabajo:

316

los judíos son muy perseverantes.
Él siempre quiso ocupar el primer puesto y Plotina,
que es lesbiana, lo desdeñó por sus ineptitudes.
En Christopher Square
ha comenzado a levantar las *Arenas de Nimes.*
Las *fairies* discuten sobre el origen y la procedencia
del reformador. Afirman
que su madre fue por los años veinte
una celebridad, hermana y mujer de un emigrante europeo.
Nunca viajó a Cilicia con sus amantes
y el cáncer que le mordió en un seno arruinó su destreza.
Es cierto que el administrativo, constructor
y viajero *Hadrianus,* se fue a la guerra.
Obtenía sus ascensos después de medianoche.
Escalaba rápidamente:
de recluta a cabo
cuando el teniente pasó lista a la tropa;
de cabo a capitán, cuando fue recomendado
al sargento.
Y en una casa de celestinaje, conoció al general.
Después en los baños turcos y en los urinarios
conoció otras personas influyentes.
De ningún modo morirá el día 12 de junio del año 138,
ni volverá a nacer el 14 de enero del año 76.
Ahora por las tardes acude a ciertos bares.
Antínoo, que cumplió doce años y que no ha terminado
la escuela elemental, lo acompaña a los baños
y a la cama.

XIV

El que regresa todo lo ha olvidado.
Los que han muerto
no quisieron darnos como promesa
sus últimas palabras.

Frente a los cementerios estuve besándoles
las bocas muertas y no quisieron darme
sus últimos suspiros.
¿Vivirán estos huesos?
¿Quién pondrá nervio y piel sobre estos huesos?
¡Hijo del hombre lávalos y vístelos!
Sobre la cama
centelleaban los huesos
cubrían mi desnudez
blancos ardían
y no oí que cantaran.
Dejé blancas mis lágrimas
dejé blancos mis besos en las sábanas
y no oí que cantaran.
¡Hijo del hombre cúbrelos de llanto!
Vuelve en cuarenta días
vuelve en cuarenta noches
y encontrarás los huesos apagados.

LOS HÉROES

Desde los sueños el polvoriento corazón
del monte ardía
y de nuevo comenzaba a vivir
para un suceso puro.
Cantos y toques en la casa vieja del mundo
y ellos nacidos la víspera del fin.
Viven hacia la eternidad los héroes.
Para sus ojos múltiples de asombro
guarda el monte la única flor
que el tiempo no elabora, que la muerte no toca.
Eran desde los sueños, iguales y distintos.

APRENDIENDO A MORIR

MIENTRAS DUERMEN mi mujer y mis hijos
y la casa descansa del ajetreo familiar,
me levanto y reanimo los espacios tranquilos.
Hago como si ellos —mis hijos, mi mujer—
estuvieran despiertos, activos
en la propia gestión que les ocupa el día.
Voy insomne (o sonámbulo) llamándoles, hablándoles;
pero nadie responde, nadie me ve.
Llego hasta donde está la menor de mis niñas;
ella habla a sus muñecas, no repara en mi voz.
El varón entra, suelta su cartapacio de escolar,
de los bolsillos saca su botín:
las artimañas de un prestidigitador.
Quisiera compartir su arte y su tesoro,
quisiera ser con él. Sigue de largo:
no repara en mi gesto ni en mi voz.
¿A quién acudo? Mis otras hijas, ¿dónde están?
Ando por casa jugando a que me encuentren:
¡Aquí estoy!
Pero nadie responde, nadie me ve.
Mis hijas en sus mundos siguen otro compás.
¿Dónde se habrá metido mi mujer?
En la cocina la oigo; el agua corre,
huele a hojas de cilantro y de laurel.
Está de espaldas. Miro su melena,
su cuello joven: ella vivirá…
Quiero acercármele pero no me atrevo
—huele a guiso, a pastel recién horneado—:
¿y si al volver los ojos, no me ve?
Como un actor que olvida de repente
su papel en la escena,

desesperado grito:
¡Aquí estoy!
Pero nadie responde, nadie me ve.
Hasta que llegue el día y con su luz
termine mi ejercicio de aprender a morir.

Roberto Fernández Retamar
[La Habana, 1930]

Obra poética: *Elegía como un himno (a Rubén Martínez Villena)* (1950); *Patrias 1949-1951* (1952); *Alabanzas, Conversaciones. 1951-1955* (1955); *Vuelta de la antigua esperanza* (1959); *En su lugar, la poesía* (1961); *Con las mismas manos. 1949-1962* (1962); *Historia antigua* (1964); *Poesía reunida 1948-1965* (1966); *Buena suerte viviendo* (1967); *Que veremos arder* (1970); *A quien pueda interesar 1958-1970* (1970); *Cuaderno paralelo* (1973); *Circunstancia de poesía* (1975); *Revolución nuestra, amor nuestro* (1976); *Palabra de mi pueblo* (1980); *Poeta en La Habana* (1981); *Juana y otros poemas personales* (1981); *Hacia la nueva* (1989); *Hemos construido una alegría olvidada. 1949-1988* (1989); *Mi hija mayor va a Buenos Aires* (1993); *Algo semejante a los monstruos antediluvianos. Poesías escogidas. 1949-1988* (1994); *Las cosas del corazón* (1994); *Cuando un poeta muere* (1994); *Aquí* (1994); *Una salva de porvenir* (1995); *Versos* (1999); *Esta especie de poema* (1999); *Antología personal* (2000); *Órbita de Roberto Fernández Retamar* (2001).

EL OTRO
(Enero 1, 1959)

NOSOTROS, los sobrevivientes,
¿A quiénes debemos la sobrevida?
¿Quién se murió por mí en la ergástula,
Quién recibió la bala mía,
La para mí, en su corazón?

¿Sobre qué muerto estoy yo vivo,
Sus huesos quedando en los míos,
Los ojos que le arrancaron, viendo
Por la mirada de mi cara,
Y la mano que no es su mano,
Que no es ya tampoco la mía,
Escribiendo palabras rotas
Donde él no está, en la sobrevida?

FELICES LOS NORMALES

A Antonia Eiriz

FELICES LOS NORMALES, esos seres extraños.
Los que no tuvieron una madre loca, un padre borracho, un hijo
    delincuente,
Una casa en ninguna parte, una enfermedad desconocida,
Los que no han sido calcinados por un amor devorante,
Los que vivieron los diecisiete rostros de la sonrisa y un poco más.
Los llenos de zapatos, los arcángeles con sombreros,
Los satisfechos, los gordos, los lindos.
Los rintintín y sus secuaces, los que cómo no, por aquí.
Los que ganan, los que son queridos hasta la empuñadura,
Los flautistas acompañados por ratones,
Los vendedores y sus compradores,
Los caballeros ligeramente sobrehumanos,
Los hombres vestidos de truenos y las mujeres de relámpagos,
Los delicados, los sensatos, los finos,
Los amables, los dulces, los comestibles y los bebestibles.
Felices las aves, el estiércol, las piedras.

Pero que den paso a los que hacen los mundos y los sueños.
Las ilusiones, las sinfonías, las palabras que nos desbaratan
Y nos construyen, los más locos que sus madres, los más borrachos
Que sus padres y más delincuentes que sus hijos
Y más devorados por amores calcinantes.
Que les dejen su sitio en el infierno, y basta.

OYENDO UN DISCO DE BENNY MORÉ

A Rafael Alcides Pérez y Domingo Alfonso

ES LO MISMO DE SIEMPRE:
¡Así que este hombre está muerto!
¡Así que esta voz
Delgada como el viento, hambrienta y huracanada
Como el viento,
                          es la voz de nadie!
¡Así que esta voz vive más que su hombre,
Y que ese hombre es ahora discos, retratos, lágrimas, un sombrero
Con alas voladoras enormes
                          —y un bastón—!
¡Así que esas palabras echadas sobre la costa plateada de Varadero,
Hablando del amor largo, de la felicidad, del amor,
Y aquellas, únicas, para Santa Isabel de las Lajas,
De tremendo pueblerino en celo,
Y las de la vida, con el ojo fosforescente de la fiera ardiendo en la
     sombra,
Y las lágrimas mezcladas con cerveza junto al mar,
Y la carcajada que termina en punta, que termina en aullido, que termina
En qué cosa más grande, caballeros;
Así que estas palabras no volverán luego a la boca

Que hoy pertenece a un montón de animales innombrables
Y a la tenacidad de la basura!

A la verdad, ¿quién va a creerlo?
Yo mismo, con no ser más que yo mismo,
¿No estoy hablando ahora?

USTED TENÍA RAZÓN, TALLET:
SOMOS HOMBRES DE TRANSICIÓN

ENTRE LOS BLANCOS a quienes, cuando son casi polares, se les ve
circular la sangre por los ojos, debajo del pelo pajizo,
Y los negros nocturnos, azules a veces, escogidos y purificados a través
de pruebas horribles, de modo que sólo los mejores sobrevivieron y
son la única raza realmente superior del planeta;
Entre los que sobresaltaba la bomba que primero había hecho
parpadear a la lámpara y remataba en un joven colgando del poste de
la esquina,
Y los que aprenden a vivir con el canto *marchando vamos hacia un ideal,*
y deletrean Camilo (quizá más joven que nosotros) como nosotros
Ignacio Agramonte (tan viejo ya como los egipcios cuando fuimos a
las primeras aulas);
Entre los que tuvieron que esperar, sudándoles las manos, por un trabajo,
por cualquier trabajo.
Y los que pueden escoger y rechazar trabajos sin humillarse, sin mentir,
sin callar, y hay trabajos que nadie quiere hacerlos ya por dinero, y
tienen que ir (tenemos que ir) los trabajadores voluntarios para que
el país siga viviendo;
Entre las salpicadas flojeras, las negaciones de San Pedro, de casi todos
los días en casi todas las calles,

Y el heroísmo de quienes han esparcido sus nombres por escuelas,
   granjas, comités de defensa, fábricas, etcétera.
Entre una clase a la que no pertenecimos, porque no podíamos ir a sus
   colegios ni llegamos a creer en sus dioses,
Ni mandamos en sus oficinas ni vivimos en sus casas ni bailamos en sus
   salones ni nos bañamos en sus playas ni hicimos juntos el amor ni nos
   saludamos,
Y otra clase en la cual pedimos un lugar, pero no tenemos del todo sus
   memorias ni tenemos del todo las mismas humillaciones,
Y que señala con sus manos encallecidas, hinchadas, para siempre
   deformes,
A nuestras manos que alisó el papel o trastearon los números;
Entre el atormentado descubrimiento del placer,
La gloria eléctrica de los cuerpos y la pena, el temor de hacerlo mal, de
   ir a hacerlo mal,
Y la plenitud de la belleza y la gracia, la posesión hermosa de una mujer
   por un hombre, de una muchacha por un muchacho,
Escogidos uno a la otra como frutas, como verdades en la luz;
Entre el insomnio masticado por el reloj de la pared,
La mano que no puede firmar el acta de examen o llevarse la maldita
   cuchara de sopa a la boca,
El miedo al miedo, las lágrimas de la rabia sorda e impotente,
Y el júbilo del que recibe en el cuerpo la fatiga trabajadora del día y el
   reposo justiciero de la noche,
Del que levanta sin pensarlo herramientas y armas, y también un cuerpo
   querido que tiembla de ilusión;
Entre creer un montón de cosas, de la tierra, del cielo y del infierno,
Y no creer absolutamente nada, ni siquiera que el incrédulo existe de
   veras;
Entre la certidumbre de que todo es una gran trampa, una broma
   descomunal, y qué demonios estamos haciendo aquí, y qué es aquí,
Y la esperanza de que las cosas pueden ser diferentes, deben ser
   diferentes, serán diferentes;

Entre lo que no queremos ser más y hubiéramos preferido no ser, y lo
que todavía querríamos ser,
Y lo que queremos, lo que esperamos llegar a ser un día, si tenemos
tiempo y corazón y entrañas;
Entre algún guapo de barrio, Roenervio por ejemplo, que podía más que
uno, qué coño,
Y José Martí, que exaltaba y avergonzaba, brillando como una estrella;
Entre el pasado en el que, evidentemente, no habíamos estado, y por
eso era pasado,
Y el porvenir en el que tampoco íbamos a estar, y por eso era porvenir,
Aunque nosotros fuéramos el pasado y el porvenir, que sin nosotros no
existirían.

Y, desde luego, no queremos (y bien sabemos que no recibiremos)
piedad ni perdón ni conmiseración,
Quizá ni siquiera comprensión, de los hombres mejores que vendrán
luego, que deben venir luego: la historia no es para eso,
Sino para vivirla cada quien del todo, sin resquicios si es posible
(Con amor sí, porque es probable que sea lo único verdadero).
Y los muertos estarán muertos, con sus ropas, sus libros, sus
conversaciones, sus sueños, sus dolores, sus suspiros, sus grandezas,
sus pequeñeces.
Y porque también nosotros hemos sido la historia, y también hemos
construido alegría, hermosura y verdad, y hemos asistido a la luz, como
hoy formamos parte del presente.
Y porque después de todo, compañeros, quién sabe
Si sólo los muertos no son hombres de transición.

LA VEO ENCANECER

La veo encanecer sobre los rasgos que amé en otra cara cuando su
    presencia era sólo un ardiente deseo
Sobre los rasgos que después se repitieron y florecieron ante mis ojos
    maravillados
Ahora batalla contra dolores ajenos que hace suyos y se derrama en los
    otros con la misma tenacidad
Con que volvía del colegio enarbolando relucientes colores
O de la beca con una confianza que nos avergonzaba en que su escuela
    era la mejor del mundo
Ya no cree en esas ilusiones ni en tantas otras e ignora aún como
    ignoramos todos
Que las creencias reales no desaparecen se hunden y transfiguran
Una semilla un conato verde un arbusto unas flores
Que esparcen sus semillas en el viento
Y alivia penas siembra certidumbres tan imprescindibles como
    imposibles
Porque al cabo La Sin Ojos puede más y nos arrastra hueco abajo
Detiene corazones de verdad inflama riñones desgarra
El estómago el hígado la garganta el pulmón
Pulveriza columnas y castillos confunde
A la pobre jactanciosa ave a la cual rompe la brújula que señala
    entonces los cuatro puntos cardinales a la vez
Y no puede impedir que irrumpan pensamientos no pensados
Ruidos fétidos en la cinta de la sonata cristalina
Quién salvará querida Haydee Raúl querido a los pasajeros de la barca
Con el cangrejo la soga la oreja cortada y el disparo

Regresan las palabras que me enviara niña a la lejana guerra bárbara
Y que luego la hicieron sonrojar y el olvido pretendió desvanecer
    piadosamente
Regresan sin quererlo sin saberlo

En los cuentos africanos inesperados o quizá siempre esperados
De que habla en la cerrada tiniebla
No le vemos el rostro sobre el cual encanece
Sólo nos llega su voz encendida por la conversación del amigo generoso
Sólo vemos algunas estrellas vagas siluetas de gatos como Música
Y de vez en cuando ráfagas de autos la punta roja del cigarro
Titilando entre las plantas embozadas del portal y el jardín

Dios mío en que no puedo creer cómo será
La visita de situaciones y personajes imperiosamente reclamados
Cuando da consulta cuando friega cuando intenta descansar
Cuando los dos años del capitán exigen su ternura de pájara su alerta
    de pantera
Qué conoce de esas aventuras quien traza en verso o en prosa rota para
    pedir
Otra mirada luz para su desvarío
Quien traza sobre el papel signos como monedas antiguas
Sobrevivientes después del cambio de moneda en la mano
Del que no tiene tiempo ni deseo para buscar otra aunque sepa bien
Que después del cambio una moneda con la cual nada se puede
    comprar
Ya no es una moneda sino un simple pedazo de metal
Más parecido a una vasija acaso venerable o mejor
Al trasto echado en el cesto que ahora hasta él escasea
Cómo será Dios mío
Sólo inventé seres para mis breves crédulas
Como las figuras que el techo carcomido ofrecía
O como Paco Robarroz cuyo nombre escribo esta madrugada por vez
    primera

La oigo encanecer mientras la penumbra hace avanzar sus pabellones
O sobre todo llega de pronto interrumpiendo
Programas y lecturas y escrituras

328

Estas mismas líneas las borroneo a la dudosa luz de una linterna
   agonizante
Porque me han arrancado del sueño me han demandado
Salir afuera y yo las obedezco con molestia y entusiasmo
Pues aunque necesitaba dormir estoy fatigado quizá enfermo
He nacido y es mi felicidad para cauce de ellas
A las cuales no les importa que sean o no aceptadas
Lo que quieren lo que requieren
Es echarse sobre el papel como la amada criatura desnuda sobre la sábana
No tanto para el goce como para otro nacimiento
La oigo encanecer y sin embargo las palabras reverdecen en ella
Contra lo oscuro contra la enfermedad
Contra la descreencia contra la lasitud
Toda la noche esplende como un palacio iluminado
Cuando su voz llena el aire de peripecias que trajo al mundo
Este pobre mundo que alguien trajo a su vez
Y ahora está detenido en la inmensidad
Sobre la cabecita de una dulce niña que encanece
Mientras la escuchamos con un amor sin bordes
Similar a la tan difícil pero irrenunciable esperanza

La Habana, 28 de julio de 1993

¿Y FERNÁNDEZ?

A los otros Karamazov

AHORA ENTRA AQUÍ ÉL, para mi propia sorpresa.
Yo fui su hijo preferido, y estoy seguro de que mis hermanos,
Que saben que fue así, no tomarán a mal que yo lo afirme.
De todas maneras, su preferencia fue por lo menos equitativa.

A Manolo, de niño, le dijo, señalándome a mí
(Me parece ver la mesa de mármol del café Los Castellanos
Donde estábamos sentados, y las sillas de madera oscura,
Y el bar al fondo, con el gran espejo, y el botellerío
Como ahora sólo encuentro de tiempo en tiempo en películas viejas):
"Tu hermano saca las mejores notas, pero el más inteligente eres tú".
Después, tiempo después, le dijo, siempre señalándome a mí:
"Tu hermano escribe las poesías, pero tú eres el poeta".
En ambos casos tenía razón, desde luego,
Pero qué manera tan rara de preferir.

No lo mató el hígado (había bebido tanto: pero fue su hermano Pedro
    quien enfermó del hígado),
Sino el pulmón, donde el cáncer le creció dicen que por haber fumado
    sin reposo.
Y la verdad es que apenas puedo recordarlo sin un cigarro en los dedos
    que se le volvieron amarillentos,
Los largos dedos de la mano que ahora es la mano mía.
Incluso en el hospital, moribundo, rogaba que le encendieran un cigarro.
Sólo un momento. Sólo un momento.
Y se lo encendíamos. Ya daba igual.

Su principal amante tenía nombre de heroína shakespeariana,
Aquel nombre que no se podía pronunciar en mi casa,
Pero ahí terminaba (según creo) el parentesco con el Bardo.
En cualquier caso, su verdadera mujer (no su esposa, ni desde luego su
    señora)
Fue mi madre. Cuando ella salió de la anestesia, después de la operación
    de la que moriría,
No era él, sino yo quien estaba a su lado.
Pero ella, apenas abrió los ojos, preguntó con la lengua pastosa:
    "¿Y Fernández?"
Ya no recuerdo qué le dije. Fui al teléfono más próximo y lo llamé.

Él, que había tenido valor para todo, no lo tuvo para separarse de ella
Ni para esperar a que se terminara aquella operación.
Estaba en la casa, solo, seguramente dado esos largos pasos de una
  punta a otra
Que yo me conozco bien, porque yo los doy; seguramente
Buscando con mano temblorosa algo de beber, registrando
A ver si daba con la pequeña pistola de cachas de nácar que mamá le
  escondió, y de todas maneras
Nunca la hubiera usado para eso.
Les dije que mamá había salido bien, que había preguntado por él, que
  viniera.
Llegó azorado, rápido y despacio. Todavía era mi padre, pero al mismo
  tiempo
Ya se había ido convirtiendo en mi hijo.
Mamá murió poco después, la valiente heroína.
Y él comenzó a morirse como el personaje shakespeariano que sí fue.
Como un raro, un viejo, un conmovedor Romeo de provincia
(Pero también Romeo fue un provinciano).
Para aquel trueno, toda la vida perdió sentido. Su novia
De la casa de huéspedes ya no existía, aquella trigueñita
A la que asustaba caminando por el alero cuando el ciclón del 26;
La muchacha con la que pasó la luna de miel en un hotelito de
  Belascoaín,
Y ella tembló y lo besó y le dio hijos
Sin perder el pudor del primer día;
Con la que se les murió el mayor de ellos, "el niño" para siempre,
Cuando la huelga de médicos del 34;
La que estudió con él las oposiciones, y cuyo cabello negrísimo se
  cubrió de canas,
Pero no el corazón, que se encendía contra las injusticias,
Contra Machado, contra Batista; la que saludó la revolución
Con ojos encendidos y puros, y bajó a la tierra

Envuelta en la bandera cubana de su escuelita del Cerro, la escuelita
pública de hembras
Pareja a la de varones en la que su hermano Alfonso era condiscípulo
de Rubén Martínez Villena;
La que no fumaba ni bebía ni era glamorosa ni parecía una estrella de
cine,
Porque era una estrella de verdad;
La que, mientras lavaba en el lavadero de piedra,
Hacía una enorme espuma, y poemas y canciones que improvisaba
Llenando a sus hijos de una rara mezcla de admiración y de orgullo, y
también de vergüenza,
Porque las demás mamás que ellos conocían no eran así
(Ellos ignoraban aún que toda madre es como ninguna, que toda
madre,
Según dijo Martí, debería llamarse maravilla).
Y aquel trueno empezó a apagarse como una vela.
Se quedaba sentado en la sala de la casa, que se había vuelto enorme.
Las jaulas de pájaros estaban vacías. Las matas del patio se fueron
secando.
Los periódicos y las revistas se amontonaban. Los libros se quedaban
sin leer.
A veces hablaba con nosotros, sus hijos,
Y nos contaba algo de sus modestas aventuras,
Como si no fuéramos sus hijos, sino esos amigotes suyos
Que ya no existían, y con quienes se reunía a beber, a conspirar, a recitar,
En cafés y bares que ya no existían tampoco.
En vísperas de su muerte, leí al fin *El Conde de Montecristo,* junto al mar,
Y pensaba que lo leía con los ojos de él,
En el comedor del sombrío colegio de curas
Donde consumió su infancia de huérfano, sin más alegría
Que leer libros como ése, que tanto me comentó.
Así quiso ser él fuera del cautiverio: justiciero (más que vengativo) y
gallardo.

Con algunas riquezas (que no tuvo, porque fue honrado como un rayo
    de sol,
E incluso se hizo famoso porque renunció una vez a un cargo cuando
    supo que había que robar en él).
Con algunos amores (que sí tuvo, afortunadamente, aunque no siempre
    le resultaron bien al fin).
Rebelde, pintoresco y retórico como el conde, o quizá mejor
Como un mosquetero. No sé. Vivió la literatura, como vivió las ideas,
    las palabras,
Con una autenticidad que sobrecoge,
Y fue valiente, muy valiente, frente a policías y ladrones,
Frente a hipócritas y falsarios y asesinos.

Casi en las últimas horas, me pidió que le secase el sudor de la cara.
Tomé la toalla y lo hice, pero entonces vi
Que le estaba secando las lágrimas. Él no me dijo nada.
Tenía un dolor insoportable y se estaba muriendo. Pero el conde
Sólo me pidió, gallardo mosquetero de ochenta o noventa libras,
Que por favor le secase el sudor de la cara.

Fayad Jamís

[Zacatecas, México, 1930-La Habana, 1988]

Obra poética: *Brújula* (1949); *Los párpados y el polvo* (1954); *Vagabundo del alba* (1959); *Cuatro poemas en China* (1961); *Los puentes 1956-1957* (1962); *La pedrada* (1962); *Por esta libertad* (1962); *La victoria de Playa Girón* (1962); *Cuerpos* (1966); *Abrí la verja de hierro* (1973); *Breve historia del mundo* (1980); *La pedrada. Antología poética. 1951-1973* (1981); *Sólo el amor* (1983); *Con tantos palos que te dio la vida y otras* (1987); *Poemas* (1990); *Entre la muerte y el alba* (1994); *Historia de un hombre* (1995).

CUERPO DEL DELFÍN

EN EL PALACIO DE LA MEMORIA, en el humo del cuerpo,
una palpitación extraña, un remoto aleteo:
la sombra roja de un delfín entra suavemente.
¿Qué importa la marca del arpón?
¿Qué importa si el nombre del barco es "Little Fish" o "Chaval"?
¿Qué importa el rostro encendido del arponero?
¿Qué importa un delfín muriéndose en la memoria?
Nada. Un delfín muerto no importa nada, lo mismo que una hormiga.
El delfín y la hormiga son realmente dos monstruos, pero no importan
    nada.
Sin embargo, yo veo ahora un muro y escucho una ciudad;
y ahora veo una ciudad y escucho un muro.
Y pienso que sí importa la muerte de un delfín, porque su aleteo es cada
    vez menos remoto en mi memoria.

Pero el delfín no acaba de morir y yo siento que me pierdo
y que mi pérdida es menos bella y menos perceptible que la muerte de
una hormiga.

En el jadeo de las aguas, en la incesante eclosión de las verdosas aguas,
¿qué cuerpo es más durable que la espuma?
¿qué arrecife salta más arriba que la espuma?
¿qué templo es más inmóvil que el templo de la espuma?
La ciudad está aquí, el mar está aquí,
tú y yo estamos aquí, entre el mar y la ciudad,
miedosos del mar y la ciudad,
amando el mar y la ciudad
y olvidando el mar y la ciudad por temernos y amarnos y olvidarnos a
nosotros mismos.
¿Me oyes? ¿me conoces? ¿estás viva?
Mi cuerpo vacío habla para un cuerpo vacío.
Yo soy un caracol, una piedra, un simple cuerpo vacío que habla sobre
el muro
para otro cuerpo vacío que duerme sobre el muro.
Y las olas estrellándose, y la noche estrellándose,
¿qué son sino brillos deshabitados, hielo y sal sobre el muro?
Oh cuerpo de mi cuerpo, qué lejos, imposible, la roca henchida de la
espuma,
el opulento, inmortal, blanco muro.

Un ave transparente, gimiendo, allá arriba construye un nuevo mar,
entre la vieja ciudad y el viejo mar,
encima de nuestros cuerpos y del muro.
En el pequeño mar, ¿no habrá hundimientos?
¿no habrá delfines?
Hay el hermoso templo de la espuma, que dorándose
transfigura tu rostro, oh cuerpo de mi cuerpo.
¿Qué cosa hay más hermosa que una niña de vidrio,

inmóvil, distraída, callada bajo un velo de oro,
bajo el ave transparente de la eternidad?
En el pequeño mar un áureo delfín juega,
su música mueve tus cabellos
(yo no recuerdo nada, no espero nada;
sueño de siglo en siglo mientras tu sombra brilla y reposa sobre el muro).
En tu inmovilidad, eres más áurea y giras con más gracia que el delfín
   allá, en lo alto.

Despierta, entre los dos ha venido a posarse el ave transparente.
¿Qué busca?
Nosotros somos simplemente dos cuerpos vacíos que sueñan sobre el
   muro.
¿Habrá venido para construir otro mar entre tu sueño y mi sueño?
Mira: desaparece; su cristal se quiebra mientras tú parpadeas.
¿Adónde el ave de cristal, adónde el ave de eternidad?
Escucha, niña mía, cuerpo mío: nos llaman;
de la ciudad nos llaman, de las aguas nos llaman:
nuestros nombres, ¿serán destruidos?
nuestros cuerpos, ¿serán destruidos?
Como el ave me miras, como la eternidad al lado mío fulguras.
Oh, mi niña, mi cuerpo, mi ave transparente,
¿quién enciende nuestros nombres en la ciudad y en las aguas?
Yo siento que me gasto, que mi sombra se quiebra, que olvido.

Ruidos que no hace el viento, rostro que ni el mar ni la memoria crean.
Todo queda muy cerca;
los barcos no se borran, las torres de la ciudad se reducen.
La sal hincha este muro, el tiempo cae sobre este muro
como una llovizna, como un polvo soplado por destrucciones.

Y la noche y las aguas estrellándose,
y mis sueños estrellándose.

Oh memoria, ¿por qué le abres al monstruo tu palacio?
Yo no sé lanzar el arpón, ni tengo arpón,
ni quiero que el velo rojizo de la muerte cubra ningún cuerpo.
¿Y huir? ¿huir? ¿huir?
Oh, en el tiempo no se huye, no queda ninguna chispa lejos de este humo.
Nadie está más allá ni más acá del centro.
El mismo temblor que platea las aguas llena mi memoria
y funde mi cuerpo con el viento y con el muro.
Si el moribundo delfín conquistara su muerte,
si el ardiente delfín escamara de pronto,
¿por cuántos años olvidaría sus ojos más grandes y mis ojos?
Pero la muerte duerme y el herido delfín y yo nos contemplamos
  resignadamente.

Oh cuerpo mío, niña mía, oh ave,
¿qué soy sino tu sombra mecida y coloreada por la sangre?
Para tu luz inmóvil, ¿qué es ayer, qué mañana?
¿Miras? Ni la nube ni el barco se deslizan,
ni la nube ni el barco sumergen sus cenicientos vientres.
Ave mía, ¿me miras?
Yo soy un árbol rojo sobre el muro.
Allí la fría ciudad, allí las frías aguas; y entre la fría ciudad y las frías aguas,
entre los días y los días,
tu dorado cristal, tu sueño inmóvil, tu silencio.
Y mi cuerpo de árbol, mi crujido de árbol, mi paciencia de árbol,
frente a tu hielo.
Pero tú no me oyes, y yo quiero dormir:
quiero soñar que un furioso delfín rompe de pronto tu sueño, eternidad.

LA SERENIDAD DE LA SEMILLA

LA SERENIDAD DE LA SEMILLA cubierta de excremento, lanzada por los pájaros en el crepúsculo. Esa semilla ha cruzado los campos, ha cantado en las hojas carnosas del mazapán y de la muerte, y ha sido vista por Pascual, el viejo ñato y melancólico, en el fondo del río, donde una estrella de alba crece con raíces fragantes y cabellera escamada. La serenidad en esa semilla de madre inmóvil, cubierta por ceniza, por abismo. Ella recuerda aquel estrépito, la ceiba, el zapateo... pero duerme: cierra los párpados en un viento que hiere los labios y huye con la última noche de tojosas y tataguas. La serenidad entre sus carnes débiles, allí donde una hebra amarillenta comienza a subir y respirar hacia el corazón de lo indecible.

VAGABUNDO DEL ALBA

LA MAÑANA PÁLIDA DE PARÍS crece sobre mis hombros
después de la noche larga mi amor esta brisa
Las hojas color de miel del otoño deslizándose por las calles
en las aceras las hojas del otoño sobre la cabeza de los mendigos
Aún ellos duermen una mujer se ha levantado ha recogido una boina
que había a los pies de un durmiente y le ha cubierto el rostro
La ternura de esa mujer debajo de sus harapos negros
como la flor pálida del día como la paloma
que revolotea sobre el Sena de humo de cristal de plata

Así es aquí el amanecer yo te lo digo ahora que es otoño
así es el alba la ciudad está muerta sus huesos pueden ser palpados
y nadie dirá nada los policías duermen sus orejas de corcho
las leyes duermen la miseria dormita yo camino camino
primer hombre de este nuevo día como si la ciudad fuera mi mujer
y yo la contemplara dormida desnuda el cielo naciendo de su espalda

Así es París yo te lo digo a veces sueño que recorro un mundo muerto
después de la última bomba muerta hasta la esperanza
Yo no comprendo mucho pero me siento un poco Robinsón Crusoë
Robinsón de esta terrible hermosa grande ciudad que se llama París
Los gatos salen de todas partes buenos días los latones de basura están
    llenos
juguetes rotos frutas podridas trajes papeles desgarrados
papeles donde el olvido ha dejado su oscura cicatriz
El mundo la civilización todo eso ha muerto los gatos y yo sobrevivimos
Frente a uno de estos puentes escogeré mi casa
tal vez aquella de la cortina roja en la ventana
o la otra que avanza como si quisiera saludarme buenos días

Pero no no es verdad detrás de todos esos muros grises hay hombres
que respiran roncan y sueñan
hombres que quizás recuerdan un grito perdido en el valle turquesa de
    los siglos
hombres que acaso están pensando en los nuevos modelos de automóviles
en su trabajo en el amor tal vez en la muerte
Aquella mancha negra que arrastra la corriente es un cartón
creía que era una tortuga creía que era un ahogado
y no es más que un cartón a su alrededor flotan tres hojas
como tres corazones de miel tres cifras del otoño
Los árboles salen del río como el humo de los cigarros
Otra paloma revolotea su sombra blanca sobre el agua gris
Los urinarios tienen la belleza astuta de ciertas iglesias de Castilla
voy entrando en ellos para hacer algo mientras pienso
mientras camino mi amor es decir nadie el mundo esas hojas
Los semáforos le dan paso a los gatos a la brisa
en la frente del día pálido estas luces de ámbar

Anoche hablaban de la guerra siempre la guerra
cadáveres espuma de eternidad cadáveres

pero no todos saben cómo es dulce la libertad por ejemplo a estas horas
en que el carro blanco del lechero viene detrás de sus bestias blancas
Una muchacha de Israel me hablaba de la juventud de su país
ella no tiene religión ella ama a París ella ama al mundo
mañana todos tendremos el mismo rostro de bronce y hablaremos la
    misma lengua
mañana aunque usted no lo quiera señor general señor comerciante señor
    de espejuelos de alambre y ceniza
pronto la nueva vida el hombre nuevo levantarán sus ciudades
encima de vuestros huesos y los míos encima del polvo de Notre-Dame
En la primera panadería que se abra compraré un gran pan
como hacía en mi país sólo que ahora no me acompañan mis amigos
y que ya no tengo veinte años
Entonces hubiera visto todas esas sombras de otro color
hubiera silbado hubiera arrastrado el recuerdo de una muchacha trigueña
En fin todas esas cosas se van quedando atrás
ahora es más importante trabajar para vivir
Algunos pájaros empiezan a cantar las hojas secas caen
Me voy alejando del río de las lanchas de los puentes blancos
parece que estos edificios fueran a caer sobre mi cabeza
se van volviendo gibosos al paso de los siglos
la rue de Chat-qui-Pêche me hace imaginar historias terribles
Pero es mejor continuar es el alba es el alba
las manos en los bolsillos proseguir proseguir
Dos carniceros dan hachazos sobre la mitad de una res
eso no es nada divertido y sin embargo me gusta mirar
mi alma es aún un poco carnicera estamos en 1956
Mañana quizás no será así quizás no habrá carniceros ni verdugos
mi corazón un poco verdugo y un poco ahorcado
tu corazón tu corazón serán polvo agua viento
para los nuevos girasoles
cada semilla como una abeja dormida

El día pálido era blanco ahora amarillea
algunas chimeneas parece que fueron a encenderse
Pasa un soldado con una maleta enorme
rumbo a la Gare de Lyon rumbo a Egipto la muerte
Pasa una mujer en bicicleta ella va a su trabajo
cuando el sol está a la altura de las rodillas como el trigo
todos los días ella va a su trabajo toda la vida
Pasa un camión cargado de vino de estrépito de alba
Ya estoy en el boulevard Saint-Germain miro las vitrinas de las librerías
Algún día compraré un buen diccionario las obras completas de Rimbaud
muchos libros mejor es no hablar de eso
Por todas partes hay mendigos durmiendo aquél parece un niño
entre su cabeza y el cemento de la acera no hay más que una lámina helada
Tengo ganas de tomarme café con leche tengo hambre y sed
el alba amarilla tienen un mal sabor en mi boca

París comienza a despertar ya no soy un Robinsón
más bien un extranjero más bien un fantasma
más bien un hombre que no ha dormido
vagabundo de la ciudad el otoño y el alba
mientras mi amor ha de estar mirando las cumbres del Perú
o el cielo esmaltado de China
Yo no lo sé mis pies se cansan eso es todo eso es todo
Después de haber amado vivir el nuevo día
es hermoso
En la ciudad y el corazón arde la misma llama.

EL AHORCADO DEL CAFÉ BONAPARTE

PARA NO CONOCER los abismos del humo
para no tragarse los periódicos de la tarde
para no usar unos espejuelos cubiertos de sangre o telaraña
El que estaba sentado en un rincón lejos de los espejos
tomándose una taza de café no oyendo el tocadiscos
sino el ruido de la pobre llovizna
El que estaba sentado en un rincón lejos de los relámpagos
lejos de los leones morados de todas las guerras
hizo un cordón con una hoja de papel
en la que estaban escritos el nombre del Papa el nombre del Presidente
y otros dos mil Nombres Ilustres
y a la vista de todos los presentes
se colgó del sombrerero que brillaba sobre su cabeza amarilla
El patrón del café saltó bajo su capa negra en busca de un policía
Armstrong cantaba sin cesar la luna había aparecido
como una gata furiosa en un tejado
Tres borrachos daban puñetazos en el mostrador
y el ahorcado después de mecerse dulcemente durante un cuarto de hora
con su voz muy lejana
comenzó a pronunciar un hermoso discurso:

"Maintenant je suis pendu dans le Bona
La lluvia es el cuarto de mi miseria
Los políticos roen mi bastón
Si no me hubiera ahorcado moriría
de esa extraña enfermedad
que sufren los que no comen
En mis bolsillos traigo cartas estrujadas
que me escribí yo mismo
para engañar mi soledad
Mi garganta estaba llena de silencio
ahora está llena de muerte

342

Estoy enamorado de la mujer que guarda las llaves de la noche
Ella se ha mirado en mis ojos sin saber quién he sido
Ahora lo sabrá leyendo mi historia de hollín en los periódicos
Sabrá que me llamaba Louis Krizek
ciudadano del corazón de los hombres libres
heredero de la ceniza del amanecer
He vivido como un fantasma
entre fantasmas que viven como hombres
He vivido sin odio y sin mentira
en un mundo de jueces y de sombras
La tierra en que nací no era mía
ni el aire en que reposo tampoco
Tan sólo he poseído la libertad
es decir el derecho a sufrir a errar
a ser este cuerpo frío
colgado como un fruto
entre los que cantan y ríen
entre una playa de cerveza
y un templo edificado para adorar el miedo
La mujer que guarda las llaves de la noche
sabrá que me llamaba Louis Krizek
y que cojeaba un poco y que la amaba
Sabrá que no estoy solo que conmigo
va a desaparecer un viejo mundo
definitivamente borrado por el alba
Así como la niebla a veces aplasta
las flores del cerezo
la muerte ha aplastado mi voz"

Cuando el patrón volvió con un policía de lata y azufre
el ahorcado del café Bonaparte
ya no era más que el humo tembloroso de un cigarro
bajo el sombrerero
sobre una taza con restos de café.

PUEDE OCURRIR

A Rafael Alcides

PUEDE OCURRIR que en la noche suene el teléfono
y que del otro lado de la ciudad una voz más bien grave
te pregunte si Dora está en la casa.
Pero Dora no está, no estuvo, no vive en esa casa,
y tampoco Pablito, solicitado por voces llenas de ternura,
y aun menos el doctor en cuyo consultorio
han de hormiguear pacientes de muy diversa índole.

Puede ocurrir que mañana, al abrir el periódico,
te enteres de que un hombre grande (alguien que acaso viste alguna vez
desde lejos) ha muerto.
O también el periódico puede sacudirte
con noticias de ciudades derrumbadas, de huelgas generales,
y, en fin, de pequeños sucesos previamente condenados al olvido.

Puede ocurrir que la noche te parezca demasiado larga,
que te pongas a mirar cómo se deslizan las estrellas,
pero de ningún modo quedará excluida
la posibilidad de seguir alimentado el amor
mientras realizas, o sueñas que realizas, algo nuevo.

Todo esto y mucho más puede ocurrir y ocurre sin duda,
sólo que tú no dedicas unos minutos a sentir lo que te rodea,
ni dejas que el mundo participe plenamente de tu mundo,
ni conoces el hermoso poder de escribir un poema.

PROBLEMAS DEL OFICIO

soto il velame degli versi strani!
DANTE

MIENTRAS TE QUITAS LOS ZAPATOS piensas en la poesía,
sabes que alguna vez escribirás algo parecido a un gran poema,
pero sabes que de nada sirve acumular materias primas
para cuando llegue la ocasión. Puedes ponerte de pie y gritarle
a tu propio fantasma que es hora de poner manos a la obra.
Puedes comerte tu cuchara con lágrimas, escoger un recuerdo,
saltar como un sabio al descubrir las posibilidades de lo imposible.
Pero nada habrás conseguido: el poema te mira con ojos de sapo,
huye como una rata entre desperdicios y papeles, florece
en el patio de tu casa, está en el fondo de una olla y no lo ves,
lo ves y lo conoces y lo tocas, es el pan de tu noche, pero aún
no lo atrapas, y si logras cogerlo por el cuello acaso se te rompe,
se estrella en tus narices, y es lo cierto que no sabes amasar
esa sustancia informe y diferente. Te pones a ladrar porque entonces
recuerdas que así te ocurría con chivos y carneros (cada uno trataba
de tirar la soga hacia su mundo) y luego meditas si no sería mejor
ir reuniendo notas sobre un tema determinado, ir dando vueltas
   alrededor
del humo de un tabaco, hasta que las yerbas alcancen las grupas
de las yeguas que sudan y relinchan al borde del poema.

Es inútil. Inútil. Así no llegarás a poseer tu oficio: de tus manos
a veces saltan, rotas, las palabras. Los versos se deshacen en tus dientes,
y de pronto te asombras de que un hombre rompa a carcajadas su
   sarcófago.
Todo es posible aquí. Se fueron los verdugos, las piedras se convierten
en panes o relámpagos. A ti te sorprendió la tempestad
y ahora la alimentas con los puños cerrados. No habrá gallina muerta,

bala o trapo que te paralice. Contempla esos caminos, esas guásimas:
son los mismos en que has muerto, los mismos en que ya vives
y navegas, pero el viento entró con sus semillas en tu casa.
Si te vas a dormir acuérdate del vaso de agua (que, desde luego, no es
para los *santos* sino para los sueños de tu sed), prepara tus papeles,
junta tus zapatos. Y no olvides seguir asomándote a los abismos,
no te canses de vivir impulsado hacia las raíces de las cosas, muerde
el amor en su fuego, en su sal. Ayuda a tus hermanos a edificar la gran
   casa
en que no parirá la crueldad. Algún día escribirás un gran poema.

César López
[Santiago de Cuba, 1933]

Obra poética: *Silencio en voz de muerte* (1963); *Apuntes para un pequeño viaje* (1966); *Primer Libro de la Ciudad* (1967); *La búsqueda y su signo* (1971); *Segundo Libro de la Ciudad* (1971); *Quiebra de la perfección* (1983); *Ceremonias y ceremoniales* (1990); *Consideraciones, algunas elegías* (1994); *Tercer Libro de la Ciudad* (1997); *Libro de la Ciudad* (2001).

COMO EN CUALQUIER CIUDAD...

COMO EN CUALQUIER CIUDAD que se respete, sitio elegido, plaza
fuerte, así, de esa manera casi sorprendente para los incrédulos,
comenzaron a aparecer los ángeles.
No se trataba de esas rubicundas e infantiles criaturas, alas
y batas de colores claros, que salen en las procesiones o en las veladas de
    los protestantes.
Fue que la ciudad se iba poblando de misterios, seres
    predominantemente nocturnos.
Hay mariposas diurnas, pero las hay nocturnas.
¡Extraña cosa esto de los ángeles! Las órdenes angélicas mostraban
obsesivas y determinadas predilecciones. Y no era el caso
determinar su sexo, su número en la punta de una aguja:
La ciudad nunca conoció el medioevo. Aquella temporada
ofreció toda suerte de devociones, éxtasis y desmayos. Con precisión
nadie recuerda el sitio ni el momento de la aparición del primero,
del ángel que brindó las señales iniciales de estar en posesión de la ciudad.

Pero se sospecha que aparecieron a la caída de la tarde. (Hora
tradicionalmente romántica y ya llena de sombras provechosas),
cuando varias jovencitas, excitadas por alguna incompleta y masculina
caricia del jardín o pasillo, salían apresuradas de la Escuela Normal.
El deslumbramiento cortó la respiración de muchas de ellas, lo que no
    impidió
la más desatinada carrera loma abajo (no hay que olvidar que entonces
se trataba de vírgenes tan orgullosas como inexpertas). A partir
de ese momento, los ángeles se fueron multiplicando como si fueran
conejos o moscas; aparecían, o mejor dicho, dejaban su indudable rastro
en todas partes, preferiblemente en aquéllas bien habitadas. Ya se sabe
que *todo ángel es terrible* (algunos jóvenes estaban altamente influidos
por Rilke en ese tiempo) y *que lo bello no es más que el inicio de lo terrible*
que todavía podemos soportar y entonces era lógico: *Quién si yo gritase*
me oiría desde las órdenes angélicas. Por lo tanto
las jovencitas (que en esto los ángeles no tenían vacilación alguna)
lo que más atinaban era a echarse a correr, primero, siempre a cerrar
los ojos según los cánones de la belleza angélica, y luego, en la mayoría
de los casos, caían desmadejadas en brazos de los ángeles.
Pero claro está, ante estos conceptos metafísicos de interpretación, surgió
la tesis opuesta (un profesor de literatura, bastante ingenioso,
señaló la lectura conceptual de cierto libro de Rafael Alberti):
Y surgieron las admiradoras de los ángeles traviesos
con todas sus posibles consecuencias. Se habló inclusive de ángeles
    neuróticos.
Lo sorprendente fue la multiplicación estruendosa de los ángeles. En todas
    sus variantes.
Ya en las noches nadie osaba sin miedo desandar por las calles.
Los ángeles, brillantes, relucientes, con sus rostros hermosos e imposibles
(es un decir, pues nadie les vio con propiedad las caras) se lanzaban
audaces delante de los automóviles, gritaban maravillosamente, tomaban
la leche que repartían los lecheros madrugadores o asustaban
a la noctámbula comadrona, que iba afanosa a sus quehaceres propios.

Así que disminuyó el abasto de la leche y el nacimiento se realizó
rigurosamente en hospitales y clínicas. La ciudad se vio libre
de vehículos nocturnos. La nocturnidad, no así la alevosía, se transformó
    en angélica.

Otras cosas diversas sucedían.

Los católicos trataban de adorarlos y los soberbios protestantes,
desde el púlpito, se fatigaban para encontrar la interpretación de estos
    hechos.
"La ciudad de Sodoma había sido visitada por los santos varones en
    vísperas
de su destrucción; y el buen Jacob había luchado, nada menos que toda
    la noche
con el ángel." (Sépase que ni Jacob ni el ángel boxeador eran
    homosexuales.)
Las gallinas seguían poniendo huevos. Pero los ángeles muy bien se
    alimentaban.
Unas niñas de sociedad, un tanto heterodoxas, organizaron
un "Welcome Nice Angel's party". El éxito estuvo asegurado de
    antemano,
sólo que por un ligero error de cálculo el sarao no pudo celebrarse.
Los señores del gobierno, preocupados, celosos más bien,
habían hecho traer de cierto lugar cercano un rígido capitán de policía
que si bien no tenía demasiada experiencia en su trato con ángeles,
había hecho desaparecer otras diferentes plagas molestas a la autoridad.
Los ángeles fueron naturalmente acusados de comunistas.

Mientras, los ángeles exquisitos, e incongruentes, mantenían sus
    reiterados gustos
por las más bellas y despampanantes mujeres de la ciudad.
Y el ángel del señor anunció a María. En realidad no fue la anunciación

hecha a María, sino a toda joven hermosa que hubiese bien topado con
   un ángel.
Eduviges Almánzaga, la solterona, se paseaba furtiva e insistente
vestida en un fino y provocativo camisón de dormir por los jardines
de su antigua casa. Pero nunca fue visitada por los ángeles.
Algunas muchachas salían embarazadas, otras tuvieron
estrepitosos ataques de nervios o hemorragias.
Discreta la ciudad, pensó en la gracia. Y los comentarios y apuestas
le fueron dados por añadidura.
Mas el poderoso capitán de la policía decidió acabar con los ángeles.
Salió a la calle. Fuertemente armado y con escoltas
se dedicó a perseguirlos. ¡Cuántos pensaron
en la provocación y la herejía! Difícil de explicar es todo esto.
Pero los ángeles desaparecieron. Hubo heridos y presos.

Y un elegante yate que estaba anclado en la bahía zarpó rápidamente.
Sus tripulantes eran media docena de apuestos jóvenes belgas
que celebraban su reciente graduación en la Universidad de Lovaina
con un alegre viaje alrededor del mundo. Los acompañaba
una famosa bailarina persa de inclinaciones sexuales un tanto amplias y
   equívocas.

¡Qué silencio de ángeles en la ciudad entonces!
El capitán, soberbio, quedó por algún tiempo dueño de la ciudad.

PIEDRAS, CASI ADIVINACIONES

III

EL QUE ESTÉ LIBRE DE PECADO ha de tirar la primera piedra,
y el que tenga bien limpias las axilas
podrá graciosamente levantar los brazos.
No es concebible la crucifixión sin que se tenga un buen desodorante.
Pero sobre la piedra, pelada, están los tres ladrones.
Y los otros ladrones están en el exilio.
¡Qué inocencia reclaman sus facciones! ¡Qué anticuados
los cortes de sus pelos, sus anchos pantalones! ¡El automóvil último
    modelo!
Las señoritas de la nueva clase con estos postulados se contentan.
¡Qué broma con la piedra y la madera, cuando el golpe
ha marcado a cada uno más allá de su propio entendimiento!
¡Para qué sirven entonces las rosas, el vinagre, las piedras, la madera!
Una rosa, se sabe, es una rosa, es una rosa, pero
el vinagre está tan escaso que ya no se consigue
en cantidades suficientes para mezclarlo con la hiel.
Por malversar centavos te envían a una granja.
(Cuántas veces se ensalza el eufemismo.)
Si te masturbas has de hacerlo a oscuras.
Hoy encargamos nuevos enemigos. La confianza de ayer nos ruboriza.
Al tercer día los amigos se habrán de levantar de entre los muertos.
Un ejército de elefantes se multiplica en todos los delirios.
Los arroyos están contaminados.
Para los invertidos no hay consuelo.
Y los oportunistas, meticulosamente, se fabrican en serie traidores y
    culpables.
¡Ésta es la danza macabra de las piedras!
Obligatorio es estudiar economía.

Porque aparecen los planes y proyectos y las esquinas se pueblan de
    consignas.
Los poetas escriben de las colas y conocen las siembras y cultivos.
No hay que negar que algunos se apresuran.
Hay una diferencia establecida entre gramíneas y leguminosas, entre los
    árabes y los israelíes.
¿Los checos, son amigos o enemigos?
Ha transcurrido velozmente el tiempo, las gargantas están enronquecidas.
Ya se mira el minuto con nostalgia, y cada año
desencadena el pavor dentro de la esperanza.
Queda romper las piedras, triturarlas, hacer la realidad
más allá de las pesadillas y el pasado, *de la carne*
que tienta con sus frescos racimos…
Y no saber a dónde vamos. Y no saber a dónde vamos.
—Despierta, no vuelvas a dormirte, porque a veces
todo sueño con piedras es algo más que sueño,
que una broma macabra o que la trampa colocada ex profeso,
y la única realidad, erguida y alta, angustiosa tal vez,
inscrita para siempre más allá de los muros y conciencias,
es el texto entrañable PATRIA O MUERTE.

V

A Ernesto C.
y tal vez a propósito
de Heberto Padilla

Éste es el hombre que eligió la piedra
para con ella ser no sólo el artesano que construye,
sino también el herido que eleva sus bordes a la historia y la muerte.
Mira la misma piedra, arrancada de cuajo a otras manos,
mientras se perpetúa la ilusión trunca, el sueño.
No es el momento de preguntar por qué los poetas guardan
un extraño silencio, por qué, aterrados,

temen a los desatinos y ni siquiera tiemblan;
cómo dejan de amar los laberintos, las ropas desvaídas,
las húmedas y pálidas muchachas de otras épocas.
Y es que así el hombre, tremendamente lúcido,
o más bien enajenado, pero siempre devorado entre hombres,
más amargo, en medio de la noche que lo traga y lo afirma.
Lo mismo da que fuera el sol aplanante del trópico. Las paradojas tienen
    su sentido.
No se trata en modo alguno de restituir esta piedra,
ensangrentada ya, que sólo a él corresponde,
de incrustarla en su antiguo lugar cargado de añoranzas.
La mentira se esconde lo mismo en un retrato que en un muro.
Está cada palabra escrita, grabada a punta de fusil
o de cualquier otro instrumento, haciéndose en el aire,
reposa sobre la tierra y cala dentro de ella, pugnando
por huir de los cadáveres, de las flores y de los sacrificios,
rebelándose para no difundir más grabados religiosos,
no más magníficas infamias en la historia.
Aunque los grandes y reputadísimos maquilladores fueron descubiertos
es el hombre quien camina por su tiempo y quien ha sido
condenado en cada esquina equivocada del mundo.
El mundo es la ciudad, lo sabe, es la bandera
sucia y hecha jirones que pugna por mantenerse ondeando.
Es la ciudad desde el momento mismo que irrumpió en la historia,
desde antes, cuando los héroes aprendían, torpemente;
a contar con las manos, más allá de las naturales travesuras,
y a descifrar los implacables jeroglíficos.
¡Ah, pero hay batallones extraños y soberbios
que le exigen humildad y disciplina, cordura,
acatamiento a leyes que proclaman. El riesgo de perder
cada uno de los miembros del cuerpo. La tentación
de organizar arcos triunfales que supongan la gloria!
Se trata de lograr que este hombre todo lo justifique

y que sea perseguido y destrozado hasta en su más dulce y puro rincón,
allí, donde, aparentemente, nadie lo espera.
Que se tambalee con una doble carga, de dudas y agresiones.
¿Qué hacer entonces? ¿Cuándo asaltar la fortaleza,
este nuevo cuartel que se construye para negar, para romper
y convertir en polvo y mierda la esperanza?
Va el hombre con su piedra, *le pegaban todos...*
le daban duro con un palo y duro también con una soga.
Con los símbolos del palo y de la soga, lo aterraban
con la amenaza siempre mantenida y galopante;
y el hombre va, deposita su piedra en el camino,
la pule, la hace acaso brillar junto a las otras, limpias,
abandonadas, desesperantes piedras de los otros que lloran
y construyen de nuevo la ciudad. Como si fuera cierto.
Pero descubre, acaso lo ha olvidado, que no es
el único que conoce las cosas. Los errores y los crímenes se esparcen.
(Quien fuego esconde aventará cenizas, si antes no sale el humo
y lo descubre.) Y es imposible actuar
como si no existieran los enemigos solapados, el diablo
disfrazado de mariscal, o el mariscal disfrazado de diablo
que es más o menos lo mismo. Hay el disfraz de comandante, de comisario,
de burócrata, de presidente, de poeta oficial, y de novelista oficioso, de
    crítico corre-ve-dile y discursero,
de consejero cargado de años, experiencia y perfidia.
Si los libros se amontonan, se abren las cárceles.
Ayer, por ejemplo, un niño fue condenado por suspirar, e inmediatamente
se organizó una campaña contra los gladiolos, la música concreta,
el círculo de Viena y las mujeres delgadas, y desaparecieron
la mantequilla y el alcohol para los reverberos.
Como se ignora si se trata de fábula o anécdota
lo más adecuado es no seguir averiguando más cosas sobre Stalin,
hacer como si no hubiera existido. Borrón. Pero punto y seguido.
Si se rompe el espejo la bruja no podrá seguir repitiendo la pregunta.

Y habrá que aceptar que es en verdad la más bella. *Moça*
tan fermosa non vi en la frontera. Aunque, quizá,
esto se deba a no haber obtenido el permiso para llegar hasta allí.
¿Y si por otra parte se considera que son tierras lejanas?; mira
a su alrededor. *Aquí también están los dioses.* Aquí también
se muere cada día. La piedra que este hombre
atesora y defiende, es la misma del tiempo y de los tiempos.
(No vuelvas a dormirte: recuerda que el sueño de la razón
engendra monstruos.) Monstruos, monstruos, monstruos.
Hombre, picapedrero, torturado, mártir o asesino,
siempre serás juzgado, hay una puerta esperando, no sólo
por las gentes de mañana, sino por ti mismo, por tu orgullosa
página querida. Ésa era la oficina que te correspondía. Ésos
los cuños para tu expediente. Y el veredicto. Has hecho
la cola en un sitio equivocado. Trastocaste
tus actos, tus tendencias y asaltos. Por eso el elogio
de la prensa enemiga nada agrega. Perturba cualquier gesto,
por lo demás inicuo, de rebelde. Quien se detiene
adorna las estatuas, está siempre en el juego, no le queda ni siquiera la
    muerte, *mejor la destrucción, el fuego.*
Los discursos resuenan y esparcen sus sonidos. Alguien discute
la metafísica del tango. ¡Será posible que en tan poco tiempo
se nos haya agotado la confianza!: Una mujer que llora y cierra su
    ventana.
Los niños boquiabiertos no nos miran. En los parques
las luces no se encienden. Es la alarma y las cosas alarmantes.
Si alguna vez este hombre se quedara vacío, paralizado, trunco,
de quién será la culpa, quién cavará la fosa para sus despojos.

Antón Arrufat
[Santiago de Cuba, 1935]

Obra poética: *En claro* (1962); *Repaso final* (1964); *Escrito en las puertas* (1968); *La huella en la arena* (1986, 2000, 2001); *Lirios sobre un fondo de espadas* (1995); *Celare navis y otros poemas* (1996); *Ejercicios para hacer de la esterilidad virtud* (1997); *El viejo carpintero (piezas de 1998)* (1999); *Antología personal* (2001).

ELLOS

UN DÍA VENDRÁN A BUSCARME,
lo aseguro.
Dos hombres vestidos de hombre
subirán la escalera, que la vecina
ha terminado de limpiar.
Los espero sentado en mi sillón
de siempre: donde escribo.
Me llamarán, saben mi nombre.
Después seré expulsado
de los cursos
y de la Historia.

ADVERTENCIA

AL LEVANTARTE
prepara tu rostro
para el encuentro oficial.
Siempre
alguien espera
que tengas alguna debilidad.

LA OBRA

ALGUNAS NOCHES en este cuarto
escucho el engranaje furioso
de una máquina desconocida.
No puedo en la mañana recordar
ese ruido. Sólo encuentro
una rueda insólita en mi almohada.

POST SCRIPTUM

TOCAN a la puerta
mientras escribo esta página:
me levanto y recojo
un pequeño patíbulo.
Regreso y sigo escribiendo.

EL REHABILITADO

NADA PODREMOS DECIRTE. No hay bellas
razones que apaguen tus noches en la cárcel.
Desde allí viste la vida alejarse
en preguntas implacables y torpes.
Desde allí, donde nada resuena,
sólo el miedo ilumina la demencia más cruel.

Hemos visto tus manos,
tus labios sin rumbo, perdidos.
Presentimos resonar en tu frente
el ruido histérico de las cucharas,
los pasos de los guardias tenaces.
No podrás comprender ni olvidar.
Nadie se atreverá a decirte: "fue un error".

Hermano, he aquí a otros culpables.
A todos la complicidad nos toca,
nos deja cenizas a la puerta, corrompe
nuestros amores, la pequeña alegría.
A todos toca con su sombra,
a los que han luchado y a los que callan.

Sal a la calle con tu andar
de presidio y busca una respuesta:
la respuesta que no sabremos darte
                    tus compañeros.

REALIDAD DE LA PÁGINA

EN UNA HORA, en un minuto, en un segundo
      —¿realmente, con precisión, en cuánto?—,
pongo las piedras, construyo el estanque,
      fluye hasta llenarlo el agua,
hago nadar peces, crecer el musgo,
      verdinegro lo vuelvo,
lo hago oler —sin tiempo— a podredumbre,
      inmovilizo las aguas,
      reflejo una estrella.
Noto la ausencia de los árboles,
      trazo un espacio en esta línea,
planto luego un sauce y un ciprés
      —recuerdo de dos palabras
que en prisión eligió Juan Clemente Zenea—.
      Con sus ramas crecidas rozo el agua.
      Inmune al viento atroz del tiempo,
me siento en el borde del estanque.
      Despacio va apareciendo un cisne.

"CELARE NAVIS"

AL FIN DE LA BATALLA se tendieron cerca del mar. En lo alto estaban las
estrellas, un cielo enorme y añorado, bondadoso a distancia.
Oyeron los dos el mar. Brillaba la ola en la noche.
En la arena descansaban sus corazas, relampagueantes pupilas de
quimeras. Arrobados miraron los fulgores.
Por estar vivos, por estar juntos, una marea lenta era en sus pechos el
agradecimiento. Con su antigua nostalgia de la tierra, el mar besaba
la costa pausado, sin furor.

Mirándose a los ojos, contra el fondo lóbrego del mundo, se durmieron, y vieron acercarse un barco. Se vieron bajo el blanco velamen. Sin palabras el viento susurró "Los llevamos al lugar en que podrán amarse".

LAS COSAS DE SIEMPRE

ME GUSTA OÍRLO REGRESAR, me gusta
ver su modo de entrar, la llave
sonando en la cerradura, la mirada
que busca y confirma el lugar, su
ahogo en la escalera, imperceptible
casi para un extraño, sus primeros
pasos en la habitación, idénticos,
la llave en el mármol de la mesa,
el carné, el pañuelo, las monedas.
Con las monedas paga el viaje, con
la llave cierra la última puerta,
el carné, el pañuelo se quedan
en la mesa, solos, premeditados.
Me gusta oírlo despedirse, regresar.

EJERCICIOS PARA HACER DE LA ESTERILIDAD VIRTUD

¿HORAS?

Te quitas el reloj y lo guardas en el bolsillo de la camisa.

Estás sentado en un urinario público. Fumas, y a medio terminar el cigarro, lo arroja en la taza. Tras dos o tres cachadas otras veces —apenas— acabado de encender, lo arrojas.

Dentro del urinario y despojado del reloj, el tiempo es otra cosa. Masa protoplasmática, sin señalamientos ni límites.

¿Horas?

Este saber del tiempo suprime los remordimientos. No hay pérdida de vida porque no hay pérdida de tiempo.

¿Horas? Tan sólo las de tu deseo.

El tiempo marcado por la espera.

La espera: una extensión vacía.

Fumando te inclinas para leer las escrituras en las paredes. Otras esperas. "La quiero así": y un dibujo. Le echas una bocanada de humo. "La quiero así": dibujar la espera.

Estás sentado en un urinario público. Fumas y arrojas los cigarros en la taza.

¿Horas?

Oyes un chorro de orine, salpicando al caer. "La quiero así."

Esperas que se detenga, que se acerque, que te haga alguna señal. Apagas el cigarro. Acabas de darte cuenta que también marcaba el tiempo anterior. El tiempo que ha quedado afuera. El de los reproches, el de la culpa. El tiempo como una vergüenza. Esta vez apagas el cigarro con la punta del zapato: ante ti la extensión sin calificativos, masa protoplasmática.

Si tocara en tu puerta. También sin tiempo. Solos los dos. Puros en el deseo.

Sin salir del inodoro te levantas. No oyes nada ni hueles nada ni ves dibujos ni escrituras. Tu cuerpo avanza por la extensión en la que puede ocurrir el deseo. Extensión que es ahora el deseo. Descorres el pestillo como una invitación. Oh, instante, oh, plenitud. "La quiero así." Poner tu cabeza sobre un hombro: inventar una vida. Oh, instante. Oh, plenitud.

Está del otro lado de la puerta. Empieza a dibujarse en la extensión. ¿Tiene negro el pelo, claros los ojos? ¿Cómo es la boca?

Al final, al final logras verlo por la puerta entreabierta.

¿Horas?

Manuel Díaz Martínez

[Santa Clara, 1936]

Obra poética: *Frutos dispersos* (1956); *Soledad y otros temas* (1957); *El amor como ella* (1961); *Los caminos* (1962); *Nanas del caminante* (1963); *El país de Ofelia* (1965); *La tierra de Saud* (1967); *Vivir es eso* (1968); *Mientras traza su curva el pez de fuego* (1984); *Poesía inconclusa* (1985); *Escritos al amanecer* (1988); *El carro de los mortales* (1988); *Alcándara* (antología, 1991); *Memorias para el invierno* (1995); *Señales de vida, 1968-1998* (1998).

MI MADRE, QUE NO ES PERSONA IMPORTANTE

A José Lezama Lima

NADIE HA DISPUESTO aún tus funerales,
señal de que no eres una persona importante.
Sin embargo,
te veo frente a mí, moviendo los brazos, las cejas, la boca
y te siento como una muerta interminable, definitiva y violenta
que no podré tocar ni con la punta de mis lágrimas.

Ahora escribo palabra tras palabra y sé que será inútil
repetirlas algún día: he abandonado la esperanza
de creerte inmortal,
y al gozar la presencia de tu pequeña piel oscura
te palpo en la medida en que ya eres memoria,
días y casas y viajes fulgurando sobre mí.

Has estado muy bien esta mañana,
rogándome paciencia para tus temores. Estás vieja
y no hablas más que de morir tranquila.
No sé cómo será la entrada a la noche que esperas;
sospecho que ha de ser de pronto un sobresalto
y después la nada.

No importa si estás viva o si estás muerta:
nunca perderé tu imagen en el polvo
al que van cayendo mis pupilas,
que acabarán por descubrirte, entresacarte, iluminarte
donde ya mi piel no toque fondo.

La eternidad se extiende entre tú y yo y nos enlaza.
El tiempo entre los dos se ha convertido
en una hoja delgadísima que el aire transparenta,
haciendo de ella un prisma que te desmenuza
hasta agotar todo el espacio.

Para mí no cesarás de registrar tu bolso
ni de pronunciar esos desmesurados consejos que me aturden
y que algunas veces me hacen daño.
Para mí ya eres como serás cuando te mueras
y en tu casa de infinitas partículas brillantes
se exhiba el retrato en que apareces con mi padre,
sonriente y tímida, joven como la esperanza,
decidida a encontrarme en el fondo de tu amor.

Ahora sólo llegas para despedirte.
Muy desolada te encuentro, madre, con tus preocupaciones.
En menos de dos días me has hablado varias veces de la muerte,
de cómo será ese misterio que a todos nos recibe.
Vete tranquila, madre, cuando el tiempo lo decida.

Vuelve a tu casa en paz, cúbrela con tus cuidados,
pule tus ollas para que sean soles
y piensa que nunca acabarás aunque te mueras.

COMO TODO HOMBRE NORMAL

A Ofelia

I

Yo, como todo hombre normal, soy maniático.
Me llevo bien con mis obsesiones.
Mis relaciones con la angustia son cordiales
porque no creo que en el mundo todo está ganado,
pero tampoco que todo está perdido.
Simplemente pienso que falta por hacer la mejor parte.
(Cuenten conmigo.)
Pero pido que se razone y se hable claro.
Y pido que se condene a Dios por incapaz y al Diablo por
ridículo y a la Gloria por exagerada y a la Pureza por imposible
y al Iluso por iluso y al Burgués por dolo y al Fanático por
pandillismo y nocturnidad.

II

Yo, como todo hombre normal, estoy enamorado de una mujer,
de una gran mujer nerviosa, bellísima, al borde de la histeria,
de una espléndida mujer que le gusta vivir,
que hace el amor como una niña de convento
a pesar de sus grandes ojos dibujados, de sus largas piernas
duras y del temblor de primavera,

del frenético temblor obsceno
que desgarra la blancura de su vientre.
Y estoy enamorado de mi tiempo,
que es brutal y también está al borde de la histeria.
Estoy enamorado de mi tiempo con los nervios de punta,
con la cabeza rebotando entre el estruendo y la esperanza,
entre la usura y el peligro,
entre la muerte y el amor.
Y sueño y vocifero frente a una sorda, ululante multitud de
turbinas, pozos de petróleo, gigantescos combinados
siderometalúrgicos donde el hombre crece en la presteza de sus
dedos sobre los controles y las herramientas, fundido al cuerpo
caliente y brillante de las máquinas, que se desgastan
incesantemente fabricando un mundo radiante y futuro, jamás
visto, jamás oído, jamás tocado, habitado por fantasmas que
apenas tenemos tiempo de engendrar.
Estoy enamorado de una mujer,
bellísima y neurótica como la Historia,
y me hundo en sus carnes espaciosas para que la aurora que
estamos construyendo no ilumine un planeta
solitario y melancólico.

III

Creo que el mundo puede y debe ser cambiado
piedra a piedra y hombre a hombre,
y con esa fe me acuesto y me levanto.
Mi corazón es un bosque de furias y benevolencias.
En mi cabeza, las derrotas, los triunfos y las utopías
han abierto océanos, han levantado barricadas, han hecho muertos
y resucitado muertos, han dictado reglas de belleza y de moral,
han fomentado el desaliento y proclamado políticas salvadoras,
han inventado islas y culturas y mártires victoriosos;

en mi cabeza, la libertad ha coronado ídolos intolerantes
a cuyos pies en llamas he quemado dogmas e idolatrías.
Me refugio en mi cabeza, todo yo metido en mi cabeza,
que es un balón de fútbol pateado por pavorosas
risas, por pavorosas palabras,
por pavorosos silencios.
Invito a todos los hombres de la libertad y del trabajo
a patear este balón,
a dar en el blanco con esta pelota silbante.

DISCURSO DEL TÍTERE

Esa noche dijo el títere bajo la carpa:
—Señoras y señores,
hermanos y hermanas,
soy un títere que quiere dejar de ser usado
por la voz de su titiritero,
esa voz a la que sólo añado el guiño
de mis párpados mecánicos,
el aspaviento
y el manoteo.
Este número será mío y sólo mío
(letra, música y pirueta).
Esta noche será mía y nada más que mía:
con mi propia voz diré palabras
que andando por la vida
recogí en las plazas.
Señoras y señores,
hoy mi espectáculo es unipersonal:
sin hilos que me tiren de las manos
ni resortes que me obliguen a bailar

ni varillas que me pongan a dar saltos.
Hoy soy un títere que hace a su manera
su propio espectáculo.
Señores y señoras,
hermanas,
hermanos,
suplico, desde luego, un poco de paciencia
para mis torpezas y tartamudeos.
Necesito como nunca su paciencia:
no es fácil salir de pronto,
sin hilos,
a la escena
habiendo sido tanto tiempo títere
con titiritero.

OSCURAMENTE YACEN

SOBRE LA MESA oscuramente yacen.
¿Son rebujos de polvo, chamuscados
fragmentos de cortezas, renegridas
semillas vanas, pétalos marchitos…?
Son lo que son: minúsculos insectos
quemados por la llama de la lámpara.
Vaciados de apetitos y temores,
descansan, que ya es buena recompensa
por toda la penumbra que esquivaron
y por toda la luz que pretendieron.

Más arriba, en la lámpara, el enjambre
sigue girando en torno de la llama.

Rita Geada
[Pinar del Río, 1937]

Obra poética: *Desvelado silencio* (1959); *Ao romper da aurora* (1963); *Cuando cantan las pisadas* (1967); *Mascarada* (1970); *Vertizonte* (1977); *Esa lluvia de fuego que nos quema* (1988); *Poemas de New England* (1996); *Espejo de la tierra* (2001).

LA ROSA
sangra en la nieve.

El pez
llora en la tierra
—exilado que persigue en sueños
el verdeazul que por su piel cantaba—

El caracol,
abandonado en las playas del mundo,
se bebe, lentamente,
la voz del mar.

Naples, Florida, 1966

DOBLEMENTE DESTERRADOS

VOLVEMOS LOS OJOS CONSTERNADOS
y de pronto el desfile.
La pared que se espesa.
¡Hasta cuándo!
¿Hasta cuándo dar manotazos inútiles en el aire?
si esta humedad encenegada que nos rodea,
si estas moles corrosivas y corruptas
que aquí y ahora se alzan desafiantes
—para recordarnos que existieron desde siempre—
son demasiado espesas,
demasiado frías,
demasiado ya vilmente sedimentadas
para las débiles manos de orfebres,
para los escasos rostros
buceadores de amor
de nosotros
los proscriptos.
Los doblemente desterrados.

NIEVA

EN FINAS LLUVIAS de algodón
filigranas de encajes
vuelca su alborozo el cielo.

Lentamente
              cae
         la nieve
y el día vístese de blanco.

Esquiva a la tierra
juguetea con el viento
eludiendo su incierto final
si ignorado destino.

Lentamente
en delicados grumos
                    cae,
resístense en tocar el suelo
como si la pureza
                    quisiera preservarse
de toda contaminación humana.

New Haven, 1970

EL JARDÍN MÁS DIFÍCIL

Para Olga Orozco

SALÍ A LA TIERRA
y entre jornadas de tenebrosos dientes
entre zarpazos
y espesos cortinajes
pude al fin divisar
el solitario jardín
donde oficia la inocencia.

I

Aquí, en la desgarradura
a muchos miles de años del paraíso

desde la abierta herida
desde la herida
se inicia el rito reconstructivo
de intentar la cura
la ceremonia de elegir los bálsamos
con gran cuidado seleccionarlos
aunque muy bien sepamos
que un estilete demasiado agudo
fue abriendo túneles
hondos túneles hasta el corazón
el corazón en ofrenda
para saciar a los dioses y a las furias
hasta llegar, hasta penetrar
más allá de este montón de años que llaman vida.
La herida, la herida siempre abierta,
aquí en la desgarradura.

XII

Quiso una vida que fuera como un refugio
y no tuvo dónde guarecerse.
La azotó la lluvia
la azotó la intemperie
la hirieron los rayos y ardió con el fuego.
Hubo aullidos de lobos para sus oídos finos
taladros punzantes y garras en su camino.
El cristal de su corazón
fue quebrado una y mil veces
sus astillas mordieron su carne muy adentro.
Y ahora
      ahora aguarda
del desamparo
        hacer un techo.

Pero yo no soy yo sino la otra
la que recompone las voces que en mí persisten
la nadadora sumergida
la prestidigitadora de la mano en el papel
la que conjura palabras y exorciza
la que ilumina los fragmentos
        y calla.

VARIACIONES SOBRE UN TEMA (V)

Es la Isla
      la Isla a la deriva
sola y desamparada.
Su historia es ya su pasado.
Tanto heroísmo, tantas vidas
por labrar un destino invicto
¿Qué fundaron? Quemadas las raíces ¿de qué valieron?
Es el ahogado, la ahogada en el océano.
La Isla
      navegando sola y desamparada
quien por todos sufre
por la que todos padecemos.

EN EL AQUELARRE

¡Venir a mí con esas historias!
Hablarme de credos y de revoluciones y de guerrillas
y de crímenes y de feudalismos y de justicia social.

Nada menos que a mí
tanto tiempo suspendida entre la vida y la muerte.
Sangrante.
Hambrienta.
Exhausta.
A mí en holocausto. Antorcha viva en la plaza de Wenceslao.
A mí pasto de buitres
oyendo siempre el aullido de los lobos,
presenciando el asalto de tigres hambrientos de vísceras humanas
insatisfechos siempre.
¡Venir a mí con esos cuentos dorados!
¡Feliz, feliz entretenimiento!
Vosotros que sólo ponéis la boca y la lengua
y los dientes si la ocasión es propicia.
Con esos cuentos a mí que como Tántalo respiro,
desgarrados los poros,
sintiendo caer la gota, la gota inmensa, intermitente.
Devorada por tenebrosos túneles,
de días, noches, meses, años, siglos.
En el aquelarre.
En su medula. Claveteada.
Oliendo hasta el hueso el zumo de lo cierto,
su humo. La verdad de lo increíble.
Lo increíble de la realidad.
La realidad tal cual, sin engaños, sin afeites,
desnuda, en su llaga.
El infierno sin disfraces de palabras.
Venir a mí, ¡nada menos que a mí!,
empuñando tridentes de palabras
en el espantoso mercado,
en el delicioso,
en el continuo festín
de nuestra época.

LA CASA ILUMINADA

A mi madre, a mi hermana, a René mi tío

TODO VUELVE al pasado
cuando la muerte aúlla
y el crepitar de los días
se deshace en cenizas.

Vuelven las mismas voces
vagando en la memoria,
llenando las estancias.
Y aquella casa
—viva para mí de nuevo— de pronto se ilumina.
Casa clara de amor, de libros y de plantas.
Mi padre al escritorio leyendo o trabajando
o pasadas las diez, con mi madre,
desde el portal llamándonos.

Y yo regreso a saltos de mis juegos
contando las estrellas por la acera,
soñando más allá de los luceros.
Mientras en el portal ellos me esperan.

Y allá en la casa grande, la de al lado,
mi abuela —dulce panal donde abrevó mi infancia—
contándome historias de familia venida de tan lejos,
historias tan bellas y raras como leyendas.

Y recuerdo vagamente aquel daguerrotipo
donde estaba su abuelo junto a Schiller, en Austria o Alemania,
con la romántica chaqueta roja del "Sturm und Drang".
Y en otro retrato

mi bisabuelo francés que en New York fuera
orfebre de la iglesia de Saint Patrick,
ebanista de sus puertas.
Lo recuerdo en la pared con las cuencas de los ojos hundidas
de tanto llorar al hijo que le fuera asesinado.

Todos regresan juntos a la memoria ahora,
todos portando lámparas, de lejos, del otro lado.
Y la casa, apagada, se hace toda de luces para mí de nuevo.
Una fiesta encendida en esta noche inmensa.

Y vuelvo al justo sitio de raíz y yerbabuena,
junto al naranjo de mi infancia y al columpio en que soñaba.
Y regreso junto a días lluviosos y barquitos de papel
navegando aquel patio vuelto luego arco iris
en tardes bañadas en colores de trópico
ya sin este desgarro que me quema.

El tiempo se detiene.
El agua lo ha bañado.
Todo se enciende. Sí,
como era entonces.
La casa sobrevive iluminada.

Lourdes Casal
[La Habana, 1938-1981]

Obra poética: *Cuadernos de agosto* (1968); *Palabras juntan* revolución
(1981); *Everyone Has Their Moncada: 10 Poems* (1982).

OBBATALÁ

OBBATALÁ llega con sus ropajes blancos.
Llega calladamente,
en un susurro,
como habla.
Obbatalá llega con túnicas flotantes
y le sientan
tembloroso, sobre una estera.
Babalocha
lee en los ojos de sus hijos
todo lo que puede apartarse de los designios de Olodumare.
Está viejo, cansado,
pero cumple incesantemente sus tareas.
La niña de las trenzas de azabache
y el vestido de encaje
se postra frente al anciano tembloroso.
Lleva al cuello una finísima cadena de plata
casi invisible.
El anciano le habla en el oído.
Ahora es la niña la que tiembla.

DEFINICIÓN

Exilio
es vivir donde no existe casa alguna,
en la que hayamos sido niños;
donde no hay ratas en los patios
ni almidonadas solteronas
tejiendo tras las celosías.

Estar
quizás ya sin remedio
en donde no es posible
que al cruzar una calle nos asalte
el recuerdo de cómo, exactamente,
en una tarde patines y escapadas
aquel auto se abalanzó sobre la tienda
dejando su perfil en la columna,
en que todavía permanece
a pesar de innumerables lechadas
y demasiados años.

PARA ANA VELDFORD

Nunca el verano en Provincetown
y aún en esta tarde tan límpida
(tan poco usual para Nueva York)
es desde la ventana del autobús que contemplo
la serenidad de la hierba en el parque a lo largo de Riverside
y el desenfado de todos los veraneantes que descansan sobre ajadas frazadas
de los que juguetean con las bicicletas por los trillos.

Permanezco tan extranjera detrás del cristal protector
como en aquel invierno
—fin de semana inesperado—
cuando enfrenté por primera vez la nieve de Vermont
y sin embargo, Nueva York es mi casa.
Soy ferozmente leal a esta adquirida patria chica.
Por Nueva York soy extranjera ya en cualquier otra parte,
fiero orgullo de los perfumes que nos asaltan por cualquier calle del West
    Side.
Marihuana y olor a cerveza
y el tufo de los orines de perro
y la salvaje citalidad de Santana
descendiendo sobre nosotros
desde una bocina que truena improbablemente balanceada sobre una escalera
    de incendios,
la gloria ruidosa de Nueva York en verano,
el Parque Central y nosotros,
los pobres,
que hemos heredado el lado del lado norte,
y Harlem rema en la laxitud de esta tarde morosa.
El autobús se desliza perezosamente
hacia abajo, por la Quinta Avenida;
y frente a mí el joven barbudo
que carga una pila enorme de libros de la Biblioteca Pública
y parece como si se pudiera tocar el verano en la frente sudorosa del
    ciclista
que viaja agarrado de mi ventanilla.
Pero Nueva York no fue la ciudad de mi infancia,
no fue aquí que adquirí las primeras certidumbres,
no está aquí el rincón de mi primera caída,
ni el silbido lacerante que marcaba las noches.
Por eso siempre permaneceré al margen,
una extraña entre las piedras,

378

aun bajo el sol amable de este día de verano,
como ya para siempre permaneceré extranjera,
aun cuando regrese a la ciudad de mi infancia,
cargo esta marginalidad inmune a todos los retornos,
demasiado habanera para ser newyorkina,
demasiado newyorkina para ser,
—aun volver a ser—
cualquier otra cosa.

LA HABANA 1968

I

QUE SE ME AMARILLEA y se me gasta,
perfil de mi ciudad, siempre agitándose
en la memoria
y sin embargo,
siempre perdiendo bordes y letreros,
siempre haciéndose toda un amasijo
de imágenes prensadas por los años.

Ciudad que amé como no he amado otra
ciudad, persona u objeto concebible;
ciudad de mi niñez,
aquella donde todo se me dio sin preguntas,
donde fui cierta como los muros,
paisaje incuestionable.

Diez años llevo
sin catarla ni hablarla excepto en hueco;
cráter de mi ciudad siempre brillando
por su ausencia;

hueco que no define y que dibuja
el mapa irregular de mi nostalgia.

III

Jirones de ciudad
fragmentos sin contexto, los enlaces perdidos.

¿Cómo llegar a, y qué venía,
desde, por dónde iba aquel ómnibus?
¿Qué se me ha hecho la ciudad de entonces?

Preposiciones,
desarticulación,
preguntas.
Ya hace demasiado que estoy lejos.
Te me olvidas.
Que florezcas.
Hasta siempre.

Juana Rosa Pita
[La Habana, 1939]

Obra poética: *Pan de sol* (1976); *Las cartas y las horas* (1977); *Mar entre rejas* (1977); *El arca de los sueños* (1978); *Eurídice en la fuente* (1979); *Vallejianas* (en *Antología solar,* 1979); *Manual de magia* (1979); *Viajes de Penélope* (1980); *Crónicas del Caribe* (1983); *Grumo d'alba* (1985); *El sol tatuado* (1986); *Aires etruscos* (1987); *Plaza sitiada* (1987); *Sorbos de luz* (1990); *Florencia nuestra: biografía poemática* (1992); *Una estación en tren: vivace legatissimo* (1994); *Transfiguración de la armonía* (1993); *Infancia del pan nuestro* (1995); *Tela de concierto* (1999); *Cadenze* (2000).

VIAJES DE PENÉLOPE

1

ME HA DADO por creerme Penélope
hermosa y bienamada:
tejedora sí soy para que alienten
los que habrán de morir
y es la mía la almohada
más llorada del siglo

Si yo fuera Penélope
suelo que yo pisara sería Ítaca:
al regresar Ulises
se quedara

4

Quién cantará tus viajes infinitos
Penélope:
tu Ulises era apenas un chiquillo
chapoteando en la fuente

y aventurera inmóvil trascendías
como un rayo de luz sobre la tela
confiscada a los dioses:
tejida sueño a sueño

5

Hilo a prueba de nortes
y de ausencias
con fibra de cereal desenlazado…
Y mientras tu hombre frágil de prodigios
desislaba su sombra
tú —tejedora máxima— le urdías
en su anuente memoria
el milagro callado de una isla

8

No crean que te espero
porque sé que vendrás a alzar tu casa
de las aguas hambrientas
o de los pretendientes

Te espero porque estás:
nunca te has ido a los asuntos vanos
(las paredes te conocen la voz

en las estancias más calladas)
y todas las pisadas se someten
al ritmo de tus pasos
y hasta la soledad toma tu rostro
al borde de mi almohada

17

Nuestra casa atesora un todavía
de canciones preciosas
de collares de besos:
quédase quietecita la callada
con su invencible savia
por las sabias paredes

La casa está de vuelta
de todos los destinos
y sabe que hay justicia poética
y se sabe
la fecha que ignoramos
y un cardenal le dice al jazminero

25

Y tómate tu tiempo por las islas
Ulises que te mides con las olas:
haz escalas imponderables
alquílate a las albas mercenarias
bebe filtros de olvido

Ítaca por fin no tiene alas
nuestro lecho resume hondas raíces
y estoy hecha a medida de tu sueño:

pastora de los vientos
terror de pretendientes
doctorada en esperas y matices
viajo sin un desmayo la tela de los dioses
y aún me sobra tiempo para zurcir
crepúsculos

27

Te has dado a la pasión de los espejos
          quijote de los mares:
echas tu vida a pique por la fama
te das brillo en los hombros
y crees que los gigantes se convierten
en rústicos delfines

Se te detiene el tiempo en los palacios
donde cantan tus glorias
y lloras a luz viva
los recuentos de olvido:
          con bravo sacramento
comulgas propia vida en canto ajeno

Ah si te desbautizaras… llegarías

32
(Carta de Penélope a Euriclea)

No parece que los caminos
estén poblados de clepsidras
sino de talantes majestuosos e incurables
saltimbanquis de espuma

Hay que batir la fama
de los remedadores de Argos:
en realidad no ven más allá de su argucia

Ulises deja rastros intraducibles:
una dalia en el mar
una espada sonámbula
en fin: chiquilladas de dios desprevenido

Cuida de que mi imagen
ronde a los pretendientes por el día
y se suelte a llorar cada nocturna
desolación

Ocultos son los rumbos de la épica:
el revés de la historia urde la danza
de los cantos futuros

39

No basta con tejer para la espera
es preciso viajar: volar la pluma
por la ternura encuadernada en sueños:
chalupa más sutil
　　　　cóncava y ágil
que las viriles naves de Ulises
intermitentemente prisionero

Madre isla que estás venida a remos
convertida en solar de pretendientes:
infundiendo los viajes:
¿quién guardará tus playas de naufragio?
Penélope no está: queda su imagen

44

No te llamen ingenua
sólo porque le das tu pleno día
a tejer y olvidar la absurda tela:
bien sabes el destino de esos hilos
que rehúsas perder

Ni te llamen ingenua
porque la magia aroma cuando irrumpes
y te entona la voz:
porque a los pretendientes
los mantienes en vilo
mientras riegas tu lecho y sólo esperas
eternísimo sueño

¿Te llamarán ingenua por propiciar
el canto la redondez el beso
desatando la gracia de los dioses?

45

Me encamino a la estancia del poema
no dotada de voz como las diosas
hospitalarias
mas lavada y envuelta en rubios versos

Crean los pretendientes cada uno
que mi piel la reservo para él
y mis palabras

El que me tensa el cuerpo me contempla
en un rincón vestido de mendigo

entorva la mirada
y ocultando los muslos se sonríe

48

No es Homero el cantor:
es Dios que crió voz en nuestro abrazo
y se vistió de ciego para el canto

En un momento dado al infinito
antes de desislarte
plantamos la epopeya:
la siembra decisiva
se celebró en el lecho

50

Año tras año
diste muerte a los tercos pretendientes
que orillaban mi patio:
            desde fuera del tiempo
los vencías
antes aun de divisar la playa
en que nos damos cita

Y yo que los quería ya de tanto
tejer por destejerles y por tanto
reclamar tu mirada
los veía morir uno tras otro
        a golpes de infinito
tiernamente inmutable

Así murió el que me entreabría
las ventanas del alma

murió el que sepultaba
     las llaves de mi nombre
en el océano:
murieron porque aún no había Dios
ni trinidad ni magia

Y cada primavera yo volvía
a proyectar torneos estivales
suscritos a una lágrima:
     certidumbre
de la doble faena de tus manos
en su áspero venir a nuestro abrazo

52

Y hubo que recrear la fauna de los mares
y que alterar el hábito a los dioses
para que se cumpliera ese poema
balbuceado al partir:
transportado a la sangre
y urdido llanto a sueño por Penélope

54

Se necesita música para tanta leyenda:
esta absurda tarea me redime
del vicio de los números
y te redime a ti
aunque te arda ternarte con los dioses

Del uno al infinito
me bastaría Ulises

(dondequiera que dé empleo a sus hombros)
para enlazar cada hilo del poema:
cualquiera de los que han de morir
me bastaría para no desatarlo
o tú mismo
que un rincón del tiempo estás leyéndome

55

¿Quién canta y con qué voz
me sueña aquel color en la mirada?
Tejiendo la marea entre las islas
¿qué voces silenció el fragor del tiempo?

Salvo la soledad que vuela dentro
tal parece que nadie vive:
pero vibra la estela adamantina
de la tela que voló sobre el mar

Este que fuera cuento es vida en mí
y de una cierta isla hará la historia.

JOSÉ KOZER
[La Habana, 1940]

Obra poética: *Padres y otras profesiones* (1972); *Poemas de Guadalupe* (1973); *De Chepén a La Habana* (1973); *Este judío de números y letras* (1975); *Y así tomaron posesión en las ciudades* (1978); *La rueca de los semblantes* (1980); *Jarrón de las abreviaturas* (1980); *Antología breve* (1981); *Bajo este cien* (1983); *La garza sin sombras* (1985); *Díptico de la restitución* (1986); *El carillón de los muertos* (1987); *Carece de causa* (1988); *De donde oscilan los seres en sus proporciones* (1990); *Prójimos-Intimates* (1990); *Una índole* (1993); *Trazas del lirondo* (1993); *José Kozer* (1993); *A Caná* (1995); *Et mutabile* (1995); *Los paréntesis* (1995); *AAA1144* (1997); *La maquinaria ilimitada* (1996 y 1998); *Réplicas* (1998); *Dípticos* (1998); *Mezcla para dos tiempos* (1999); *Al traste* (1999); *Farándula* (1999); *No buscan reflejarse* (antología, 2001).

EVOCACIÓN

MAMI.
Papi.
Sylvita.
La criada de enfrente.
El negro que vende escobillones.
La mulata que asoma los pezones por la persiana.
mi abuelo en filacterías muriéndose de cáncer.
El jardinero quitando la maleza.
La cabeza quebrada de mi abuela sobre la copa de un sicomoro oriental.

La tierra.
El Sinaí.
La diáspora y la aurora.
El bastión de una carrera.
La marcha de los guerrilleros cruzando las cordilleras.
La Habana remota que abre la puerta de sus prostíbulos,
me enfrenta a San Lázaro llagado.
Los estudios.
Las buenas noches.
El tema de la salvación.
Mi abuelo acaba de morir: lo encueran para bañarlo con alcohol.
Yo espero detrás de una ventana a que se muera,
a que abra la boca hebrea y diga adiós en español.
No hay campanas.
La familia se dispersa.
Todo indica favorablemente que nos vamos de nuevo.
Y finalmente, finalmente, finalmente,
la clásica pregunta en toda evocación.

NOCIÓN DE JOSÉ KOZER

No es el hijo ni del lobo ni de la cordera, de ahí su sentido de la
    organización.
"Acabo de contar 28 gaviotas rumbo a poniente." No es capaz de bajar
las escaleras corriendo como si hubiera visto
un alma en pena para comunicar a su mujer
Guadalupe la noticia: 28 gaviotas le recuerdan
la fecha de su nacimiento, se retiene,
algo sombrío y que no remite de pronto lo apremia.
Pero pasa a la diversidad, ahí se zafa: cierto que está a merced de la
    literatura pero quién no.

Graneros, *kvas,* Pushkin, Levín: no hay novela del siglo xix que por uno u otro motivo no le impresione.

Impresionable: las manzanas lo dejan boquiabierto.

Mucho más, el azul.

Su ambición es una: todo el vocabulario.

Describir el uniforme del teniente primero de húsares, la ambientación de un rostro en una casa con establos y troikas, olor dulcísimo a boñiga de los caballos.

Los vuelos y las telas (bromas) de los vestidos de Mademoiselle Kaushanska.

Quizás, sus lecturas no han sido del todo inútiles: ha dejado de pensar en aquella reina suprema de las tablas aún sin historiar, la actriz Olga Isaamovna en cuyo amor, ocho años, jamás hallara un pañuelo ni un parasol.

La noche de la separación encontró en la sala un zapato, una boquilla.

Noche de bodas.

Podía haber escrito una novela: sin embargo, otras son las escenas que ahora lo atraen.

Así, para 1974 (homenaje a Guadalupe) recompuso como en un juego de bujías y de tarjetas postales sus primeras contemplaciones habaneras.

GAUDEAMUS

En mi confusión
no supe ripostar a mis detractores, aquellos
que me tildan
de postalita porque pronuncio la ce a la manera castellana o digo tío
por tipo (me privan) los mestizajes
(peruanismos) (mexicanismos)
de la dicción y los vocablos: ni soy uno (ni otro) ni soy recto ni ambiguo,
bárbaramente

romo

y narigudo (barbas) asirias (ojos) oblicuos y vengo del otro lado

del río: cubano

y postalita (judío) y tabernáculo (shofar y taled) violín de la Aragón o
    primer corneta

de la Sonora Matancera: qué

más quisiera uno que no haber sido ibis migratorio (ludibrio) o corazón

esporádico

hecho al escándalo de quien a la hora nupcial, a la hora

del festín

cruza el umbral y aspira un olor a jarabes (olor) a frutas tropicales y eneldo:
    pues

soy así, él

y yo, cisterna y limbo (miríadas) las manos que trepan por la escala,
    contaminan

el pensamiento

de tiña y verdín (aguas) imperturbables: sin nación, quieto

futuro

y jolgorio de marmitas redondas (mis manos) son mi raza que hurgan
    en la crepitación

de la materia.

BABEL

Mi IDIOMA
natural y materno
es el enrevesado,
le sigue el castellano
muy de cerca, luego
un ciempiés (el inglés)
y luego, ya veremos:
mientras, urdo (que no

Urdu) y aspiro a un idioma
tercero para impresionar al
clero, a ver si puedo de una
vez por todas acabar esta
errancia, regresar a Ur, estancia
del estanciero habanero que fui
aquel año primero, cigoto, hocico,
marsupial, cebón y molleja,
gameto de sus potables pechos
empecinados en enseñarme
yiddish por el izquierdo, por
el derecho décimas y endechas
del güiro y del tres cubanos: de
dos en dos me fui alejando por
progresión geométrica, me volví
poeta (enrevesado) ni Urdu ni Ur,
más bien ripios, gallos, lenguajería
lisiada, tanatófoba, guillada,
siempre recelosa de la insalvable
distancia entre glotis y retina, glotis
Ur y retina Ur se van al diablo,
descalabro a la hora contrahecha
de la expresión: amador de vocablos
cuales turiferario y rubescente, no
retoco, lo pago caro y no cejo de
acatar a la Premiosa, me perjudico,
troto al día en el quehacer poético
(la salud me lo factura) un whiskey,
un poema, un poema, dos pajaretes,
un poema, tres cuatro dedos de vodka
y aquello ya parece *Obras Completas*:
el idioma dio de sí lo que pudo, a mi
madre se lo agradezco, y a la Madre de

madres de los idiomas: su bonche y
alharaca a babor, a estribor han dejado
estela ubérrima, Poesía, un túmulo vacío,
un catafalco deshabitado (pueril) (pueril)
y de regreso, cortejo fúnebre del lenguaje,
su cero utópico multiplicando indócil
la extremaunción (mil y una noches, con
sus días) de mis poemas en extinción.

ZEN

EL ARQUERO, un paso al frente, imitación de la grulla en la quietud anterior
   al graznido.
Abre su posición, la mano imita el arco.
Los ojos buscan la diana en sus pupilas.
Rocío (el arquero a punto de captar una imagen al alba).
Surca la flecha, pasa.
El arquero, inmóvil, la mirada fija en la arrogancia de su esterilidad.

POSTULACIÓN

ESCRIBO SIMULACIÓN porque a mí no me ocurre nada.

Ni los calcetines blancos ni mi enfermedad del oído, tampoco esta
   primavera que aún no arranca: tengo ganas de
   otro lugar, una cerveza larga (helada) se suben
   las cosas a la cabeza (ocurren) letras derramo:
   simular Zurich, Berlín, y simular Muralla y
   Compostela, existen a caballo las estatuas de
   los parques.

Simulan por mí un libre albedrío, una maraña de pensamientos
      intermitentes, y yo simulo verano, sol, olor a
      yodo (ya no huelen los mares) un mirífico muelle
      donde reconocer las tres cuatro formas (redomas)
      del pez del loto del viejo rescoldo que ilustra
      el núcleo de una palabra.

¿Cuál? ¿Qué más da? Da igual. Por ejemplo, la palabra cualquiera
      (sometida palabra a todos los avatares): lo mismo
      da rojo que negro (para la portada del libro), lo
      mismo da tirar mil que tres mil ejemplares, la
      letra garamond o polvo de estrellas: pomo o
      búcaro, mínimas expresiones que pertenecen
      por igual al conglomerado de expresiones de
      mi infancia: mi solaz son poemas (mi verdadero
      simulacro). Correr estilizado de unas palabras
      a la deriva (la poesía): las ajusto a medida que
      brotan, rápido, y con un gesto de la mano
      derecha o izquierda, su reajuste ocupa su forma,
      y la forma es pez (pomo) (búcaro) o candela
      (salitre) de letras o ascuas que se desmoronan.

Algún día quebraré el cristal, veré de cristal una rampa intacta, ya no
      deslizaré más palabras, por la falla del cristal
      habré pasado (¿transmigrado?) a lo translúcido
      a tocar árbol pez llama o cabrilleo, me llevaré
      a la boca un puñado de trizas (escamas) un ras
      de materias y unos fogosos animalillos para matar
      el hambre. Estaré exento, exento y a bien con los
      objetos, entre comensales: un lento andar al hacer
      saltar la fruta de la palma de la mano a una altura
      suficiente, cogerla al bies en la boca (pulpa unísona
      la boca) aureola concomitante de una flor anterior a
      esa forma extrema de redondez (pulpa) que es la fruta.

AUTORRETRATO (HOMENAJE A QUEVEDO)

Un ojo, fajina.

El otro (chiste viejo) azulado.

La nariz, cisco: borbotón mucoso.

De la boca nequáquam la voz.

Occipital, criba del seso apolillado.

El agujero genital otrora lácteo hogaño verdín.

Pies planos, chato cogote, el músculo cardíaco (tardío) (tardío) pétrea murumaca.

Las tripas, rebumbio.

Junto en Getsemaní plegaria reconfigurando un mano a mano del esternón, metatarso: un hilo cartilaginoso sube a Dios a pedir vendimias de molleja.

Y por respuesta, caries.

De costado me vuelvo a mirar cal viva reconcomer negros pedazos de víscera responsos de la sombra.

Su vestimenta real desolladura.

Gusano, ni que invitarte tengo a manducar de mí almorranas, lunares, celulosa.

Y este cavernoso verso catorce.

AUTORRETRATO

AHÍ TIENE MI RETRATO su contorno, engaño colorido.

Repelado estoy; eso que en mi país llamamos a la malanguita: barbero,
a tus útiles de sillón (borrón y cuenta nueva) dame navaja, raspa y
repón, y calla ya, gárrulo: la disoluta letra en la voz o escrito, nada
(ya) me dice. Estoy recién nacido: todos los allegados que veo a mi
alrededor permanecen en el silencio aromático de los establos; no
estamos en una buhardilla y no (tampoco) vivo yo de mis asuntos o
su recuerdo.

Esos humos que me daba, los reelaboro: era entonces más joven
(sincero): salpimentaba con (yo) mi conversación; ahora, creo que
disimulo y llamo en voz alta basura a lo que me afana (yo) yo (yo) en
mi interior fuero interno, todito mío, qué lumbre qué amor qué
repeluz poder echarme ahí adentro solo solito y ándeme yo (yo)
caliente, a prueba de bala.

Me recorté el pelo y me dije, yo he de leer todos los libros que me
incumben cuando ya haya crecido otra vez esta mata de pelo habré
alcanzado: a) el conocimiento, b) cultura, c) memoria, d) la facultad
de ver, e) una cierta visión del fondo y de ahí a f) qué; ¿y cuándo?

Un silogismo de colores: vamos pues a ponerlo en orden y seguirlo,
paso a paso: todos los hombres rapados se engañan. José está pelado
a la malanguita. Por tanto José es un hombre ante un perro desollado
que le ladra: es decir, José es (y queda claro) una preciosura de tipo
con su pelado a la malanga, ¿ven?

Claro que ven, engañar no engaña uno a nadie: se están ustedes viendo,
foto aquí foto allá, en sus casas: corred, ea, todos bajo la higuera a
retratarse: preparados al vano artificio del retrato; ella pulsa y pincha

del disparador al rostro nuestro de errada diligencia al polvo caduco de una expresión común a todos, rigor y vaya desfachatez fotografiarse: mortis, ¿y ya acabó? ¿Foto? ¿Adónde fuimos a parar?

¿Era soneto? Un gomero añoso, a mi izquierda ranas ranas un agua estancada, aprietan el disparador, objetivo, número ocho al nueve (automático) obturador; ya ha sido refrendado y a resultas (votación unánime) salimos todos en la fotografía: se me ve con sombrero de yagua para cubrir la cabeza pelona y el indiscriminado crecimiento de esta pelambrera del pecho, en el fondo sin raíz: y a mi lado se ve al chucho repelón, en llamas, con la úlcera vieja al costado que al retratar llega y ladra.

AUTORRETRATO

Sobrio no soy, sordomudo tampoco. De salud no ando bien pero no estoy enfermo: de dubitativa conformación esta cosa del cuerpo. En su zona artrítica ahora reconozco su aspecto menos engendro, más Teresa. No se me detuvo el bolígrafo (adiós estilográficas, adiós péndolas) ante la barbaridad de llamar engendro a un aspecto de este cuerpo mío (mentí) (y miento por banda doble) aún rebueno, me quedan bien las canas, las pocas patas de gallina dan un toque de sabiduría a mi catadura, ese gallardo, ese mirado, soy el verdadero yo: un yo Cíbola, yo Hespérides, soy argivo soy argivo (gritó). Soy personificación del viento oeste a este (cuál) se la metí a la harpía (gritó) barbas de guata, rizosa cabezota del más fino tisú oropéndola, deja correr (amada) tus largos dedos por esta encrespada cabellera donde cada hilo aovillado se alarga sedal, saca del fondo de la laguna al atorado manatí (amada). Lo dicho, no soy sobrio; ¿agramático? No exageremos: la licencia poética estará de mi parte hasta el Día del Último Diálogo; sólo entonces callaré, no gramaticaré, pues Allá mandan. Aquí me quiero tanto que me comestiblería yo a mí mismo si pudiera (ya dije que no soy sobrio): puedo serlo; así, un paso atrás pierna derecha, postura del Arquero, ni arco ni flecha, ni etéreo quimono reposado de seda, tampoco a la espalda un ibis amarillo sobre fondo negro tres ideogramas diminutos al pie de la pata en vilo del ave, nada, nada ave, nada pata, nada pierna derecha atrás un paso, el paso de las letras del Arquero sostenido por si acaso (¿habrá vida ultraterrena?), podría aparecer Autorretrato.

AUTORRETRATO

(PUES) qué soy yo sino una conjunción ilativa.

El pelo se me está cayendo en la ficción.

In illo in hoc in extremis vino el lenguaje de la verdad: lengua muerta.

Desde una ventana en altos, cristalina y curva, está el mudo azarado, sólo córnea; ni más ni sobresalto: córnea soldada al cristal por donde mira ajena a la pleamar que mira y es ajena, se despabila un instante y se vuelve ajena, los techos de pizarra bóvedas y minaretes de la ficción, quedaron retenidos (tatuajes, de la córnea): nada turbio (pues) la ilativa que soy queda suspensa y no hay palabras: silencio intermedio de un azor sosteniéndose (intermedio).

El Soberano llama, me viro y pregunto: ¿a mí? Por cierto que se me responde; calla, estafilococo, cállate ya de una vez por todas, bulbo raquídeo: y bajo la cabeza. Ah, ajá, tres cuatro interjecciones y me despeño, un par de exclamaciones no está mal: soy un hombre expresivo, suelto y vuelvo a la tranquilidad. Viene de tranca, estoy listo para todo, incluso rodeándome de toda esa ferretería que acompaña la hora de la muerte. Me viro, por ahí dejo de mirar, me llama el Soberano de nuevo y de nuevo le respondo con una de varias oraciones fúnebres: a ante bajo cabe con contra (oro) de desde según sin so sobre tras (tras) ahí justo en el cogote.

A tus zapatos, zapatero: el Soberano mande, yo a mis palabras para hacer la jura (izo) (arrío) (asgo) de la bandera del Idioma: yo soy un verbo defectivo que deseo impersonal: kozer hubo kozer abolí, llueva trombón e ira de palabras, llueva el deslustrado aderezo (guiso o galera) del diccionario: de algo hay que vivir, ¿no es así, Soberano? Mis restos estofo, de la oca mondongo y entre palabras me sostengo otro rato al borde, como siempre. Ya me asgo a la palanca motriz del diccionario, midiendo la distancia manoteo y oro: mecachís, de aúpa, órdiga, recórcholis.

Recórcholis llamo a esta nave, oración completa (simplificada): sujeto es la cabeza, verbo la parte baja y predicado, los restos (ahí vamos tirando). El miedo (a la estampida) me hace soltar gorgojo de palabras, la cabeza volví y el Soberano (circuncidado) me dio por nombre el del Caballero Encinto de Palabras: ya soy. Estoy a la entrada de la tienda esperando el fuego y mi columna correspondiente de sal.

EPITAFIO

Suplantó

el error de la insularidad con la variable opulencia del lenguaje.

Dos, tres palabras (hilván) la mano a la garganta.

Resonaron

sus bruces en la habitación: sílabas

y hormigas.

EPITAFIO (IMITACIÓN LATINA)
(ADAPTACIÓN CUBANA)

DESDE QUE KOZER HA MUERTO el cuartico está igualito.

El mármol es piedra pómez y la polilla sigue su curso.

Cuba da vueltas alrededor de sí misma y en un bosque de la China una
china se perdió, Kozer, en el enredijo de tu literatura.

Miguel Barnet

[La Habana, 1940]

Obra poética: *La piedra fina y el pavorreal* (1963); *Isla de güijes* (1964); *La sagrada familia* (1967); *Orikis y otros poemas* (1980); *Carta de noche* (1982); *Viendo mi vida pasar* (1987); *Claves por Rita Montaner* (1987); *Mapa del tiempo* (1989); *Con pies de gatos* (1993); *Actas del final* (2000).

LOS VISITANTES

VIENEN rodeando la casa,
atravesando el patio,
los muros altos donde las nubes
graznan como las garzas en invierno

Llegan al corredor
y se desvelan un poco por el olor a vino

Después entran en los cuartos,
se inclinan, gimen, visten el traje de Ricardo,
el antifaz,
de nuevo se deslizan hacia la misma noche,
de nuevo caen
con las manos unidas,
imitan el ruido de las abejas,
el graznido de invierno,
imitan el grito de pavor, de oscuridad, de nada

Vienen rodeando la casa
y parecen estar alegres,
parecen ejercer la plenitud de la sala vacía,
parecen estar vivos,
que es lo peor de todo

PEREGRINOS DEL ALBA

A la dotación del buque
"Sirene" (1836)

EXTRANJERO, tú que no pudiste ver los ahorcados,
abuelos, padres, alucinados alguna vez, constructores,
del marfil en Ifé o Benin, príncipes amurallados
Tú que no puedes imaginar este mar lleno de muertos
Este país como una obscena laguna,
como un umbral de maliciosos recuerdos
Quiero que conozcas la impiedad del yugo
Que te avergüences también
de la sangre aminorada
En nombre de mis antepasados blancos
yo te hablo
En nombre de Canoon, el negrero:
"Cuando zarpamos el mar de grande se me perdía
    en los ojos. Luego de seis meses de navegar
    llegamos a la costa cerrada de unos árboles
    salvajes e hincosos. Llevábamos piedrecillas
    moradas y algunas telas de tafetán que luego
    se convirtieron en un estupendo amasijo de
    negros bien corpulentos y negras que nos aseguraron
    paridoras…"

Ahora piensa en la travesía, aquellas cabezas
negras, aquellos brazos pulidos comidos por la
malaria y el tifus
Piensa en la fiereza del mar batiente
y los cráneos amarillos abajo

Toma por una calle cualquiera de mi ciudad
y oirás los tambores invocando la oración
y un dios mitad trueno mitad palma
hablando por los caracoles

Escucha, extranjero
Sé tú mi única ventura
Déjame darle a estos ojos un sosiego
A este remordimiento una salvación
Acompáñame hasta el amanecer
Te parecerá mentira una isla así tan sola
y estos peregrinos inaugurando el alba siempre

EL POETA EN LA ISLA

NI CAIMÁN oscuro,
ni caña vertical, mitológica,
ni Ochún nadando en las aguas doradas del sueño,
ni Santa Bárbara ardiendo en la noche del amor,
en la imborrable noche de los sexos
Ni la Giraldilla inmóvil
hacia el más remoto de los puntos cardinales,
ni la Avenida del Puerto empujando las aguas
hacia no se sabe dónde
Sino el fondo retador,

la cavidad arenosa de la Isla,
preguntando por mí,
buscando una respuesta mía

CHE

CHE, tú lo sabes todo,
los recovecos de la Sierra,
el asma sobre la yerba fría,
la tribuna,
el oleaje en la noche
y hasta de qué se hacen
los frutos y las yuntas

No es que yo quiera darte
pluma por pistola
pero el poeta eres tú

EN EL BARRIO CHINO

YO TE ESPERO
bajo los signos rotos
del cine cantonés
Yo te espero
en el humo amarillo
de una estirpe deshecha
Yo te espero
en la zanja donde navegan
ideogramas negros

que ya no dicen nada
Yo te espero a las puertas
de un restaurante
en un set de la Paramount
para una película que se filma a diario
Dejo que la lluvia me cubra
con sus raíles de punta
mientras presiento tu llegada
En compañía de un coro de eunucos,
junto al violín de una sola cuerda
de Li Tai Po,
yo te espero
Pero no vengas
porque lo que yo quiero realmente
es esperarte

Nancy Morejón
[La Habana, 1944]

Obra poética: *Mutismos* (1962); *Amor, ciudad atribuida* (1964); *Richard trajo su flauta y otros argumentos* (1967); *Parajes de una época* (1979); *Poemas* (1980); *Elogio de la danza* (1982); *Octubre imprescindible* (1983); *Cuadernos de Granada* (1984); *Piedra pulida* (1986); *Verso a verso* (1986); *Baladas para un sueño* (1991); *Paisaje célebre* (1993); *Elogio y paisaje* (1996); *El río de Martín Pérez y otros poemas* (1996); *Botella al mar* (1996); *La quinta de los molinos* (2000).

LA CENA

A mis padres

HA LLEGADO EL TÍO JUAN con su sombrero opaco
sentándose y contando los golpes
que el mar y los pesados sacos han propagado
por su cuerpo robusto
yo entro de nuevo a la familia
dando las buenas tardes
y claveteando sobre cualquier objeto viejo

sigo sin mirar fijamente
tomando el animal entre mis manos
distraída

pidiendo con urgencia los ojos de mi madre
como el agua de todos los días

papá llega más tarde
con sus brazos oscuros y sus manos callosas
enjuagando el sudor en la camisa simple
que amenaza dulzona con destrozar mis hombros
ahí está el padre
acurrucado casi
para que yo encontrara vida
y pudiera existir allí donde no estuvo
me detengo ante la gran puerta
y pienso en la guerra que podría estallar súbitamente

pero veo a un hombre que construye
otro que pasa cuaderno bajo el brazo
y nadie
nadie podrá con todo esto

ahora
vamos todos temblorosos y amables
a la mesa
nos miramos más tarde
permanecemos en silencio
reconocemos que un intrépido astro desprende
de las servilletas las tazas de los cucharones del olor a cebolla
de todo ese mirar atento y triste de mi madre
que rompe el pan inaugurando la noche

MUJER NEGRA

TODAVÍA HUELO la espuma del mar que me hicieron atravesar.
La noche, no puedo recordarla.
Ni el mismo océano podría recordarla.
Pero no olvido al primer alcatraz que divisé.
Altas, las nubes, como inocentes testigos presenciales.
Acaso no he olvidado ni mi costa perdida, ni mi lengua ancestral.
Me dejaron aquí y aquí he vivido.
Y porque trabajé como una bestia,
aquí volví a nacer.
A cuánta epopeya mandinga intenté recurrir.

Me rebelé.

Su Merced me compró en una plaza.
Bordé la casaca de Su Merced, y un hijo macho le parí.
Mi hijo no tuvo nombre.
Y Su Merced, murió a manos de un impecable lord inglés.

Anduve.

Ésta es la tierra donde padecí bocabajos y azotes.
Bogué a lo largo de todos sus ríos.
Bajo su sol sembré, recolecté y las cosechas no comí.
Por casa tuve un barracón.
Yo misma traje piedras para edificarlo,
pero canté al natural compás de los pájaros nacionales.

Me sublevé.

En esta misma tierra toqué la sangre húmeda
y los huesos podridos de muchos otros,

traídos a ella, o no, igual que yo.
Ya nunca más imaginé el camino a Guinea.
¿Era a Guinea? ¿A Benín? ¿Era a Madagascar? ¿O a Cabo Verde?

Trabajé mucho más.

Fundé mejor mi canto milenario y mi esperanza.
Aquí construí mi mundo.

Me fui al monte.

Mi real independencia fue el palenque
y cabalgué entre las tropas de Maceo.

Sólo un siglo más tarde,
junto a mis descendientes,
desde una azul montaña,

bajé de la Sierra

para acabar con capitales y usureros,
con generales y burgueses.
Ahora soy: sólo hoy tenemos y creamos.
Nada nos es ajeno.
Nuestra la tierra.
Nuestros el mar y el cielo.
Nuestras la magia y la quimera.
Iguales míos, aquí los veo bailar
alrededor del árbol que plantamos para el comunismo.
Su pródiga madera ya resuena.

CARTA NÁUTICA

MIRO las aguas todas
desde las profundidades del mar
y allí estás como en un cuarto menguante acelerado
y allí estoy sin palabras, móvil entre la espuma
que navega hasta tu corazón.
Y hacia nuestro amor avanzan
los cuatro puntos cardinales
y los restos de barcas y navíos que pudieron
sobrevivir al naufragio de un cuarto de siglo.
Seguiremos amándonos a perpetuidad.
Y alzaremos nuestras cabezas
en el oro cerrado de la arboleda muda
hasta llegar, de nuevo, al pie de los cien mares.
En la pleamar tu cuerpo y mi cuerpo.
Allá en la bajamar tu boca y mi cuerpo y tu esplendor.
En esta carta náutica no hay espacio posible para ellos.

ANA MENDIETA

ANA ERA FRÁGIL como el relámpago en los cielos.
Era la muchacha más frágil de Manhattan,
iluminada siempre por las lluvias de otoño,
calcinada su historia en las más tristes celosías.
Desde un balcón, Ana abría las ventanas
para asomarse a ver la multitud pasar.
Eran siluetas como de arena y barro
caminando sobre sus pies. Eran siluetas
como un ejército de hormigas silenciosas,
dispersas en el viento perenne de Cuaresma

o en una madriguera de cristal.
Ana adoraba esas figuraciones
porque le traían remembranzas,
viejas, sonoras, dulces remembranzas
de cierto callejón del Sur, en el Vedado.
Ana, lanzada al vacío.
Ana nuestra de la desesperanza,
esculpida tú misma en el cemento hostil de Broadway.
Un desierto, como el desierto
que encontraste en los orfelinatos,
un desierto amarillo y gris te alcanza
y te sujeta por los aires.

Bajo el balcón de Ana, pasan los trenes apurados
como pasaba el agua por las acequias de otro tiempo
atravesando aquel pueblito extraño
de los álamos verdes y el farol encendido.
Sobre el balcón de Ana, de noble vocación habanera,
vuelan las mariposas tutelares,
vuelan las simples golondrinas que emigran
como es usual, como se sabe, como es costumbre
a las vastas ciudades enardecidas de confort y de espanto.

Ana, una golondrina está revoloteando sobre tu pelo negro
y el candor de ese vuelo presagiaba tu muerte

Ana

Una golondrina de arena y barro.

Ana

Una golondrina de agua.

Ana

Una golondrina de fuego.

Ana

Una golondrina y un jazmín.

Una golondrina que creó el más lento de los veranos.
Una golondrina que surca el cielo de Manhattan
hacia un Norte ficticio que no alcanzamos a vislumbrar
o a imaginar, más al Norte aún de tantas vanas ilusiones.

Ana, frágil como esas crucecitas vivas
que anidan en la cúpula de algunas iglesias medievales.
Ana, lanzada a la intemperie de Iowa, otra vez.
Una llovizna negra cae sobre tu silueta.
Tus siluetas dormidas nos acunan
como diosas supremas de la desigualdad,
como diosas supremas de los nuevos peregrinos occidentales.
Ana sencilla. Ana vivaz.
Ana con su mano encantada de huérfana.
Ana durmiente. Ana orfebre.
Ana, frágil como una cáscara de huevo
esparcida sobre las raíces enormes de una ceiba cubana
de hojas oscuras, espesamente verdes.

Ana, lanzada al vacío.

Ana, como un papalote planeando
sobre los techos rojos de las casonas del Cerro antiguo.
Ana, qué colores tan radiantes veo
y cómo se parecen a ciertos cuadros de Chagall

que te gustaba perseguir por cualquier galería
de la Tierra.
Tus siluetas, adormecidas,
van empinando el papalote multicolor
que huye de Iowa bordeando los cipreses indígenas
y va a posarse sobre las nubes ciertas
de las montañas de Jaruco en cuya tierra húmeda
has vuelto a renacer envuelta en un musgo celeste
que domina la roca y las cuevas del lugar
que es tuyo como nunca.

Luis Rogelio Nogueras
[La Habana, 1944-1985]

Obra poética: *Cabeza de zanahoria* (1967); *Las quince mil vidas de un caminante* (1977); *Café de noche* (1980); *Imitación a la vida* (1981); *El último caso del inspector* (1983); *Nada del otro mundo* (1988); *Las formas de las cosas que vendrán* (1989); *Hay muchos modos de jugar* (1990); *Las palabras vuelven* (1994).

AMA AL CISNE SALVAJE

> ama tus ojos que pueden ver,
> tu mente que puede oír
> la música, el trueno de las alas,
> ama al cisne salvaje.
> ROBINSON JEFFERS

NO INTENTES POSAR TUS MANOS sobre su inocente
cuello (hasta la más suave caricia le parecería el
brutal manejo del verdugo).
No intentes susurrarle tu amor o tus penas
(tu voz lo asustaría como un trueno en mitad de la noche).
No remuevas el agua de la laguna no respires.
Para ser tuyo tendría que morir.

Confórmate con su salvaje lejanía
con su ajena belleza
(si vuelve la cabeza escóndete entre la hierba).

No rompas el hechizo de esta tarde de verano.
Trágate tu amor imposible.
Ámalo libre.
Ama el modo en que ignora que tú existes.
Ama al cisne salvaje.

ETERNORETORNÓGRAFO

Para Ángel Augier

EL JOVEN POETA MURMURÓ cerrando el libro de Apollinaire:
"Este sí es un poeta…"
Y Apollinaire, el soldado polaco Wilhelm Apollinaris de Kostrowitzky,
enterrado hasta la cintura en el fango de la trinchera cerca de Lyon,
mirando la noche estrellada del 4 de agosto de 1914,
la tierra reseca, florecida de estacas y alambre de púas,
sembrada de minas esa noche de 1914,
mirando las bengalas azules, rojas, verdes en el cielo envenenado por
    los gases
apretó el húmedo librito de Rimbaud mientras sobre su cabeza pasaban
    silbando los obuses.
Y Rimbaud, haciendo sus maletas en Charlesville, echó junto a su ropa
    los versos de Villón.
Y Villón, el doce veces condenado, el apócrifo, el inédito, pensó ante el
    patíbulo en las tres cosas que más había amado: su mujer Christin, su
    leyenda, la de él, la de Villón,
y el borroso recuerdo de unos versos que hablaban de la noche del 711
    en que Taric se apoderó de Gibraltar.
Y el sombrío poeta árabe que escribió aquellos versos la calurosa noche
    del 711 apoyándose en la cimitarra
imitaba los versos que su abuelo le leía en la lejana Argel;

y el abuelo de Argel había leído a Imru-Ui-Qais, al que Mahoma
    consideraba el primer gran poeta árabe; lo había leído una
    interminable jornada en el desierto de Sahara (más húmedo ahora
    que entonces)
en la lenta marcha de los camellos y las teas encendidas.
Y es probable que Imru-Ui-Qais escribiera en la lengua de Alá
    imitaciones de Horacio,
y Horacio admiraba a Virgilio,
y Virgilio aprendió en Homero,
y Homero, el ciego, repetía en hexámetros los extraños poemas que se
    susurraban al oído los amantes en las estrechas calles de Babilonia y
    Susa,
y en Babilonia y Susa
los poetas imitaban los versos de los hititas de Bog Haz Keui y de la
    capital egipcia de Tell El Amarna,
y los poetas del 4 000 a.n.e.
imitaban a los poetas del 5 000 a.n.e.
Hasta que el hombre de Pekín, en la húmeda caverna de Chou-Tien
viendo arder lentamente sobre las brasas el anca de un venado,
gruñó los versos que le dictaba desde el futuro
un joven poeta que murmuraba cerrando un libro
de Apollinaire.

Habana, 6, III, 1969

PÉRDIDA DEL POEMA DE AMOR
LLAMADO "NIEBLA"

Para Luis Marré

AYER HE ESCRITO un poema magnífico
lástima
lo he perdido no sé dónde
ahora no puedo recordarlo
pero era estupendo
decía más o menos
que estaba enamorado
claro lo decía de otra forma
ya les digo era excelente
y entonces venía una parte
realmente bella donde hablaba de
los árboles el viento y luego
más adelante explicaba algo acerca de la muerte
naturalmente no decía muerte decía
oscura guerra o algo así
y luego venían unos versos extraordinarios
y hacia el final
contaba cómo me había ido caminando
por una calle desierta
convencido de que la vida comienza de nuevo
en cualquier esquina
por supuesto no decía esa cursilería
era bueno el poema
lástima de pérdida
lástima de memoria

Reinaldo García Ramos

[Cienfuegos, 1944]

Obra poética: *Acta* (1962); *El buen peligro* (1987); *Caverna fiel* (1993); *En la llanura* (2001).

DISTANTE

Si al final de estos años,
Con toda la arrogancia demostrada
Y el curso inverosímil
De tantas pasiones y consuelos,
Te sucede
Que por un instante apenas prodigioso
Recuperas
No el ánimo encendido
Ni la fantástica ironía,
Sino el olor, la audacia tenue
Del ritmo familiar,
Los tonos anhelados de la tarde,
La imagen viva de esa casa ancestral
Y el flamboyán y el pozo,
Y hasta la auras en su vuelo
O los cañaverales insistentes,

Sonríeles,
Hazles una tremenda reverencia,
Sin agonía comprueba sus dimensiones fulgurantes;

Pero no te detengas.

Admira esas potencias emanando
De la fragancia establecida,
Dales un toque si prefieres de tu vibrante prisa,
Y déjalas envueltas con ardor
En el polvo distante.

FUNCIONARIA A LA ENTRADA
DEL MUNDO

Retrato de la señora O. G., ante inmigrantes

NO SABE CASI NADA de mustélidos,
no le pregunten nunca cómo son las acacias;
ella recibe y mira con la severidad del aluminio,
no le encuentra sentido al tacto de la abeja.

Pero pueden pedirle las instrucciones generosas, darle sin vaguedad el
    nombre del adecuado cuestionario;
para ella lo augusto, lo asombroso,
son esos legajos que fustiga con sus dedos felices.

Y pónganse a esperar con paciencia infinita:
no vayan a pensar que ella sabrá enseguida la elemental razón de los
    desastres;
por mucho que se esfuerce, no podrá imaginar
la exacta forma del rincón del mundo
que sin cesar le entrega tantos apaleados.

(Cuando responde, queda claro que a ella nunca la han puesto a
   maldecir el laberinto de sus sueños)

Ella está ahí para cumplir con su deber, y adora sus funciones:
fija retrasos con el fervor de los castores,
emite prohibiciones como esporas en un mar agitado;
sabe que es justa y honorable y hasta armónica,
pero no hay día en que no se sienta exasperada por estos entusiastas,
que siempre dan con mala letra una respuesta innecesaria
(como si no hubiera que cumplir los reglamentos)

LA MANO DE MADERA

A la memoria de Gustavo Ojeda

Es una mano de madera, gastada y diminuta,
que perdió el santo al irse trasladando
de altares con los años,
las persecuciones y las guerras.

Es un objeto entre mis libros, algo oscuro,
una presencia devastada, con sus dedos
que apuntan hacia el techo, a la pradera de otras nubes,
a los dibujos de la cal, que nunca cambian.

Pero también es un aviso intransigente, un misterioso envío.

Al caer la noche, por ejemplo, parece respirar:
si paso cerca del estante la siento estremecerse,
como trayendo al mundo una espesura antigua,
un esplendor,
sin musitar ramadas, sin abrirse.

422

                              Y en la madrugada
se convierte a menudo en puntual artificio;
cuando me voy a la ventana en pleno insomnio,
a comprobar el peso de la ciudad callada
al centro del espacio,
la mano se pone a murmurar.

Sin que nadie nos oiga dice
                              no se pierdan,
dice esperen, adiós, dice vale la pena,
o a veces silba y gime al mismo tiempo,
dice estaré aquí seguro, deja palabras sin final,
mete el silencio en sus estrías y lo salva.

La vuelvo a ver cada mañana y me pregunto
cómo pudo haber sido la otra imagen, la figura completa,
la que tuvo color y estos huesos y uñas al inicio,
pero no me detengo en ese intento mucho tiempo;
¿qué falta, díganme, me haría?

Si en realidad me basta con esta mano retenida,
que ni bendice ni condena,
que no me anuncia inmolación, cenizas, rostros anulados,
ni tampoco me espanta con sus altivas risas o acertijos.

Mientras el mundo suelta sus estruendos,
y se desatan a lo lejos los reclamos
de la fabricación insuficiente,
déjenme aquí cuidando esta reliquia de madera;
mientras la vea tan cerca,
puede que alguna suerte me toque en el abismo.

Me gusta oírla, imaginar que aguarda.

ESTATUAS DERRIBADAS
(Moscú, 1991)

SÓLO LA LLUVIA las envuelve a veces
     en su lívido rito
y refresca sin prisa los labios bien cerrados,
las orejas, honduras inflexibles
que nunca recibieron
     como ahora
revelaciones tan serenas.

Con levedad perfecta,
las únicas palomas se acercan al metal,
meditan en su juego,
     pero se alejan pronto,
y hay perros que inspeccionan
día a día las barbas,
el hueco frío del cuello,
la rústica cabeza vacía, renombrada.

Casi nunca el viejo sol visita
     las pupilas de piedra.

Lina de Feria

[Santiago de Cuba, 1945]

Obra poética: *Vocecita del alba* (1961); *Casa que no existía* (1967); *Lo que va dictando el fuego* (1989); *A mansalva de los años* (1990); *Espiral en tierra* (1991); *El ojo milenario* (1995); *Los rituales del inocente* (1996); *A la llegada del delfín* (1998); *El mar de las invenciones* (1999); *El libro de los equívocos* (2001); *El rostro equidistante* (2001).

ES LO ÚNICO

ES LO ÚNICO
Hace una noche espléndida para morirse
Los animales abandonaron sus tubos de agua
Tratando de encontrar esos refugios
De que hablaba el cuerpo
No hallaron nada ni la sombra de sus orejas
No saben a dónde han marchado
Como nosotros sólo llevan un poco de intuición
Una necesidad de hallar lo cierto
Odian el mismo panorama
Huyen de las raíces sepultadas
De las palabras sin luces
Se sabrá que también la hermosura nos reconoce
Porque no está en un precepto
Ni en un sitio fácil
Tiene toda la condición de la tierra

Está en el trazo amargo en la evasiva del temor
En la entrada a cines repentinos
Tú y yo tenemos mundos más grandes
Que este mundo
Noches más largas que esta noche
Estaba dicho que no habría lugar

Y no lo hubo
Que compraríamos jaulas vacías
Y le pondríamos nombres a las calles ajenas
Que también éramos gente de nunca
Gente de resistir y así se hizo
Estaban dichas todas las cosas
Nos esperaba una prisión de animales salvajes
Nuestra separación fue en el comienzo
Como si fuera la cola de un pájaro
Dando contra el cuello de una estatua
Nos acercó una piedad sin horario
No te parece que esto es un mar sin origen
Una mirada bajo el fuego un águila
Hacia un fondo inexpugnable?
Sabemos que el impulso es un despojo
Que se gasta el discurso sobre los fondos simples
                    De la tristeza
Estoy más reducida más ingenua cada vez
Par favor sigue guardando hojas
En los bolsillos de tu abrigo
Existes como un aire próximo
Como los sobres que se despegan bajo el agua
Es lo único
Aunque hay algo vivo en todo
Creo que nunca acabaré de comprender la vida
Ni esta noche espléndida para morirse.

NO ES NECESARIO IR A LOS ANDENES

No es necesario ir a los andenes
A buscar el farol que marca la salida
Para saber que la tristeza
Puede estar cómodamente instalada
En el adiós de una gente de pueblo
O en la muchacha que va a alcanzar
La muerte de su padre con un telegrama
Que le brinda un asiento sin número.

A veces lo más triste
Puede estar en la expresión de la mujer
Vendiendo el boleto tras la reja
Y que mecánicamente poncha el pedazo de cartón
Como si lo supiera todo del viaje
O como si no supiera nada
Y le pide al que hace fila con mi hombro
Que nos desplace rápido
Porque ya es tiempo de continuar.

Y es que no hay nada peor
          Que una cara sin rostro.

EL CUENTO DE LA MUJER

A Ana González Abreu

EL CUENTO DE LA MUJER que no padece
        Agrada a todo el mundo.
Ha vuelto Ana
        Y trae el pecho lleno de felicitaciones
Y las yerbas del camino hechas trizas por su oreja
        Como en un baño.
Viene propicia para contagiarse entre los demás
Y ser el eje el disfrute
            El abrevadero de las bestias todas.
Un banquete de rara atmósfera se prepara y hay
Tantos ayudantes nobles y gratuitos
        Que teme haber conseguido la felicidad.
Es una semejante al fin
Un miembro más de los caminos
        Y puede tomar el vaso
Y no sentir que las venas
        Van a ser picadas por ella misma
En esa necesidad de dudar que antes admiraba.
Mientras tapia la senda
        Ana no arde como un pájaro
            Y es prieta más bien.
Son una atrocidad su lengua su saliva su hueso
Sus ojos que se desprenden
        Y se pegan a todos los objetos
           Dolorosamente.
Ana no arde como un pájaro
        Ni es la mujer que por buscar
            Araña las paredes hasta la sangre.
Se aquieta más bien.

Y así mientras lo miro
Su mano cae
　　　En la rodilla como una fruta reventada
Y yo la miro y le hablo
　　　Del reino junto al mar de Annabel Lee
Y Ana se ovilla como un perro.

I

el flamboyán sigue esperando
desde algún ojo milenario
la continua mutación de Patagonia
convirtiendo los azules del mar
　　　en un vivero de salitre.
si el hueco en el ozono crece
el hombre apacigua su mirada
　　　y olvidado de toda realidad
invoca una Tierra insumergible
mientras que adentro como un cáliz
　　　bebe el fondo de los días
y los cristales reflejan aquel rostro
venido desde Ur
　　　repetido en los bárbaros
y que ahora vuelve a cobrar impulso
mientras pule sus uñas insistentemente
rodeado de trenes electrónicos
como un dios bien libre del ave de rapiña
pero desorientado como nunca
pero desorientado y　　　　taciturno
pellizcando su propia mejilla
y haciendo un silbido de animal bucólico

ante el destrozado acueducto de Albear
y ante la estupefacta fuente de la India
sin que existan manadas que respondan
y vengan a hociquearnos la espalda
ni florecitas.

TRÁNSITO

EN LOS CADÁVERES de la sombra que es la vida
el hallazgo de ramas deshojadas
convirtiendo el deambular de los caminos
en noche de lluviosas pérdidas
de rostros que se amarraron
cuerpos que alguna vez iluminaban
el cansado dormir de la ciudad.

el hombre que impaciente
muestra las cicatrices de la infancia
es porque aún busca entre nosotros
el diálogo
          y no piensa en la continua
salutación del burlador del rostro
                              seco como un desquite amargo.
buscando el rencor en la vida
mi mano es una hilera de temblores
para los semejantes escarnecidos
por un destino inconcluso
como el de los delfines alejados del mar
sombras nostálgicas
marino huerto hundiéndose sin frutos
conmovedora muerte de la tarde y su aroma.

Raúl Rivero
[Morón, 1945]

Obra poética: *Papel de hombre* (1970); *Poesía sobre la tierra* (1973); *Corazón que ofrecer* (1980); *Cierta poesía* (1982); *Poesía pública* (1983); *Escribo de memoria* (1987); *Poesía IV* (1988); *Firmado en La Habana* (1996); *Herejías elegidas, Antología* (1998); *Puente de guitarra* (2002).

HOTEL AMISTAD

No sabe que estoy viendo cómo tiemblan sus manos
cuando le digo en alta voz
que afuera llueve
que esta noche quisiera tragarme su respiración.

No imagina siquiera
que aquí
frente a sus ojos
estoy llenando de ella este papel.

No puede
no quiere pensar
que la última noche
me la estoy llevando en un poema
que ahora cuando este cuarto deprimente
de la calle Industria
comience a ser olvido

ruidos de besos
nada
se hundirá para siempre nuestro pequeño reino
empezaremos a divulgar nuestros secretos
porque ya se cumplieron las tres horas.

Se rompió el hechizo
el posadero llama ruidosamente a nuestra puerta.

ME HAN MATADO CIEN HOMBRES

SE VA.
Marcha envuelto en el hilo impecable
oscuro de la madrugada.
Sigue los pasos de nadie
sofocando la suave rebeldía de su pelo
y de su corazón.

Se va.
Camina solo y pálido
por las veredas de la Sierra
se detiene al borde de los ríos
con humos de gran conquistador.
Levanta los ojos y tiene el sol
el cambio de aire
la transparencia y la música
de la mañana del Turquino.

Llega.
Descalzo, sin nombre.
Pero las emboscadas y el fuego de su garand

le dan botas
lo bautizan
lo transforman
porque siempre el hombre
cuando llega a la guerra
descubre el otro que es él mismo
ya sea león o soñador
héroe o suicida.

Se va.
Se vuelve a ir.
Ahora avivando el pelo largo
poniendo por delante su cabeza
alumbrando las trampas con el desvelo
del que invade la muerte con la muerte.

Viene.
Oculto por las llanuras de Camagüey.
Hundido en el fango.
Sorteando como el viento
los peligros del cruce
a las alturas de Las Villas.

Llega.
Es el enemigo del sosiego
la ruina del orden
el relámpago que salta y asalta
la azotea
que se llena de pólvora
que inicia la batalla
donde se va a morir un Capitán.

Hombre:
detente en esta esquina
donde ahora la placa en la pared
y el recuerdo de un agradecido
desafían y rompen la memoria.

Detente.
Piensa que por ese pan
por ese amor
que defiendes cada día
está cayendo siempre
frente a esta ventana
el corazón de El Vaquerito.

BREVE INVENTARIO DE LA HERENCIA

sin pálpito mi mirada...
ALEJO CARPENTIER

DESPUÉS DE ESTE TRÁMITE FINAL para el olvido
donde tu nombre cumple en las planillas y en el informe médico
sus últimas gestiones humanas y legales
donde yo doy tus señas, tu edad, tu dirección
como si hablara de un desconocido porque mi voz es otra
y otra la voluntad que impulsa mis palabras
después que te dejemos solo entre aquellas absurdas
flores de papel, bajo aquel sol brillante que trajeron
me he puesto a meditar sobre tu herencia.
En materia de objetos no he encontrado, sino
tu ropa sin sentido, los zapatos humanizados por tu pie
los carnets con las fotos donde miras
con cierta indiferencia hacia la cámara.

En lo que llamabas "el estuche del hambre"
(aquel maletín hecho de prisa en 1952 —debe haber sido en marzo—
donde llevabas tus pobres tijeras, tus peines amarillos
el talco y el perfume aquel que te obsequiara un hombre
que no nombro porque en su historia no
caben los detalles)
he encontrado además tu cortaúñas, los espejuelos
sin rostro, un almanaque roto y el recorte de un artículo
donde alguien habla de mis versos con más amor
que lógica.
Hay también otras huellas en la casa
otras marcas que borrarán pinturas, reparaciones
y distancias.
Materialmente no queda ya otra cosa
como no sea la sensación, una ráfaga de aire o de esperanza
que de repente trae el timbre apagado de tu voz
como no sea un gesto mío en que descubro el tuyo original
o me despierte soñando que he soñado
y que en el sueño tú me aclaras que todo ha sido un sueño.
No queda nada más. El reino de la muerte
no ofrece alternativas.
Pero su reino no llega al corazón
su sombra no extingue al hombre para siempre
el hombre es superior y sobrevive, trasciende sus cenizas
(su polvo enamorado) y al menos una brizna del amor
que regó por la tierra testimonia su paso
anuncia que hubo fuego, vida, sangre roja y corriente
en un lugar donde hoy no queda
pálpito ni mirada.

PREGUNTAS

Por qué, Adelaida, me tengo que morir
en esta selva
donde yo mismo alimenté
las fieras
donde puedo escuchar hasta mi voz
en el horrendo concierto de la calle.

Por qué aquí donde quisimos árboles
y crecieron enredaderas
donde soñamos ríos
y despertamos enfermos
en medio de pantanos.
En este lugar al que llegamos
niños, inocentes, tontos
y había instalada ya una trampa una ciénaga
con un cartel de celofán
que hemos roto aplaudiendo
a los tramposos.

Por qué me tengo que morir
no en mi patria
sino en las ruinas de este país
que casi no conozco.

Magali Alabau

Obra poética: *Electra, Clitemnestra* (1986); *La extremaunción diaria* (1986);
Ras (1987); *Hermana* (1989); *Hemos llegado a Ilión* (1992); *Liebe* (1993).

HERMANA
(fragmento)

VAMOS A RECORRER LOS CUARTOS en que anduvimos
juntas
las casas,
las sombras,
la noche, el mosquitero,
los zumbidos. También la madrugada
y los patios.
Había dos patios, uno grande donde las gallinas
y las chivas y el perro caminaban,
había el cementerito verde
donde entre dos o tres matas de clavel
nacían ajos.
Había una ventana y mirábamos
y de ella al patio un tramo.
Imaginemos un autobús
solitario que nos pasea entre los cuartos.
La sala,
entramos. Se esconden las caras al vernos llegar.

El sillón dando vueltas. Nos sentamos.
Lo imaginamos de carrusel y polvo.
Abrimos la ventana y la otra ventana
y cerramos las ventanas.
Los muebles son negros.
La mesa tiene mantelitos bordados.
Observamos los muñecos,
la bailarina, el elefante,
la jirafa y los tres reyes mosqueteros.
La peluquería improvisada, los cepillos,
la acetona, los algodones,
el pelo cortado en el piso es la alfombra,
los espejos, tú y yo.
Los bombillos arriba y te digo:
no enciendas la luz, las cucarachas bailan,
los patines tirados, dos de un mismo pie.
La saleta guarda los fantasmas
que se esconden detrás del sofá y el radio callado
dice que es de noche.

No puedo seguir en este recorrido
porque no estás.
Aquí entro. Abro las dos o tres cartas
que anuncian objetos perdidos.
La llave se traba.
La puerta habla bajito. La luz apagada,
una pequeña llama.
El baño, los cigarros,
la falta de vino para recordar los pasos,
el tilo, la cama.
Quiero recordarte, pero escapas.
La noche hace acordarme
que te hubiera traído

a un país diferente. Como si la enfermedad
escapara por la ventanilla de un avión.
Se puede traer el recuerdo, dormirlo
entre los años, despertarlo
en un poema, hacerle una visita
como a un presidiario.
Siento que tenemos que hurgar
como si en la saleta hubiera un tesoro enterrado,
como si tuviéramos que escribir una pequeña historia,
hacer una islita en el patio,
estirar las ramas y vernos dos plantas
encaramándose en el aire.
La casa tiene sus limitaciones.
Es una isla. La cocina es de abuela,
el baño de todos,
el comedor de abuelo,
la sala de mi madre
y los dos cuartos nos pertenecen
y nos cortan el paso.
Caminamos como las luciérnagas,
tuertas las dos paseamos,
mirando los percheros, el almidón,
la naftalina.
La casa la hubiéramos abandonado en cualquier momento.
Se abriría la nevera,
se arrimarían las sillas,
trataríamos de recordar los almuerzos,
pero no hay vino y la memoria
permanece acorazada en el vaso de agua.

Es inútil.
No tengo emociones,
soldados capaces de saltar.

Sé que todos se iban cuando regresábamos.
Sé que todos cerraban las puertas y nos lanzaban
como pedradas a la calle que era la sala.
Pero la calle nos empujaba hacia adentro
y nos sacaba la lengua,
hacía muecas, abría el molar.
Los muebles nos escondían y se murmuraba:
la guerra está a punto de estallar.
Los aviones en el parque y los sonámbulos
echando balas a la acera,
tirémonos al piso, detrás del sofá.
Con tu lengua pinto mi nombre.
Empecemos a tocar el piso a ver si nos abren.
Las balas se mueven rápidamente entre las cabezas.
Las muñecas están por ahí, arrastrémoslas,
que toquen las puertas ellas.
Se van asomando a la puerta. Sí, quisieran
que en esta batalla hubiéramos muerto.
Nos sentamos detrás del sofá a peinarnos,
a maquillarnos, a ponernos las flores y los
algodones.
Registran los baúles, el radio, no estamos.
¿Quiénes son los invisibles?

Pero estamos acostadas en mi cama
gemelas, uniformes, confesándonos,
en un frío, y sin colchas
frente a un poderoso ojo
que me mira insolente
mientras dices: Ya pasó.
Ahora estás sin cuerpo y yo sin alma,
en la cama,
y te diré que huía,

que mientras más maletas preparaba
y más excusas,
más oscuridad se asentaba
en una isla, un pantano,
la pesadumbre. Desgajar
la pequeña historia nuestra
y querer un papel blanco
para pintar un cero.
Expandirse sin sogas,
sin tus ojos que me hacían un criminal.
Y sin embargo yo era la única que entendía
y ese entendimiento el único que te liberaba
y escapé con él.

Ser desertor
implica que en cualquier ocasión
cuando se habla de honor o de fidelidad,
o de amor, o de heroicidad o de qué altura,
uno se escurre por donde pueda.
Significa quedarse fuera de las conversaciones
y si uno se atreve a ponerse una máscara
luego retirarla con alivio de que no había
por ahí uno conocedor.
Es no comer con fruición, no dormir a pierna suelta,
llevar una soga en el bolsillo
y ver, en caso de que el recuerdo volviera,
dónde aguantar la soga del ahorcado.
Es ser Pedro, el gallo y las tres veces,
es saber la sentencia de antemano,
es leer y no identificarse con la protagonista.
Es renunciar a los discursos y a los premios,
a las pequeñas alegrías.
Es mirar el vaso con la propia dentadura

y que nadie te diga por qué lloras.
De pronto ocurre que hay que cuidar a alguien,
que hay que bañar a un perro, que hay que cruzar
a un ciego, y la palabra "mentira" salta por todos lados
inesperada y fría.
Ser desertor es haber dejado los ojos,
preparar el suicidio
y no llevarlo a cabo.
[...]

HEMOS LLEGADO A ILIÓN
(fragmentos)

[...] A PESAR QUE ESTOY EN EL HOTEL, llego tan tarde,
en el espacio, sola,
no tengo tanto miedo.
Es verdad que he registrado las gavetas,
fijado la vista en los objetos
como si fueran también conspiradores.
Es verdad que no traigo invitados,
no hay quien hable, y si hablaran,
les diría que no hablen.
Es una habitación sin los desdoblamientos de allá fuera.
Es verdad que minuciosamente recojo los escollos, las notas,
los mensajes y me guardo de palabras que suenen sospechosas.
No es que no tenga miedo. En verdad, no estaba preparada
para el buen trato, para los buenos días de cada ascensor,
para el servicio portero de llaves repetidas.
Aún así, ¿por qué me siento como los prisioneros?
¿Por qué pregunto a la sombra de la lámpara
si hay alguien deambulando en este sueño?

Llego de madrugada.
Mal vestida ya estoy, un poco agria
de tantas ocasiones.
Tiento a ver si soy la misma.
Mi voz suena cambiada.
No llevo las acotaciones que creía aprendidas.
Pierdo el tiempo perdido en cada rato.
Doblo las ropas y esta sensación de ser extraña
me sumerge en la cama.
De visita no he venido. ¿Cuál es mi condición,
presencia en esta estancia pertenencia del Averno?
Me golpean las sienes las palabras pero no hay
nada más, no hay libros, no hay rituales diarios,
ni emociones.
Sólo hay esta presencia que alzo en vilo
y recibe las palabras sin fruición,
atropelladas.

[…]

Estoy en el hotel más codiciado
tratando de pasar por alto los encuentros.

Me quedan mis amigas preferidas.
A ellas que ya no quiero verlas.
Tendría que quitarme la máscara del Norte, la Conquista.
Verían en mis manos el temblor, el miedo, mis dudas.
Verían cómo la línea divisoria me ha dejado vencida.
Página en blanco, sin nombre hemos venido
a descubrirnos en los hechos diarios.
Allí se celebró tu juicio. Allí te dieron los nombres de bautizo.
Allí te encadenaron la primera maleta, la injusticia,
la bruma, la increíble aspereza de la calle.

Los jueces fueron los siempre funcionarios,
compañeras de escuela, tus papeles guardados.
Fueron al juicio todos los que siempre han ido
al juicio y al repudio de la melancolía.
La declaración de guerra fue la duda ante sentencias categóricas.
Encerrados en un cuarto alargado por la mesa,
las sillas, uniformes, las gorras de milicia,
se sentaron a codiciar mi vida en unas horas.
Allí tuve que declarar mis pertenencias,
mi primer beso, la primera aurora,
mis conciertos fueron adolescentes poemas
sacrificados ante Minos.
Allí vi concordar la cicuta con los inquisidores.
Allí pasé el medioevo y la debacle, allí, en ese cuarto,
luces frías, oí los rezos, las denuncias, los detalles inciertos,
vi los rostros contorsionados por la ira,
vi la envidia del ángel que no cae.
        Allí ejecutaron mi impávida certeza.
        Quedó desboronada allí en esos bordes.
        Allí entretejida por calumnias
        me fui desvaneciendo envilecida.

[...]

Ya es hora de marcharme.
Se me queda algo detrás
que yo no miro.
Se quedan mis zapatos plantados en la puerta.
Se queda la mirada de mi madre,
las caras diluidas en el barrio
diciéndome también que ya me marcho.
La noche tiene el frío de las noches invernales.
Tiene el rastro de la pena dividida.

444

Repaso los objetos sin destino,
las ropas que he dejado de regalo,
retiro de mi cuerpo lo aún pertenecido
hace unas horas.
            Para ti una sortija,
la pluma para que me escribas.
Un par de medias para el tiempo.
Una cámara para las fotos de familia.
En algún momento he sacado mi máscara y escudo.
Mi rostro lo preparo como siempre en las partidas.
Trivializo el momento, los detalles trato de borrarlos.
Trato de decirles a todos, sin llorar, que pronto nos veremos.
Ya la aurora repliega sus alas nocturnales.
Detrás dejo los escollos y el suplicio.
A la salida de las puertas
hay un ciprés parecido a un templo,
allí nos dirigimos, me dirijo.

Octavio Armand
[Guantánamo, 1946]

Obra poética: *Horizonte no es siempre lejanía* (1970); *Entre testigos* (1974); *Piel menos mía* (1976 y 1979); *Cosas pasan* (1977); *Como escribir con erizo* (1979 y 1982); *Biografía para feacios* (1980); *Origami* (1987); *Son de ausencia* (1999).

TENGO ALGO QUE DECIR ME DIGO

TENGO ALGO QUE DECIR me digo
Palabras que se disuelven en la boca
Alas que de repente son percheros
Donde el grito cae crece una mano
Alguien mata nuestro nombre en algún libro
¿Quién le arrancó los ojos a la estatua?
¿Quién colocó esta lengua alrededor del
Llanto?

Tengo algo que decir me digo
Y me hincho de pájaros por fuera
Labios que caen como espejos Aquí
Allá adentro Las distancias se reúnen
Este norte o este sur son un ojo
Vivo alrededor de mí mismo
Estoy aquí allá entre peldaños de carne
A la intemperie
Con algo que decir me digo.

LA PALABRA ES LABIO TODAVÍA

1

LA PALABRA ES LABIO TODAVÍA. *Deseo. Carne
interrumpida o llanto.* Entre dos bocas el
fuego es agua. La palabra es agua. Esto q
ue digo te moja. Entre dos bocas sólo la
lengua existe insiste lamiendo lamentando
como arena repetida en alas o una extensa
playa en el caracol también vacío.

2

Sólo la lengua existe y abre el mundo. Sa
bor saber. Caminas sobre mi lengua. Comie
nzas en la punta de este nombre que digo y
eres sal o miel o quemas. Aquí donde te
llamo y eres llama. Donde anuncio mi exis
tencia y sólo tú acudes a la campanilla d el
leproso.

3

Sólo la lengua mía, amor. Solos en la leng
ua tuya. Con la rodilla abierta en la boca,
corriendo, caracoles o mar o arena en el v
iento amando.

LA PÁGINA SE LLENARÁ

LLUEVE.

Me siento a escribir y digo la página se llenará. Se acumulará —oscura, resonante— en la porosidad de una piedra en un charco azotado por larvas glotonas en la mano que un niño extiende en las vísceras resecas de una res que vuelve a brillar apestando en un pozo.

La página se llenará. Habrá algo que decir (¿sobre la urgencia de decir o la impotencia de decir?) y lo dicho pesará como agua deslizándose. La superficie basta. Basta derramarse / desparr / amarse. Que la superficie provoque risa, iras, tartamudeos, silencios, exclamaciones, gritos, lamentos. Que la página diga lo que tengo o no tengo que decir y ése será mi texto, mi pretexto. Un truco: el prestidigitador te saca las palabras de la boca, de la ingle, de la axila; si te toca, hablas; donde te toca, hablas; te saca los huesos y muestras cuatro urgentes colmillos, ladras, te devora; te tira la frase y escondes la mano; te insulta y no comprendes; te llama y no reconoces tu nombre; te estira la lengua y hablas por los codos que caen sobre la mesa, junto a la máquina, aguantando un cráneo de repente clavado en el palo asqueroso, trofeo de alguna minuciosa destrucción, inútil, vacío, y así vuelves a embestir con pelos y párpados, gestos, mejillas. Frases / disfraces. Obras / borras / sobras. La página se llena, te suelta; tú te levantas, la rechazas. Palimpsesto y simetría. Porque no hay desnudez en las superficies esparcidas. Hay desnudez en las superficies abiertas, acumuladas. Porque no hay desnudez en las superficies esparcidas hay desnudez en las superficies abiertas, acumuladas. Etc. ¿Basta derramarse? ¿Basta desamarrarse? Cada afirmación, otra duda. Cada instante se disuelve en otro instante; cada frase que no termina, en otra frase que tampoco terminará. Cada disfraz, otro disfraz. Cada verdad, otra mentira. Ya no soy yo / yo no soy ya / yo ya no soy.

POÉTICA NUM TANTOS
(soneto)

ACLARO que este ciego no v
e bien que el manco no le da
la mano a nadie que aqu
él pide limosna y es muy p

obre que es tan pobre y ta
mbién pide limosna aclaro
en fin que después de tant
os años Luis es viejo toda

vía que don Pedro no resuc
ita desde cuándo que Dios
se escribe con su D mayúsc

ula que papá y mamá sí lle
van acento todo gracias al
don de la palabra la palab

LAS ESTATUAS VIVEN, MORIRÁN

1

PORT AUTHORITY, 10·de octubre. Andén 72, Suburban
Transit Corporation. Espero el ómnibus no. 33. Es
pera / viaje. Inmovilidad / movimiento. Sin embargo,
sé que voy hacia donde ya he estado, hacia donde
estoy. Ese este aquel lugar que es un regreso.

449

Inútil: no estoy ni aquí ni allá. La permanencia es el transcurso, la despedida. La destinación co mo destino, mudas de esta idéntica víbora. Son la s dos y media.

2

Viaje ¿interrupción del espacio? Ni aquí ni allá. Desterrar / destetar. Ninguna parte / todas partes: trivio, cuadrivio. Estar entre espacios, fuera de l tiempo.

Elasticidad del espacio. ¿Dimensión como dinamism o? Viajo ergo soy. Un silogismo más entrañable: v iajo ergo ya no soy. Dejar de estar=dejar de ser, por definición situacional. Extensión=extinción.

3

Pero la travesía no es éxtasis de espacio sino de signio de espacio. Como estas palabras que van y vienen, que llegan o no, cayendo de labio a labio. Frases que existen para abrir la boca, para abrir la mano. Para hacerme espacio: vulnerable, habita ble. Bajo lluvia y gorrión de viento, las estatua s viven, morirán. También yo moriré. Para hacerm e espacio.

HUELLAS

Hasta aquí
me trajeron las espuelas de la realidad.

Mi rumbo eran unas pocas palabras.
Una mujer siempre ajena
que me señalaba el camino.
Me perdí al llegar a su puerta.
Me perdí al abrirla.
Me perdí al cerrarla.

Ya no sé en qué fuego quemarme.
La bulla del corazón me desvela
y doy tumbos.

La hoja del yagrumo
y la hoja de la espada;
la hoja del espejo, repleta en vano;
Penélope y cada gota surcada por Ulises;
Sirio y aquella araña minuciosa,
repetirán una y mil veces la trama.

Yo no.
Yo no volveré sobre mis huellas.
No me echen a perder este infierno.

Caracas, 10 de noviembre 1991

VANO 4

Llegar al fin
Y perderse en la puerta
Que uno mismo abre
Y seguir

Quemarse con la sal del camino
Perdurando como una cicatriz
O un dios en quien nadie cree
Hablar y ser viento

Callar y ser piedra
Hallar nombre a cada cosa
Y ser solo nombre

Vano
Pedazo de abismo
Y seguir

Caracas, 2 de diciembre 1992

Raúl Hernández Novás

Obra poética: *Da capo* (1982); *Enigma de las aguas* (1983); *Embajador en el horizonte* (1984); *Animal civil* (1987); *Al más cercano amigo* (1987); *Sonetos a Gelsomina* (1991); *Atlas salta* (1994); *Material de lectura de Raúl Hernández Novás* (1996); *Amnios* (1998); *Poesía* (2002).

SOBRE EL NIDO DEL CUCO*

> Ellos tienen unas vitrinas y usan unos zapatos.
> En esas vitrinas alternan el maniquí con el
> quebrantahuesos disecado,
> y todo lo que ha pasado por la frente del hastío
> del búfalo solitario.
> Si no miramos la vidriera, charlan de nuestra
> insuficiente desnudez que no vale una
> estatuilla de Nápoles.
> Si la atravesamos y no rompemos los cristales...
> JOSÉ LEZAMA LIMA
> *Pensamientos en La Habana*

I

EN ESTAS TARDES medrosas
en que no llama nadie a la puerta
y no suenan los timbres y la casa
es un gran frigorífico lleno de silencio

* El poema se basa libremente en imágenes y caracteres del filme *One Flew over the Cuckoo's Nest* (o *Atrapado sin salida),* de Milos Forman. (N. del A.)

453

en estas tardes que gravitan sobre los parques
impidiendo la vida y los juegos
—tardes que pesan como un fardo hiriente
sobre los hombros de la estatua inmóvil—
en medio de esta lluvia que no cae y moja
los huesos tan desnudos en la ausencia de voces
sin nadie en mi experiencia *I think of you Billy*
yo también pienso en ti Bi Billy
reconstruyendo mis memorias de piedra
tan pesadas como fuente de sangre
y no tengo nada que decirte porque no llama nadie
y no hay nadie en mi experiencia

Quizás jugamos en el mismo parque
un teléfono mudo entre nosotros
un eléctrico hilo que devano temblando
trabajando en la blanca rueca de la distancia
la senda en cuyo fin cae una nieve triste
un vuelo de pájaro callado
un empeño de ave que emigra
viste con tierra de Wisconsin mis huesos al garete
un telegrama que las aves llevan y entre nosotros
no más una vitrina luminosa
que yo atravieso sin romper los vidrios

II

Qué gaviota de azúcar rozó las olas
de aquellos mares de Virginia
donde viaja la barca de los locos
con todos nosotros Billy con todos nosotros
Dios mío somos nada más unos pendejos
somos unos locos en un barco que gira

y echamos velas y anclas y gobernalle al mar
y echamos a suerte el viento enemigo y estamos esperando
esperando a Jaws y Jaws no viene
y no hunde el barco y la ballena blanca
como una tumba de cristal no viene
Mac Mac Mac Dónde te has metido
me has dejado al timón y yo no sé
gobernar esta nave y te escondiste te escondiste *with candies*
pero en vez de ocultarte riendo estabas triste
Por qué dime te escondes con tu dulce
luminoso en los labios y nos dejaste solos por qué hermano
por qué padre nos has dejado solos en esta barca de los locos
que no sé gobernar
               denme el cuaderno
de bitácora que han repasado las sirenas
con esas manos verdes como nubes
con sus manos de algas y jacintos
Y en el cuaderno de bitácora
tras la noche estéril sin dulces y sin juegos
tras el juego soñado *without candies*
sin la estrella de azúcar en la boca
vacía la piñata de los cielos
y el garrote tierno en nuestras manos el garrote
con que hemos de golpearnos a ciegas sin dar con la piñata
poniéndonos el rabo vergonzoso y las orejas del indecible burro
sin dar con la pelota redonda como el mundo en el vacío estadio
después del halloween lluvioso y de puertas cerradas
(han envenenado los dulces han enterrado agujas en las manzanas)
y mudas calabazas sin luz las calabazas de ella
junto a un cuerpo de estrella parpadeante
en el cuaderno en blanco de bitácora
Billy yo escribo *rien* como el monarca
tras la noche vacía de sus bodas

III

You know
If you break my heart I'll go
But I'll be back again

"Y le llevé las flores y así le dije *Would you*
marry me anyway? Would you have my baby?
y ella sonrió con labios de caramelo con sus colmillos de
azúcar el ángel vigilaba el telón de las hojas del jardín
soñoliento y yo le dije quieres compartir esta suerte la barca sin
estrella mar hiel enamorada"

no es usted a quien aman
compréndalo
renuncie gentilmente

"Le llevaba unas flores al retablo vacío descorrían las hojas su telón
soñoliento
una escena una escena el carnaval del mundo
en medio de la turba de feos monigotes
una estrella riendo como un ángel de azúcar
tan sólo un torbellino que la dejara a ella
ángel y marioneta en el jardín del sueño"

no es usted a quien aman

"El tablado vacío   seguiría aplaudiendo
las luces se apagaron me quedo sin embargo
siempre hay algo que ver se hizo lo oscuro ahora
vendrán caras extrañas sobre el tablado a ciegas
compréndalo las hojas del telón se cerraron
y cerraron las puertas de la ciudad hiriente"

456

renuncie gentilmente

"Que la siga leal en extramuros
el perro de la casa es un consuelo
ser gozque de su falda el halloween lluvioso
por los lejanos pueblos que la siga llevando
la cántara de flores junto al jardín dormido
velado por el ángel con su espada de fuego
ante el telón cerrado junto al jardín me dijo"

no es usted a quien aman
compréndalo
renuncie gentilmente

"Lleva el cántaro al río trae el cántaro a casa
llénalo de tu leche la leche de tu piel
las olas de tu pecho hondos cielos de leche
los hilos de tu entraña filamentos de nube
muñeca descosida alada marioneta
escucha esta vasija sus latidos de barro
trae el cántaro a casa lleva el cántaro al río"

"la lecherita ciega
quebró mi corazón"
...*but I'll be back again*

IV

*I never lost as much but twice
and that was in the sod*
EMILY DICKINSON

Cerré la puerta y dejé el mundo afuera
me recluí intramuros de mí misma

y no había nadie en mi experiencia
y no se lo dije a mi madre
y no se lo dije a mi padre
Cuando cerré la puerta a la tarde vacía de Amherst
y me quedé intramuros los ángeles llegaban recibía
la visita de Walt con sus barbas de nieve
su pecho tormentoso sus regalos
de blanca navidad yo estaba sola
y había perdido y ganado dos veces
todo ocurrió en la tierra y en el césped
sólo llevaba pequeños presentes
a los graves vecinos a mi dueño
dulces pequeñas estrellas de azúcar
y fui dos veces dueña del tesoro
y no se lo dije a mi madre
y no se lo dije a mi padre
y me encerré a morir entre los muros
para guardar avara mi tesoro
sedosos intramuros de mí misma
                              Padre
estoy llamando tirándote la puerta

mira mis dedos aún vacíos
de los anillos de la felicidad

y yo gritaba ¡despierta!

                    burglar banker father
                    I am poor once more!

V

Someone is knocking at the door
Somebody is ringing the bell

Someone is knocking at the door
Somebody is ringing the bell

Open the door

Let them in

Billy I have long dreamed without candies
la estrella de azúcar *et rien*
et rien nada ha pasado
que no lo sepa el padre que no lo sepa madre
ni el maestro y su mujer la señorita
las personas mayores
estoy en la habitación vacía
en el viaje vacío de los locos
en el hueco oscuro del árbol que cruje
como un frigorífico de silencio
Billy crece la sombra
como una marea sin estrellas
y ya está muy oscuro
hello darkness my old friend

Billy yo estoy contigo
¿Vendrá el doctor Noel con sus barbas de nieve
a dejar caramelos en las habitaciones
a abrir los corazones y restañar los cántaros deshechos?

Vendrá a despertar al niño muerto
al que durmió a tu lado *without candies?*
No hallo las indicaciones señorita enfermera
miss Ratched la enfermera está hablando con su lengua de fuego
y de su boca salía una espada aguda de dos filos
una espada de fuego para guardar el camino del árbol

Billy yo estoy contigo
Déjenlo que entre *let him in*
a la terraza donde están dormidos
a los dormidos los cuidará quejoso
se agrupará la mañana helada en terrones de azúcar

> *Let the sunshine*
> *Let the sunshine in*
> *the sunshine in*

Alguien está tocando a la puerta
a la puerta cubierto de rocío
pasa las noches del invierno
Open the door
Let him in

Billy un teléfono mudo entre nosotros
estás sangrando en el manicomio helado
Let it be Let it bleed
déjenlo déjenlo que sangre
y que su sangre abrigue al mundo
Let him bleed que hable su corazón por la herida
con sílabas de sangre
con que ha de convencer al mundo
y ha de vencer al mundo

y mellar la espada del ángel
la espada de la boca de miss Ratched
Let it be   *let him bleed*

Billy yo estoy contigo
tú estás bajo la nieve yo en mi cuarto
yo estoy con los dormidos *without candies*
ruedan mis ojos por la nieve
es una blanca estepa ¿se da cuenta?
allí vi a un conocido y lo detuve
                    gritándole ¡Hernández!
rueda la nieve en pelotas que no hemos de golpear
muñeca de la nieve como blanca mujer
en pelotas que no hemos de acertar
que no hemos de acertar con nuestros leños
en este juego en el vacío estadio
las pelotas fantásticas de nieve
blancas esferas de algodón dulce
y no podremos romper la piñata del cielo
para que caigan las estrellas de azúcar

Billy yo estoy contigo
en la tarde medrosa y vacía donde no suenan timbres
en el juego vacío donde no acude nadie
en el cuarto vacío donde todos dormimos sin dulces con pastillas
en la barca vacía de los locos que gira como el mundo
en la noche vacía de las bodas del rey
en la casa callada como un gran frigorífico vacío
en el parque vacío donde la tarde abruma los hombros de la estatua
Billy yo estoy contigo yo estoy contigo madre
padre yo estoy contigo
                    río manzanares
yo estoy contigo

señorita Ratched
           déjame pasar
entremos todos juntos
              let us in
      Alguien está tocando a la puerta
      Alguien está sonando el timbre

      Alguien está tocando a la puerta
      Alguien está sonando el timbre

      Abran la puerta

      Déjenlos entrar

VI

Como sueñan humillarnos,
repitiendo día y noche con el ritmo de la
    tortuga
que oculta el tiempo en su espaldar:
ustedes no decidieron que el ser habitase en el
    hombre [...]
Como quieren humillarnos le decimos
the chief of the tribe descended the staircase.

    [...]

Ellos que cargan con sus maniquíes a todos
    los puertos
y que hunden en sus baúles un chirriar
de vultúridos disecados.
Ellos no quieren saber que trepamos por las
    raíces húmedas del helecho [...]
y que aunque mastiquemos su estilo,
we don't choose our shoes in a show-window.

JOSÉ LEZAMA LIMA,
Pensamientos en La Habana

Let us enter the tree
Let us enter the room
Let us enter the garden

Romped la sórdida vitrina
Quitad al ángel de la puerta
con su espada flamígera
       la tierra será el paraíso
el guardián a la puerta de la ley
poned en su lugar al cherokee de roble
con la frente de hastío del búfalo diezmado
       y vio en sueños una escala
el jefe de la tribu descenderá la escala
porque no entre el ángel de exterminio

con su lengua neutrónica de fuego
que crezca el Gran Teatro de Oklahoma
para cubrir para abrigar al mundo
como la sangre cálida del tonto en la colina
y en la muralla china otra Torre de Babel
para escalar el árbol de la vida
para tocar las barbas de nieve del cielo
como el pecho finísimo de Walt
la hierba perfumada de los muertos
Venga Noel a repartir regalos
dulces de miel a las habitaciones
a reparar los viejos corazones
de hiriente maquinaria enmohecida
y a restañar los cántaros deshechos
Somos los humillados los pendejos
Los abalorios que nos han regalado
han fortalecido nuestra propia miseria
Somos los parias íngrimos del mundo
      ah look at all the lonely people
los descosidos los amarrados los ateridos
trepamos por las raíces del helecho
no escogemos nuestros zapatos en una vitrina
nuestra alma no está en un cenicero
aquí estamos los negros y los indios
a la puerta cubiertos de rocío
allí vi a un conocido y lo detuve
               gritándole ¡Billy!
somos un tal chatterjee un tal hernández
somos un tal zuzuki un tal kuusinen
un tal jones un tal müller un tal nguyen
Aquí estamos todos los negros
que no venimos a rogar
             Estamos
llamando tirándote la puerta

y yo gritaba ¡despierta!
Let us in
Let us in
Don't worry
Billy

Te enviaré un telegrama con las
aves
viajeras:
Romperemos la piñata
del cielo
Y habrá estrellas para todos

7 de noviembre de 1982

EL SOL EN LA NIEVE

Murió el pobre poeta, y no lo
llegamos a conocer.
JOSÉ MARTÍ

LA PATRIA RADIANTE estaba entre la nieve muda
y la Patria sufriente oía con hastío el verdor eterno.
La Patria musculosa escuchaba el trueno de un torrente bajo una
    estrella desterrada
y la Patria canija bebía su copa de cielo gris de París en un ajenjo.
La Patria enamorada latía oscura en su destierro
y la Patria impotente en su destierro contemplaba el mismo cielo azul
    sobre la misma nieve verde.
La Patria del destierro torcía enraizada su honda hoja de tabaco
y la Patria desterrada en sí misma contemplaba ciega el sedoso susurro
    de frondas.

465

Y la Patria desterrada llamaba al sol de la Patria sin tierra
y la Patria sin tierra clamaba por la nieve del destierro.
La Patria viviente quiso fundir en un gran sol a la Patria agonizante
¿quiso la Patria agonizante asirse al gran sol como al asa de una eterna
    posesión?

Padre padre aquí estoy yo íntimo y desnudo
yo todos los que te han amado y han sufrido
y todos los que vagaron solos
como un ejército en derrota
esperan al padre que ha de venir
para fundirme a él en un abrazo
quizá también a mí me diga
                     hijo
Padre padre qué lento hastío
qué extraño sufrimiento
fue extraño estar solo y extraño
no tener almohada donde reposar
ni piedra de sueño
Tú me veías desde un torrente
yo te esperaba en la nieve de ala tierna
que llueve como una bendición
Juntos juntos los dos bajo un cielo
Nos agriamos en vez de amarnos
Yo con mis pies cansados tú con el
pensamiento de mármol de tu frente
Nos encelamos en vez de abrir vía juntos
Juntos los dos sobre la tierra sangrante
entre la fronda roja y el fruto
que escondía una luz vaticinada
Padre padre qué largo camino
                  Yo los junto
Yo los junto   *Los dos se abrazan*

La Patria estaba entre la nieve oyendo el trueno del torrente respirando el aire frío que seca la palma deliciosa.

La Patria comulgaba su estrella ajenjo como hostia sangrante en el cafetucho hostil.

La Patria entre la nieve llamaba a sus guerreros recogía la magra moneda del sudor.

La Patria entre las frondas escuchaba vagos ruidos de otro mundo vago y gris.

La Patria agonizaba en la sombra. La Patria moría cara al sol.

La Patria esperaba a la Patria que viniera a salvarla de su abismo.

José Pérez Olivares
[Santiago de Cuba, 1949]

Obra poética: *Páginas abiertas* (1979); *Papeles personales* (1985); *Caja de Pandora* (1987); *A imagen y semejanza* (1987); *Examen del guerrero* (1992); *Me llamo Antoine Doinel* (1992); *Proyecto para tiempos futuros* (1993); *Cristo entrando en Bruselas* (1994); *Lapislázuli* (1999); *Háblame de las ciudades perdidas* (1999); *El rostro y la máscara* (2000); *Últimos instantes de la víctima* (2001).

ME LLAMO ANTOINE DOINEL

Y TODOS ME TEMEN: desde el oscuro profesor cuya corbata recuerda la lengua de un ahorcado, hasta el viejo celador del edificio, de costumbres lentas y confusas.

Soy un ladronzuelo, un pequeño y astuto canalla que roba monedas, sucios y miserables objetos abandonados aparentemente por el mundo. Mi técnica es impecable. Robo por placer. Robo por complicidad conmigo mismo. Robo por autocompasión y demoníaca fatalidad.

Pero también soy capaz de incendiar cualquier cosa. No establezco diferencias entre una silla, una prenda íntima y un edificio. El fuego es mi elemento y en él me realizo.

Sé que todos me odian: desde la mujer de carnes muertas hasta el gendarme; desde el oscuro profesor cuya corbata recuerda la lengua de un ahorcado, hasta el viejo celador del edificio, de costumbres lentas y confusas.

Yo sé que un día me matarán (todos lo desean en secreto). Será un asunto más fácil que mezquino.

Esperarán el instante en que yo arribe a mi casa donde me aguarda cada noche la bofetada de mi padre.

Los encontraré reunidos alrededor de la mesa como si fueran a celebrar un oscuro cumpleaños. Mi madre sonreirá dulcemente y me dirá una frase amable antes de servirme la cena frugal.

Será una muerte digna de cualquier bandido, una muerte tal vez más generosa que mi vida.

Al menos, ese día mi cara aparecerá en todos los periódicos.

AVE, CÉSAR

Estoy acostumbrado a inspirar odio
T. W., *Los idus de marzo*

NADA más estúpido
que *dar al César lo que es del César.*
Porque César no es dueño de nada.
César ni siquiera es dueño de César.
Lo que César posee fue robado a Publio, a Cayo Valerio, a Asinio Polión
    y a Augusto,
que a su vez robaron a Octavio, a Lucrecio y a Clodio.
Lo que César posee no es más que el cuerpo de la violencia,
y con él construye sus palacios,
con él levanta un imperio dúctil como el metal,
un imperio que se erige a la sombra de los banquetes
donde se hartan y embriagan todos los ladrones de la Historia.
Lo que César es se lo debe a lo que César no es,
lo que César no ha sido ni será.
Sus órdenes son pura fantasía
que sus generales cumplen al pie de la letra;
pero tampoco sus generales son seres de carne y hueso: simples fantasmas,

cadáveres que alimentan los pobres sueños de grandeza de César.
Y qué decir de los ejércitos,
convierten en ruina las hermosas ciudades
que otros hombres levantaron contra la Muerte;
se pavonean irrumpiendo en el sitio
donde moran los dioses,
destrozan la oscura belleza de los mitos,
cabalgan por los recintos
donde yacen degollados los eternos inocentes.
Pero César no duerme.
Sabe que la gloria del poder embriaga
(es la droga de todos los dictadores).
Y que una noche —cualquier noche—,
entrará Bruto en escena
con el acero relampagueando en la mano.

LA LIBERTAD CONDUCE AL PUEBLO

EN ESTE CUADRO ha estallado una revolución.
Así la vio Delacroix, con sus ojos de pájaro marino,
inservibles para otra cosa que no fuera el arte,
incapaces de hacer más nada que seguir, como un buitre,
la huella del pincel,
pero atentos al pulso de la época.
Quizás Delacroix no tuvo valor, o no quiso, empuñar el fusil.
A última hora, viendo a los parisinos levantar barricadas,
tuvo miedo. Pensó
que no es fácil entregar la vida
a la Historia.
Hizo cuanto podía hacer: pintar un cuadro
donde unos hombres —y hasta unos niños—

avanzan entre cadáveres, lamentos y metralla.
Donde una mujer, con una bandera,
señala hacia nosotros.
Y como se sabía incapaz de tomar un fusil,
se pintó, en medio del humo
con el arma entre las manos.

Fue así de simple.
Y ahí está, con su pueblo,
avanzando con la Historia.

HABLA ENÓS

ENTRAMOS EN LOS RECINTOS de la piel,
en las densas y rumorosas praderas de la sangre.

En medio de la noche, rodeados de vastedad y silencio,
tuvimos la dulce tarea
de aprender a deletrear el mágico alfabeto del fuego.

Las aguas se separaron,
de ella surgió el animal de sangre espesa,
el ave de interrogante cuello.
Surgió la rápida e insobornable alimaña.

La mano amasó el barro, y con barro se alimentaron los primeros objetos,
aquellos que ignoraban la muerte.
Del barro surgió el oficio de la duda.
De la duda surgió el primer insomnio.
Del insomnio la primera huella de embriaguez.
Morir no era entonces morir, sino la forma más pura,

471

el estado más próximo
a la sagrada perfección.

Aunque primitivas, las formas gozaban de cierta idealidad,
de una larga y estival firmeza
comparable
a las tranquilas fosforescencias del aire.

Eran tiempos
en los que un cuerpo era todos los cuerpos
y una verdad toda la verdad.

Somos hijos de la carne, mensajeros
del tiempo y del destino.
Sabemos que sobrevivir es cruel,
y en toda verdadera invención
hay un átomo de su futuro desastre.

Tocamos los objetos, reconocemos su textura.
Y en nuestras manos se deshacen.

EN EL REINO DE NOD

ODIO A MI HERMANO, pastor de ovejas.
Mi padre lo prefiere porque tiene la mirada más clara
y el rostro más sereno.
Lo prefiere porque sopla la flauta
y llena de ecos la tarde.
Odio a mi hermano, el irremediable,
al que estoy atado para siempre.
Lo veo venir y pienso: "he de matarlo hoy".

Pero no tengo valor para alzar el puño,
no tengo siquiera valor para mirarlo fijamente.
Pasa delante de mí y sonríe.
Entonces cierro los ojos devorado por el rencor
          y los celos,
derrotado por la arrogante humildad
con que parece decir:
"Soy el preferido del Señor".

Está escrito: hoy o mañana sucederá.
Si es de día o de noche, poco importa.
Basta con que me esconda y espere,
basta con que me atreva a cerrar el puño
y toda la grandiosa ira que escondo en el alma brotará.
Su cuerpo quedará tendido en la hierba.
los grandes ojos fijos,
la boca entreabierta
como si dibujara una última sonrisa.

Amando Fernández

[La Habana, 1949-Miami, 1994]

Obra poética: *Perfil de la materia* (1986); *Herir al tiempo* (1986); *Azar en sombra* (1987); *Pentagrama* (1987); *El ruiseñor y la espada* (1989); *Los siete círculos* (1990); *Materia y forma* (1990); *Espacio mayor* (1991); *Antología personal* (1991); *Museo natural* (1993); *El minotauro* (1993); *Lingua franca* (1993); *El riesgo calculado* (1994); *Ciudad, isla invisible* (1994); *La rendición / Las túnicas doradas / Las miradas de Jano* (1995).

RITO

BAJO LA INEVITABLE LUNA FRÍA de marzo
feliz se inauguraba el nombre concebido.
Se oían de los labios susurrar los conjuros
en bóveda elevada, hacia la luz más dulce,
en el inmenso espacio de la nave de piedra.
La mano consagrada vertía el agua pura.
Era el amanecer, la sed que no termina.

APOCATÁSTASIS

1

ATRÁS, la viva sombra,
el aquelarre ardiente y turbulento
de límites oscuros,
la sorpresa cortante del abismo,
el acecho sonoro de los días.
Después, la espesa luz irrepetible,
el milagro que abarca
el color fulgurante del silencio
dominando el vacío y la locura;
el alcanzado fruto,
la blanca luz del alba.

2

Ayer, unas paredes misteriosas
conteniendo el espacio,
el azar sucesivo de los nombres,
la desmesura íntima y paciente,
la cruz perfecta en círculo perfecto
y desbordante.
                    El sol en alto.

Hoy,
la invocación a la agonía, el roto espejo,
el inútil sepulcro del instinto,
la enfermedad,
el miedo perdurable;
la sed, la blanca sed del alma.

Ahora,
una contemplación del agua viva
disolviendo la sangre,
una estancia desierta en el camino,
una visión lentísima, esplendente,
de un horizonte solo,
desnudo e inmutable,
y un vértigo secreto, día a día,
abandonado a blanca luz de blanca llama.

DE OFFICII

RETENER LA PRESENCIA que nos asalta diáfana
porque la plenitud es un nombre, o un acto;
mirar conscientemente, y crear envoltura
en música perfecta, en el rescoldo vivo
que cumple en esa síntesis de no ser, en el triunfo
imperceptible, solo, *del oficio* distante;
anticipar la causa temporal, la palabra,
y arder, arder al punto de ignición, de silencio,
donde la vida crea su imagen momentánea.

LA PAZ DEL HOMBRE

SE VIVE ALGO sutilmente agradecido cuando se sabe que eres un enfermo
   inoperable,
cuando te va creciendo, poco a poco,
lo que consideraste tu enemigo y tu implacable juez.
Sin querer edificas un túmulo secreto para enterrar en él todas tus
   lágrimas,
antiguos nombres, y toda tu locura;
reúnes aromáticos aceites, escoges la mortaja y algunos gestos incorruptos
   que te guíen.
Y te sientas al borde de tu fosa
para mejor levantar acta de ti mismo.

SANTO INOCENTE

> de la ausencia que tiene la misma piel
> de la vida
> LORENZO GARCÍA VEGA

I

ESTÁ EN LA SANGRE. En el indócil laberinto,
dentro de ti, envolviendo
tus músculos febriles en poderoso abrazo;
es fuerza palpitante, lejanía,
quietud falsa que sutilmente te aprisiona
en círculos herméticos.
La locura del reino surge, irremisible;
como único destino del dolor, de la angustia,
o de una impávida tristeza.
               Nada puedes hacer.

477

Es honda certidumbre sin matices; insondable,
gélido milagro.

Es un don
esa vida que retienes al ser hombre cada día.
Ya sólo esperas.

Está en la *sangre*.
Tu futura virtud está en la sangre.

II

Tus páginas se agotan. Han sido muchas y nutridas.
De vértigo imposible el horizonte.
Tus brazos ardorosos son nostálgicos vislumbres,
desprendidas pinceladas
de un mal lienzo inconcluso, mutable espuma.
El torbellino ruge sordo,

cercano al corazón,
en desnudado oficio de venganza
o maléfica justicia. Un vacío exige tu retorno
hacia el postrer instante,
a la frontera turbadora.

Y tú, con tu palabra,
invocas el silencio; haces honor a tu nombre,

vivo, irreductible.

III

El sol está en lo alto.

Es mediodía.
Cegadora es su luz para el que va en derrota.
Su hiriente luminaria oprime los contornos
de impasibles cenizas.

El hombre, hermético,

recuerda podredumbres,
desperdicios, lechos fratricidas
irracionales náuseas.
El oscuro clamor aún vive dentro,
en el hostil naufragio de una carne restañada.
El astro quema,
                    lentamente.
La piel, hendida, se dispone al desierto,
a obediencias
                    y llagas vergonzantes.

IV

Y cuando seas tierra nuevamente con la tierra:
¿quién nombrará tu nombre?
¿quién vivirá la historia de tu invisible abismo,
el enigma ondulante de tu sueño,
                            tu rumor olvidado?
Tu sollozo final
tal vez quede insepulto
en los grises dispersos de otro mar,
en la callada tarde,
                    en el tenaz recuerdo de un amigo.
Tu sed no tendrá pecho inconfundible,
ni temblor,
ni costumbre.

Confuso y en silencio en la memoria.
Definitivamente fuera, sin vida.

Pasada está
       la ausencia soledad de quemaduras,
el roto instinto,
la olvidada canción de la inocencia,
la confesión antigua.
Hoy no te aflige la aventura
ni el duro gesto innominado;
                 ni el vencido ademán
de tantas noches indelebles.
De tu vigilia eres oculto prisionero,
sucio mendigo de miserias,
               despreciable caída.
Vete y no vuelvas. Todos duermen.
La casa se ha cerrado.
           No llames.
Es inútil.

La ensombrecida luna es lo que queda.
El mundo
       y sus fulgores
son tactos de otro tiempo,
              extintas llamaradas
de tu fracaso vivo.
Tu cuerpo es pozo inmundo y abrasado,
memorial de dolor,
marchita imagen, congojas intangibles.
La niebla va cubriendo
          los perfiles de tus manos,

la belleza,
       el perfecto sonido de tu voz,
la cegadora luz de tu sonrisa.

Imperceptible la muerte se hace carne;
en muda transparencia,
          río oscuro.

VII

Has cedido a tu propia perdición
con la paciencia del suicida.
La paz ingrata oprime el pecho,
el color es hirviente,
        el rocío
de cada nueva aurora se dibuja intransferible,
último.
     La realidad es el sol,
su larga sombra, el cruel incendio,
la impotencia profunda e irritante de los ojos,
la rebelión del nombre en la ceniza.
Ahora,
la marca del esclavo es bien patente,
terrible silueta en libertad,
          ahogada furia.
La noche
es tu lección inexorable. Es tu precio.
Tu íntima agonía.

VIII

Ayer
eras apenas un suspiro adolescente,

muy libre,
       para la infancia de tu vida,
sin iracunda ciénaga,
sin veneno que apurar, anhelo limpio.
El dulzor
      de la efigie
y la pureza de la mano
          regían las acciones;
no había polvo espeso
ni reptantes o injustos imposibles.
Era la joven catedral que, piedra a piedra,
ferviente,
prodigiosa,
        restauraba una antigua vocación
para los hijos aguardados.
Vivir era ligero, rezumante de alegrías,
pasión, votos diurnos e inocentes,
fáciles lirios.
        No había engaños ni vislumbres.
Pero detente en la memoria.
No agraves la sentencia.
         Calla.
          Calla.
Ya no existe.

IX

Está en la sangre. Hundiéndote un cuchillo
sin matices ni destellos.
        Es honda certidumbre
de acercarte inconsciente hacia el abismo,
al límite desnudo de tu aliento,
sin que te acojan

frágiles caricias o mínimas dulzuras
para ahuyentar el frío de tus labios.
Es leal y constante,
                              y no abandona su decreto
aunque eleves tu voz hacia Dios mismo.
Tú la acechas desde tu mudo asombro.
Sabes que un día
                    un cambio
en la textura de la piel, o un tono nuevo
en el color,
te ha de anunciar verdades repentinas,
ámbitos letales; que un ahogo puede ser
el que te envíe
definitivamente hacia la tierra,
                                      sin iras,
pero también sin esperanza.
Te sobrevives sumiso, imperceptible el corazón,
entretejiendo noches con disgregados resplandores,
inmóvil,
          vulnerable.
Nada puedes hacer. Ya sólo esperas.

Casi puede decirse
que es un don del Altísimo
                              la vida que retienes,
que ese tránsito lento y sin reposo
recobra
su escondida dimensión
en los perfiles del milagro, en el fervor inacabable
de ser hombre cada día, fugaz ídolo.
Ya tu amor en tinieblas es la dádiva
                                        más pura,
tu más soñado movimiento a la fusión

con la Memoria.
De tu prisión serena
surgen silencios prometidos, ardientes latitudes,
nuevos valles.
                    El corazón palpita
en la penumbra que se acerca,
en el vacío seno de la lluvia olvidada.
Te sabes
inútil jerarquía de los labios, forma decreciente.
Nada puedes hacer
ante el prodigio de una patria
que despierta
                    al hondo sueño, a un ritual
de conjuros.
Ya sólo esperas. Tu futura virtud
                                        está en la sangre.

                    XI

Todo está dicho,
                    pero has de repetirlo:
la indiferencia en la cansada historia,
la absoluta piedad de una sed viva,
el amargo sabor,
                    atónito y silente,
del hombre desolado;
el cuerpo, ya en sazón, para el olvido.
El alma, transfundida, crece, toca
la realidad de su minuto,
                            ve los fulgores
pasajeros de la llama,
el doliente rescoldo que se extingue.
Rompe el silencio un eco lejanísimo,

como canción inválida de tumbas
o de ángeles callados,
como júbilo íntimo y sonoro
de una inmortal sabiduría.
Todo está dicho

             Mas quieres repetirlo.
Son tuyas las palabras, las conoces:
si existe la virtud,

               está en la sangre.

XII

Ni igual, ni diferente: tal vez otro.
Un ser

      en una finitud abrasadora,
henchido de avidez ante la muerte
porque se acaba el tiempo.
La piedra
va puliendo sus aristas
entre los signos cotidianos, en el perfume,
efímero, del monte poderoso,
en la insaciable nieve,
en frágil ademán de viento tibio.

Se consume el aceite de la lámpara.

Afuera, el mundo.

EL ESTÉRIL

Yo soy un hombre estéril.
Mi semilla está muerta.

Cuando abrazo a otro cuerpo
caigo en el vacío
que arde entre mis muslos.

No digo nada a nadie.
A mí mismo me consumo.

En el amor de los dos
sólo una mueca efímera,
un gesto horrible de payaso
con miedo,
es la verdad.

Desesperadamente busco.
Mi cuerpo es tumba vacía, sin cadáver.

La explicación es simple.

DESCENSO A LA AGONÍA

Tú nada puedes dar pues nada tienes:
ni trozo de pan blanco para el hambre ni un sitio junto al fuego que
    caliente la carne
del que avanza en el frío de la noche,
ni agua fresca que calme la otra sed,
ni flores que hagan olvidar el aire espeso y corrompido del hombre que
    se muere.

486

Tu verdad está próxima y quisieras ofrecer un incruento sacrificio, un
    íntimo holocausto,
al Dios que te vigila los minutos.
Tu tierra se ha quedado en el silencio del abrojo:
ni el más bajo reptil, ni indeseables alimañas, hacen nido.
No esperes el milagro de la lluvia oportuna
que te salve de ser lo que ya eres:
polvo arenoso, espacio sin prodigio,
lección y ensayo de elegía.
Lo que tienes tú sabes que es lo justo;
por eso, nada tienes.
Pero dispón tu altar, enciende el fuego, ejecuta los ritos apropiados.
Y sacrifica la víctima.

Alina Galliano
[Manzanillo, 1950]

Obra poética: *Hasta el presente: poesía casi completa* (1989); *La geometría de lo incandescente (en fija residencia)* (1992); *En el vientre del trópico* (1994).

EN EL VIENTRE DEL TRÓPICO

I

NO PARTICIPÓ Elegguá
en el día de la fiesta,
la fiesta grande, fiesta de fiestas,
nadie salió a buscarlo
y nadie lo invitó,
hubo olvido a lo largo de la calle
porque el delirio furioso de vivir
ocupó claridad al pensamiento.
No le dimos el primer buche de aguardiente,
ni le dimos el primer chicharrón
de jutía cimarrona,
envuelta como se debe, en hojas de plátano.
No le dimos al Santo Niño
su derecho de entrada real,
su ebó de Santo entre los Santos;
ebó de Santo y Príncipe

con derecho de derechos
y otorgado a Él por La Cabeza Mayor, La Gran Cabeza,
la única cabeza de donde
todas las cabezas nacen.
Niños de teta fuimos
con el capricho obrando
ikú entre las cejas
y Elegguá hizo lo mismitico que hizo
cuando lo maltrataron sus hermanos los Orichas
al comienzo de todos los tiempos,
cuando el tiempo no tenía nombre.
Por eso fue que el muchacho se paró
en el mismo centro de los cuatro caminos,
en el centro de las cuatro desembocaduras de agua
donde flotaba hembra-caimán
como una damisela,
envuelta en hojas y flores de calabaza
y a todo el que venía preguntando por ella, le decía
que la señorita se había ido a visitar parientes
y que nadie sabía cuándo
iba a regresar de sus andanzas;
así fue un día y otro día sin descanso
hasta que todo el que la buscaba,
como cosa buena,
dejó de venir, dejó de preguntar por ella
y ninguno de nosotros se dio cuenta
porque andábamos en el puro letargo
de una rumba macabra y luminosa.
Quién iba a despertar del empalago
de unos ojos maravilla, como aquéllos,
ojos de ven y ven,
ojos de retoza conmigo,
ojos de mírame cerquitica

para que no te pierdas
la melodía de guaracha sin estrenar
que traigo entre las piernas.
Por eso el Príncipe caminador y rumbatalero
se encabronó por todo lo alto
y no hubo rogatoria con la cual aplacar
su condición de oricha cabrón hasta los tuétanos.
Se le sirvieron veinte y una jutías
sobre hojas de guayaba y de plátano,
se le compraron los bombones más finos
de aquellos que traían ron por dentro;
bombón boca de puta (como decían en Santiago),
puta-bombón, de esas que te buscan sin cobrarte;
le trajimos mujeres
con sabor a miel de abeja
y nos miró con desenfado;
nos miró así como el que no quiere la cosa
y sin más ni más nos dijo que, Él,
el que hacía un juguete de cualquiera,
quería saber si nosotros teníamos aguante,
tanto aguante como Él había tenido,
para esperar por lo que era su derecho.
Sin levantar la voz se encojonó el Niñito
y se volvió Eshú Alawana: Ánima Sola, para darnos palo.
Por eso las casas se nos volvieron cárceles,
por eso las cárceles se nos volvieron cementerios,
por eso los cementerios
se tragaron la hembra-caimán;
la mismitica que en su tiempo
fuera dueña de caracoles,
la que podía leer los tableros igualito que Orula.
Así fue como se nos acabó de un día para el otro
la comparsa que nos traíamos con la vida,

así fue que se nos acabó la jacaranda de pensar
que teníamos a Dios cogido por lo que fuera,
así se nos acabó el ringo-rango de gente
con las mejores escuelas,
con las pasas mejores atendidas
de todo el universo;
ringo-rango de gente con las mejores putas,
Señoras de Señoras, Vírgenes de Vírgenes.
Así se nos acabó la zanganería de creernos
más finos y más blancos
que la fineza y la blancura misma
de todo ser viviente;
así se nos acabó el teje y maneje
de la cadencia que llevábamos por dentro,
como esos bailarines, expertos en vaivén,
que se untaban aceite de majá en la cintura
para bailar bonito y calentar los cueros.
Así se nos acabó la sabrosura de menear
hasta lo que no se tenía;
cuando por falta de entendimiento,
el Príncipe de los caminos,
el Santo de las puertas,
el Dueño del entra y sale y la mayombería,
le borró los caminos a la Isla.

XIII

Recuerdas la insoportable
quietud de los portales,
aquel olor de alcohol
y ácido bórico lamiéndote las uñas,
la importancia que adquiere cualquier cuarto
minutos antes que el instante

491

resbale o se recueste
en el marco de todas las palabras a respirar
determinado oxígeno,
vaciando con indolente precisión
los tercos laberintos de una boca
o acaso las más tersas
esquinas del traspatio,
petrificando el ángulo de un rostro
hasta volverlo inusitadamente íntimo, perfecto.
Con qué se puede entonces deshabitar
el hecho de estar vivo,
diseccionar, sin que nos tiemble el pulso,
la garganta plural donde la Isla
como un enorme carnaval copula
la voraz ecuación del genocidio,
su borde más feroz,
la zona donde el ojo tiene miedo
de ver la caña brava iluminar
de luz la medianoche
y conversar sin prisa con la muerte;
llenándote la frente de trompetas
de ángel y carraspita.
Sólo entonces reconoces que eres magia y rito,
elegante amuleto de cayajabo en el cuello del Trópico,
siguaraya de exilio,
saludo y canción arrasando lo malo,
desbaratando toda brujería;
caracol donde las voces ancestrales
hablan, diciéndote,
que puedes utilizar el corazón del Monte
como si fuese un palo señorita
y devolverle a tu país
el virgo a toque de tambor, memoria adentro.

Emí kosi ile mi:
estoy ausente de mi casa
y me he vuelto alimento
que no puede comerse,
porque soy entre la gente Eué: alimento tabú,
palabra que se pierde
y se desdice entre las bocas.
Con quién, a quién podría deletrear
tu nombre, Erekusú,
a quién puedo explicarle todo el horror
y toda la belleza
que contienen tus sílabas,
si hasta para despronunciarte me transformas
en la memoria de ese olor
que trato de olvidar.
Cómo podría hablar de ti,
si en cada bocanada del aliento,
donde pudieses existir,
Erekusú, me robas el derecho.
Si no tengo palabras en mi adentro
para poder llamarte
o detenerte a un momentáneo ritmo,
a una fatal cadencia,
que me permita una vez más
sentirte como fiebre.
Ni siquiera Agróniga Omóbitasa:
el más antiguo de todos los caminos de San Lázaro,
pudo desbaratar con la fuerza
de su misericordia
lo que venía con destino tuyo,
con señales de pérdida.

Por eso hubo una hora entre las muchas horas
cuando el Idi Oché: el signo profético de Ifá,
se volvió Itutu: rito fúnebre,
un minuto donde Adyá: La Campana Mayor en la liturgia,
guardó silencio y Dios cruzó los brazos,
un segundo donde la fuerza
de vivir rodó por tierra,
un instante donde el Árbol Sagrado fue Ibarú: ceniza,
polvo y lamento cubriendo
el tablero de las adivinaciones,
donde los santos fueron voz en un solo caracol
y el signo a predecir fue de desgracia.
Así fue como Ibú Akuara: la Ochún que vive
en la confluencia de la mar y el río,
la que sólo se sustenta
con corazón de codornices,
dejó de comer y se negó a desplegar su abeyamí:
su abanico de pavo real,
y se hundió para siempre
entre las aguas.
Por eso, Erekusú, soy esta larga ausencia
devorando la forma del planeta
con ojos que no existen,
con ojos tan vacíos, Erekusú, que no me sirven
para volverte a ver, de ser posible.

Orlando González Esteva

[Palma Soriano, 1952]

Obra poética: *El ángel perplejo* (1975); *El mundo se dilata* (1979); *Mañas de la poesía* (1981); *El pájaro tras la flecha* (1988); *Elogio del garabato* (1994); *Fosa común* (1996); *Escrito para borrar (Cuaderno de playa)* (1997, 1998); *Mi vida con los delfines* (1998).

MAÑAS DE LA POESÍA

XLV

PENSANDO en las musarañas
acabé por admitir
que la Poesía era un ir
y venir de alas extrañas.
Lo demás son telarañas
obligadas al prurito
de encerrar en un granito
la profusión de la arena.
Pero no vale la pena:
escribir es infinito.

XLVI

Poesía, vertiginosa
revelación del tintero.

Lotería, reverbero
donde la luna reposa.
Angustia de la tojosa
que planea sobre el agua,
rascabucheo en la guagua,
precaución de la rutina,
resabio de puta fina
que no se quita la enagua.

LOS CUARTOS VACÍOS

¿QUÉ TARDE desconocida
se posará en los postigos
de mi casa y llenará
de luz los cuartos vacíos?

Ya mi madre se desplaza
de la vejez al olvido
y recupera los ojos
que iluminaron los míos.
Ya mi hermano se despeña
en su vientre, ya he perdido
la memoria, ya no soy
y mi padre es casi un niño.
Ya las paredes se marchan
y el pueblo se ha convertido
en un bosque, ya la isla
es un sueño, ya los indios
la abandonan, vuela el mar
y el tiempo se ha reducido

a las sombras, ya ni Dios
imagina el paraíso.

¿Qué tarde desconocida
se posará en los postigos
de mi casa y llenará
de luz los cuartos vacíos?

LA INCERTIDUMBRE

LA INCERTIDUMBRE se despereza
al primer soplo de la mañana
y da unos pasos mientras hilvana
mi ser con suma delicadeza.

Miro el espejo donde bosteza
y la descubro tan cotidiana
que no me asusta cuando devana
mi ser en otra naturaleza.

La incertidumbre no me abandona,
es el volante de mi persona
tan inclinada a los acertijos.

Alfa y omega del universo
brilla en los ojos de cualquier verso
y se columpia en los crucifijos.

EL GARABATO
(selección)

TODA OBRA DE ARTE, antes de serlo, fue garabato, es decir, atisbo, vacilación, esbozo. Es más, toda obra de arte, por terminada que parezca, sigue siendo garabato. Su indispensable volubilidad o sujeción a tantas interpretaciones como admiradores y detractores reúna, y la proverbial ineptitud del artista para salvar la distancia entre sus ideales y sus logros, la convierten en algo *definitivamente inacabado.*

En el reino de la imaginación, como en la paleontología —ha dicho Gaston Bachelard—, *los pájaros salen de los reptiles;* del garabato (reptil, palote), garabato ella misma, la obra de arte.

Los temores del garabato se reducen a un sueño: ser *grafitti* en el muro de las lamentaciones.

No hemos logrado distanciarnos suficientemente de nuestros garabatos para entenderlos. Si algún día pudiéramos establecer la perspectiva adecuada, descubriríamos que esos garabatos, como las líneas de Nazca, trazan un significado.

La felicidad del verdadero jugador de dominó no radica en el desarrollo ni en el resultado de los partidos sino en el acto de revolver las fichas. Hay que verlo entornar los ojos, extender los brazos y, sonriente, con las manos trémulas y las falanges frías, garrapatear sobre la superficie de la mesa coja la suerte de todos.

La desesperación de las madres que sorprenden a sus hijos garabateando las paredes de la casa, y la indolencia de las autoridades ante la agresividad del *grafitti,* responden a una visión tan sobrecogedora como justa: el universo como Altamira.

Raya sin tigre
Ceño sin frente
Larva de la creación
Caricatura de la abstracción
Jitanjáfora visual
Rúbrica de la libertad

Cable de alta tensión, caído de quién sabe dónde, arrancado por quién sabe qué temporal, el garabato se crispa, travesea, gira sobre sí mismo, arremete contra el nuevo espacio y, convencido de su superioridad, se echa sobre el papel, inmóvil, incapaz ya de fulminarnos.

SIRENAS
(Homenaje a Carlos Enríquez)

I

UNA GOTA de sudor
demasiado cristalina
para ser real me alucina.
Ha viajado alrededor

de tu oreja, de tu cuello,
de la sombra de tu axila,
y es como si mi pupila
rodara de tu cabello

a tu ombligo. No desmaya:
sorbe todo tu color
y se irisa en la mejor
esponja que arde en la playa.

Me la llevo con la punta
de la lengua al paladar
y me bebo todo el mar
que entre tus piernas se junta.

II

He confundido tu sexo
con un puñado de arena,
tu sexo que se azucena
contra el mar plúmbeo y convexo.

He remontado una ola,
vuelto a rodar a la orilla
y he encajado la barbilla
en la primer caracola.

TODO LO QUE BRILLA VE
(Homenaje a Gaston Bachelard)

A Ida Vitale y Enrique Fierro

Todo lo que brilla ve,
si no en torno, algo lejano.
Ve el relente. Ve el verano.
Ve la luna. Ve la fe.

Ve el relámpago que guiña
y el sol que se deshidrata.
Ve la cuchara de plata
y el corazón de la piña.

La ventana que el vecino
ilumina a medianoche
ve, y la pintura del coche
fúnebre que abre el camino.

Tras las pompas de jabón
velan las hadas madrinas,
y el faro, cíclope en ruinas,
ve en la sombra a Posidón.

La pupila del quinqué
mece, por niña, una llama.
Ven la burbuja y la escama.
El ojo de vidrio ve.

Las plumas del colibrí
ven tanto que el ave, presa
de la incertidumbre, cesa
de volar lejos de sí.

Y *La isla del tesoro*
dispuesta en cualquier estante
no sólo ve: lee el semblante
del lector. Ve el diente de oro.

Y ven la Estrella del Alba
y la gota de rocío.
Ve el sudor, pétalo frío;
ve la perla; ve la calva.

Las monedas que extraviamos,
el espejo que rompimos
los sueños que no dormimos
ven, saben por dónde vamos.

Que la taza de café
reverbere en mi velorio:
no es un párpado ilusorio.
Todo lo que brilla ve.

MI VIDA CON LOS DELFINES
(fragmentos)

UN LIBRO DE REDONDILLAS es una cocuyera encendida en mitad de la
noche, el racimo de ojos azules que buscaba, para complacer a su novia, el
protagonista de una página de Octavio Paz, un camarote con menos
espacios cerrados que claraboyas, un caserón habanero lleno de óculos
encristalados, patios interiores y tinajas de agua fresca en el calor de la
medianoche. Acaso el universo no sea sino eso: un libro de redondillas
que, aun en cada agujero negro (los científicos no dudan en describir
como *perfectamente esféricos* los agujeros producidos por el colapso gra-
vitatorio de las estrellas) tiene, a manera de un enorme queso *gruyere,* estrofas para solaz de quién sabe qué lectores ansiosos, como nosotros, de
asomarse por ellas a otros orbes, y hasta de escapar, si éstos no existen, a
quién sabe qué dimensiones ignoradas de éste. [...]

Las redondillas son los rosetones de la catedral de la poesía, el traga-
luz de la imaginación, la otra boca de un túnel que no conduce a la
muerte, un mandala cuyo centro, como el imán al que se dirige el Grupo
Local (ese puñado de galaxias al que pertenece la Vía Láctea) tira del
lector, lo obliga a gravitar hacia sí, y en ese trayecto, hacia la más insobornable lejanía. Vi en algunas de las mías, la posibilidad de tener acce-
so a experiencias similares a las reseñadas por Manuel de Zequeira y
Arango *con motivo de cierta reunión de sujetos de buen humor el 1o. de
enero de 1811;* en otras, un sorbo del puchero universal; en muchas, una
ampolleta de ácido lisérgico, grávida de alucinaciones; y en las exigen-
cias del metro y la rima, una manera de acorralar al lenguaje, de obligar-

lo a soltar prenda: la camisa de fuerza impuesta no con el ánimo de someter sino de exasperar. El cinematógrafo ha recordado el caso de ciertas jóvenes incapaces de alcanzar plena satisfacción en el acto sexual a menos que el compañero simule estrangularlas, reduciendo, con peligrosa habilidad sádica, la corriente de oxígeno en el instante de mayor excitación. Es un escarceo con la muerte al que no siempre ha sido ajena la poesía. […]

En las redondillas que componen una décima hay algo de la luna que, suspensa sobre la línea del horizonte marino (verso ideal por su aparente inmediatez, su esencial inaccesibilidad y su condición de linde entre lo visible y lo invisible, la profundidad y la altura), se asoma al océano y se descubre otra y la misma; algo del mediopunto reflejado en los suelos espejeantes de la vieja casa cubana. Entre una redondilla y la otra, los dos versos omitidos por Martí se interponen como, entre el mediopunto y su reflejo, el marco superior y el inferior de la puerta que ese mediopunto corona, como la hendija entre dos cuerpos que al hacer el amor se detienen y, sin desprenderse, se separan un poco, para sonreír, para contemplarse, para recobrar el aliento, para volver a ser casi dos antes de volver a ser uno.[…]

Reina María Rodríguez

[La Habana, 1952]

Obra poética: *La gente de mi barrio* (1976); *Cuando una mujer no duerme* (1982); *Para un cordero blanco* (1984); *En la arena de Padua* (1992); *Páramos* (1995); *La foto del invernadero* (1998); *Ellas escriben cartas de amor. Antología* (1998); *Te daré de comer como a los pájaros* (2000).

LAS ISLAS

MIRA y no las descuides.
las islas son mundos aparentes.
cortadas en el mar
transcurren en su soledad de tierras sin raíz.
en el silencio del agua una mancha
de haber anclado sólo aquella vez
y poner los despojos de la tempestad y las ráfagas
sobre las olas.
aquí los cementerios son hermosos y pequeños
y están más allá de las ceremonias.
me he bañado para sentarme en la yerba
es la zona de bruma
donde acontecen los espejismos
y vuelvo a sonreír.
no sé si estás aquí o es el peligro
empiezo a ser libre entre esos límites que se intercambian:
seguro amanecerá.

las islas son mundos aparentes
coberturas del cansancio en los iniciadores de la calma
sé que sólo en mí estuvo aquella vez la realidad
un intervalo entre dos tiempos
cortadas en el mar

soy lanzada hacia un lugar más tenue
las muchachas que serán jóvenes una vez más
contra la sabiduría y la rigidez de los que envejecieron
sin los movimientos y las contorsiones del mar
las islas son mundos aparentes   manchas de sal
otra mujer lanzada encima de mí que no conozco
sólo la vida menor
la gratitud sin prisa de las islas en mí.

VIOLET ISLAND
(fragmento)

YO CONOCÍ A CIERTO HOMBRE, un hombre extraño.
cuidaba cada día y cada noche la luz de su faro,
un faro en la medianía que no indicaba mucho,
un faro pequeño para embarcaciones de poco nivel
y oscuros pueblos de pescadores. allí, en su isla,
él intercambiaba con su faro las sensaciones,
esperando cada día, cada noche, esa otra luz
que no vigila la persecución de algún objeto,
esa otra luz que no ilumina nada,
otra luz reflexiva, que cruza hacia adentro,
la distancia entre el puerto seguro del sitio
y el ojo que mira volver, por encima y transparente,
la ilusión provisional que se eterniza:

505

esa curva del ser tendido junto al faro
sin precaución ni límite, para ser o tener
lo que imperfectamente somos, nada más,
que soñar lo que sueñe y estar donde está
sobre las quietas aguas y apagarlo todo en el cuadro
de un día y ser nuevo otra vez hacia la madrugada
junto al faro pequeño y perdido de Aspinwoll
sin siquiera imaginar que existe algún deseo
fuera de desear la breve luz que cae, anocheciendo,
sobre las quietas aguas y los sonidos muertos ya
de aquellas olas, que en otro tiempo, fueron su pasión;
su dolor, de gozar y sufrir, un refugio sincero
como el guardafaros de Aspinwoll, sólo en su faro,
yo me quedé dormida, a pesar de la intensa luz que cae
y sobresale por encima del tiempo, a pesar de la lluvia
golpeando el espejo de los peces blancos,
a pesar de aquella luz espiritual que era su alma,
yo me quedé dormida entre el puerto y la luz,
sin comprender: quería, sólo quería un tiempo más
para volver aprendiendo, no sobre la resaca de la conmiseración
donde atan su mástil los desesperados;
no la fortuna auténtica de vivir sin saber, sin darse cuenta;
no la luz provisional que se eterniza y finge lo que seremos
o el miedo de poseer la realidad opaca, intrascendente.
yo quería la vida sólo por el placer de morir, sobre las quietas aguas,
junto a los peces blancos y estaba impaciente
porque sucediera todavía la reedición de mi inconsciente
para que alguien hallara allí lo no tocado, la otra voz,
no de este ser intermediario, un cuerpo para medir las grietas
bajas; un cuerpo para la violación de un yo impracticable:
yo me quedé dormida, inconsecuente, en la imaginación
de ese otro en la distancia, suficientemente avanzada
para tener iluminación propia en Aspinwoll, pero fracasada

tàmbién oscurecida, como el guardafaros sobre las quietas aguas
de lo que imperfectamente somos, en la medianía
de un faro que no indicaba mucho, a través de la lluvia cálida
y real de lo imposible.
soy Fela. no te conozco. Este cuerpo con que vendré no es mío
la aparición será otra cosa: como despeñarse, una avería,
un silencio.
y si pierdo? o si gano? o si atravieso el foso vertical?

me acerco a los animales como únicos sobrevivientes
maravillados con el ocio de la luz
y estos pastos vacíos que atravieso con horror
y llamándolos. me acerco a dónde van, a dónde van todos?
buscando dónde asir lo que hubo de cierto
y sin espejismos del desastre de ser como únicos sobrevivientes
del faro en su vértigo tal vez los haga comprender mi intención
de contar todavía alguna sombra, alguna luz.
no quiero domesticar a nadie más.
que ellos penetren con su sabiduría en mis voces
y se acerquen sin ser, sin pedir, sin darse cuenta
pero conociendo desde el doblado ojo enrojecido, otro lenguaje,
otra profundidad que no marque lo seguro, ningún término,
ninguna valentía. Sólo estar donde estamos y posarnos
como inteligencias diferentes en la sensación, prestándonos
dolor, angustia, alguna llama estable.

y ahora dime… gime al oído
fue una ciudad con puerto.
los nombres de sus barcos profundos
anclaron alguna vez aquí.
nombres raros con esmaltes muy fuertes
y encendidos.
estábamos rodeados de horizontes y de agua,

porque los puertos permiten olvidar y recibir,
olvidar y volver.
fue una ciudad con puerto
donde ya no se ha ido ni ha vuelto nadie más.
una niebla permanente cubre la tela de fondo
todavía azul y humedecida del invierno
y el descolorido ondear de las banderas
agujereadas por la sombra.
si bien antes fue un límite
cuando salías a mirarlo y correr
ahora es sólo la apariencia de un límite
el sonido de las sirenas muertas
que ya no suenan a través de ti
ni se confunden ni te llaman.
pero en dónde está el puerto?
¿y los barcos?
¿y el faro?
¿y los hombros de los marineros convidándote
a otros puertos oscuros?

—AL MENOS, ASÍ LO VEÍA A CONTRALUZ—

Para Fernando García

HE PRENDIDO SOBRE LA FOTO una tachuela roja.
—sobre la foto famosa y legendaria—
el ectoplasma de lo que ha sido,
lo que se ve en el papel es tan seguro
como lo que se toca. La fotografía
tiene algo que ver con la resurrección.
—quizás ya estaba allí

en lo real en el pasado
con aquel que veo ahora en el retrato.
los bizantinos decían que la imagen de Cristo
en el sudario de Turín no estaba hecha
por la mano del hombre.
he deportado ese real hacia el pasado;
he prendido sobre la foto una tachuela roja.
a través de esa imagen (en la pared, en la foto)
somos otra vez contemporáneos.
la reserva del cuerpo en el aire de un rostro,
esa anímula, tal como él mismo,
aquel a quien veo ahora en el retrato
algo moral, algo frío.

era a finales de siglo y no había escapatoria.
la cúpula había caído, la utopía
de una bóveda inmensa sujeta a mi cabeza,
había caído.
el Cristo negro de la Iglesia del Cristo
—al menos, así lo veía a contraluz—
reflejando su alma en pleno mediodía.
podía aún fotografiar al Cristo aquel;
tener esa resignación casual
para recuperar la fe.
también volver los ojos para mirar las hojas amarillas,
el fantasma de árbol del Parque Central,
su fuente seca.
(y tú que me exiges todavía alguna fe.)

mi amigo era el hijo supuesto o real.
traía los poemas en el bolsillo
del pantalón escolar.
siempre fue un muchacho poco común

al que no pude amar
porque tal vez, lo amé. la madre (su madre),
fue su amante (mental?)
y es a lo que más le temen.
qué importa si alguna vez se conocieron
en un plano más real.
en la casa frente al Malecón, tenía aquél
viejo libro de Neruda dedicado por él.
no conozco su letra, ni tampoco la certeza.
no sé si algo pueda volver a ser real.
su hijo era mi amigo,
entre la curva azul y amarilla del mar.
lo que se ve en el papel es tan seguro
como lo que se toca. (aprieto la tachuela roja,
el clic del disparador… lo que se ve no es
la llama de la pólvora, sino el minúsculo relámpago
de una foto.)
el hijo (su hijo), vive en una casa amarilla
frente al Malecón —nadie lo sabe, él tampoco lo sabe—
es poeta y carpintero.
desde niño le ponían una boina
para que nadie le robara la ilusión de ser,
algún día, como él.
algo en la cuenca del ojo, cierta irritación;
algo en el silencio y en la voluntad
se le parece, entre la curva azul
y amarilla del mar.
—dicen que aparecieron en la llanura
y que no estaba hecha por la mano del hombre—
quizás ya estaba allí, esperándonos.
la verosimilitud de la existencia es lo que importa,
pura arqueología de la foto, de la razón.
(y tú que me exiges todavía alguna fe.)

el Cristo negro de la Isla del Cristo sigue intocable,
a pesar de la falsificación que han hecho
de su carne en la restauración;
la amante sigue intocable
y asiste a los homenajes en los aniversarios;
(su hijo), mi amigo, el poeta, el carpintero de Malecón,
pisa con sus sandalias cuarteadas
las calles de La Habana;
los bares donde venden un ron barato a granel
y vive en una casa amarilla
entre la curva azul y oscurecida del mar.
qué importancia tiene haber vivido
por más de quince años tan cerca del espíritu de aquél,
de su rasgo más puro, de su ilusión genética,
debajo de la sombra corrompida
del árbol único del verano treinta años después?
si él ha muerto, si él también va a morir?
no me atrevo a poner la foto legendaria sobre la pared.
un simple clic del disparador, una tachuela roja
y los granos de plata que germinan
                    (su inmortalidad)
anuncian que la foto también ha sido atacada
por la luz: que la foto también morirá
por la humedad del mar, la duración;
el contacto, la devoción, la obsesión
fatal de repetir tantas veces que seríamos como él.
en fin, por el miedo a la resurrección,
porque a la resurrección toca también la muerte.

sólo me queda saber que se fue, que se es
la amante imaginaria de un hombre imaginario
                    (laberíntico)
la amiga real del poeta de Malecón,

con el deseo insuficiente del ojo que captó
su muerte literal, fotografiando cosas
para ahuyentarlas del espíritu después;
al encontrarse allí, en lo real en el pasado
en lo que ha sido
por haber sido hecha para ser como él;
en la muerte real de un pasado imaginario
—en la muerte imaginaria de un pasado real—
donde no existe esta fábula, ni la importancia
o la impotencia de esta fábula,
sin el derecho a develarla
(un poema nos da el derecho a ser ilegítimos en algo más
que su trascendencia y su corruptibilidad)
un simple clic del disparador
y la historia regresa como una protesta de amor
                              (Michelet)
pero vacía y seca. Como la fuente del Parque Central
o el fantasma de hojas caídas que fuera su árbol protector.
ha sido atrapada por la luz (la historia, la verdad)
la que fue o quiso ser como él,
la amistad del que será no será jamás su hijo,
la mujer que lo amó desde su casa abierta,
anónima, en la página cerrada de Malecón;
debajo de la sombra del clic del disparador
abierto muchas veces
en los ojos insistentes del muchacho
cuya almendra oscurecida
aprendió a mirar
y a callar
como elegido
(y tú me exiges todavía alguna fe?).

Carlota Caulfield
[La Habana, 1953]

Obra poética: *Fanaím* (1984); *Oscuridad divina* (1985 y 1987); *A veces me llamo infancia* (1985); *El tiempo es una mujer que espera* (1986); *34ᵗʰ Street and Other Poems* (1987); *Polvo de ángel* (1990); *A las puertas del papel con amoroso fuego* (1996 y 2001); *Libro de los XXXIX escalones* (1997); *Quincunce* (2001); *Autorretrato en ojo ajeno* (2001).

LA FURIA DE LA CÁMARA

ES UNA MUJER.
Ella está aquí
(y escribe poemas)
Ella se arma
(y se desarma)
como un rompecabezas.
Ella mira hacia la cámara
(y oprime el obturador)

LIBRO DE LOS XXXIX ESCALONES

XXXI

LLEGÓ LA HUIDA y nos confundieron con los emigrantes
en el trasmundo de mi exilio sin reino:
yo, como la malabarista, he hecho prodigios
ante una multitud insensible a mi acto de vuelo y
a mis inscripciones del "centro en el triángulo del centro".

XXXIV

Gozo de trajes alusivos y de nueve meses simbólicos
entre el espacio poético y los dibujos interiores.
La escritura es una visita inesperada, hilillo fino:
"Veo prodigios que me maravillan" y confundo la historia
de la catabasis hacia el reino de Hades con la del enano.

ALGUNAS LLAVES PARA SUBIR LOS XXXIX ESCALONES

XXXI: Escapar, huir, dejar atrás: "El malabarista", 1956 (Óleo sobre masonite). En la villa italiana Palombara, que fue morada de un rosa-cruz, había una puerta hermética, la *porta mágica,* llevada a la Piazza Vittorio Emmanuele. Esta "puerta" está llena de inscripciones y signos alquímicos, y podemos leer en ella: "El centro en el triángulo del centro".

XXXIV: Proceso alquímico, descenso, experimentación, cuerpo tatuado por las llamas, Angel Dust.

LILITH

Veo tu lengua afilada de espada
En una boca pequeña y perfecta
En unos labios rosados y dulces
En unas palabras sensuales
En una amorosa mujer de caminos
Tus goces matan
El aburrimiento de Adán
Y tú te cansas del Paraíso

Barro de la tierra
Cuerpo de fuego
Nombre de nombres
Primera hembra libre
Escrita en *El Zohar*
Tu venganza

SAN FRANCISCO

Me quedo con la desesperanza cosida al alma,
en medio de una avalancha de emociones dispersas
que no tienen cabida en el mar que me circunda.

Una ciudad toma dimensión real ante mí,
vista desde la ventana de una torre
bautizada por el viento.

Lugar que huele a memoria,
puerto que sobrevive
historia bien imaginada

donde se prolongan
los sonidos de mis pasos.

La lluvia de las minas,
detenida en cualquier instante
en este verano absurdo de paseos cortos
por el mítico cielo de las tarjetas postales.

Me quedo atada a sensaciones dispersas,
quizá sea mi rabo de simio el que me une
o mi interminable vagabundeo
por las profundidades del alma,
propio de esta ciudad
en explosión constante de volcanes.

Una ciudad toma dimensión real ante mí
surgida de mi sentimiento
de permanente pérdida.

"LA MENTE NO ES MÁS QUE UN MONO LOCO"
(Proverbio de la India)

ANDERS GEZELIUS
pintor sueco del siglo XIII
tituló uno de sus autorretratos
"Mi cara original, antes
de que mis padres nacieran".

La expresión del artista
está siempre comenzando
a formarse en el lienzo.

El cuadro es a cada momento
un nuevo cuadro
y nadie ha podido ver
la misma cara dos veces.

Acabo de ver la obra en Estocolmo,
pero lo que en realidad he visto
ha sido mi cara
dentro de mí
con mi mente de principiante.

De Gezelius se dice que era un ángel.

Ángel Escobar

[Guantánamo, 1957-La Habana, 1997]

Obra poética: *Viejas palabras de uso* (1978); *Epílogo famoso* (1985); *Allegro de sonata* (1987); *La vía pública* (1987); *Malos pasos* (1991); *Todavía* (1991); *Abuso de confianza* (1992); *Cuando salí de La Habana* (1996); *El examen no ha terminado* (1997); *La sombra del decir* (1997); *Fatiga ser dos sombras* (2002).

OTRO TEXTO SOBRE OTRA PRUEBA Y OTRA PRUEBA

MANUSCRITO HELICOIDAL. Así lo llama René Francisco. Argumenta tener razones para ello. No las dice. Él lo encontró. Él me lo ha regalado. Razones que intuyo, si no suficientes, excesivas. Cuatro cosas me extrañaron en el texto: el autor se hace pasar por mí (?); procura reconstruir el monólogo de una conciencia en otra (antes lo intentó mejor Borges —aquí leído— y, antes de Borges, Browning, Dante, Platón, un hombre en Altamira); la voz detrás de la voz del hablante no ve, sabe que no alcanza su objeto, en cambio cree posible que éste, José Lezama Lima, sí vea su precaria grafomanía y lo desdeñe; hay, por último, cierta compulsiva admiración por Lezama que no oculta reticencia ante lo crucial barroco (aprendida tal vez en otros). Probablemente me equivoque, y sean otros hitos los que excusen mi oficiosidad. (Aun así, inútilmente, yo la duplicaría.) La del autor aparece dedicada a un tal Eduardo Ponjuán de la Coloma, *tout trouvé*. Es la que vale. Transcribo:

Nada puedo argüir. Ya soy igual al igual
que intenté. Sé que no me justifican
esa Habana que construí en La Habana,
ni el ruido en que deambulo ni la urdidumbre ciega
que soy. Sé que otro intentó mi soledad inútil:
Góngora. Y otro miró por mí en mis ojos a otro:
Mallarmé acaso, un griego o no francés.
Yo fui el que fui. Hay una noche que ignoro,
un día que me excluye. Una tarde y dos puertas
vuelven menos precaria mi modestia.
Ya no vuelvo a fingir sabiduría.
Me fascinó el vacío, y aquella espera, y nadie
—*insisto que alguien tiene que llegar.*
No tuve miedo. Detrás de una cláusula sola
cometí una biblioteca. Ahora fatiga
la prolijidad de la Isla en la Isla.
Dije que no.
Quién creerá rondar en la metamorfosis,
lo que digo y no digo. Nadie. Nada. Ausculto.
Evaporar al gallo, ni a mi doble crepúsculo
consigo.
Sólo es inmune el tiempo, y el cero de los mayas.
De pronto una mañana tuve y desperté y fui
Calímaco. A la noche lloré mentado en casa
por Beatriz. El olvido me está vedado.
El sol ahora es el sol, no un embullo ni un símbolo.
No puedo escapar del conocimiento.
Soy mi sola memoria, sin sorpresa:
El buscado esplendor: ni la extensión ni el Otro:
El otro era yo que esperaba. Vuelvo a escribir:
Dánae teje el tiempo dorado por el Nilo.

Ya no seré aquellos que seré sin darme cuenta.
Vuelvo al retintín del diálogo entre Platón y Arturo.
Vuelvo a la pregunta, a la misma pared, al *tokonoma*.
Los pasillos son los pasillos, el sueño es sueño,
el cazador es cazador, Shakespeare es Shakespeare;
antenas dictan y hay bombillas encendidas
en lo que llamé *bosque congelado;*
el tobogán desciende y la herrumbre
es la herrumbre del cuchillo del réprobo.
No hallaré ya otra relación. La misma utopía
vuelve. Vuelve el *pro domo sua.* La aridez
vuelve. Y este Ángel Escobar, de intolerables versos,
hace que vuelva a lo imposible del idioma
mi nombre que, como lento colmillo al muslo,
no me deja.

ABUSO DE CONFIANZA

Para Efraín Rodríguez

NO ME HAS VISTO. Siglo. Siglo. Oh, prestidigitador.
Al lado de la carpa inmensa venden
barquillos. ¡Y algodones de azúcar!
Y dicen: "Ya estamos hartos de tus opiniones".
No me has visto. No has venido a preguntar por mí,
el de los dedos cortados. Yo era dos muchachos
corriendo. Los remos junto al agua blanca,
el jadeo, sudorosos, y el no hallar suficiente aquello
de las estatuas sepultadas. Qué querías
—era correr sobre las manos negras, los pies rotos
hasta el filo del agua, hasta el filo del agua.

Oh, reino frío. No sean joyas los hierbajos podridos
que refracto. No sean dadas aún mis confesiones.
Por ellas, sólo por ellas, tú has condecorado
a aquél de más. Y yo preferí ser el húmedo campante
que huye. El trapecio y las gradas, y las victorias,
y tus actas policiales: ¡Vaya plácemes! Es evidente:
Yo he podido morir, no deshacer el exceso de la razón
y el uso. No al tropezar con la piedra el muslo, el mito,
las caras de los gladiadores. Dicen: "Eso sería suficiente".
O aquello de que a uno le bastan un transistor
y una ventana, un transistor y una ventana.

Éramos las espaldas cuando empezamos eso. ¡Basta!
¡Basta! la música y el camino resecos —el fardo
al que le dice no a los parabienes y la clemencia
al listo—, pero tú no ves cómo levanto el arco. Lejos
de los comederes donde hay líderes juntando las cabezas
para el final feliz del espectáculo. El plexo solar
sobra; no tu yesquero, mi cigarrillo, las sonrisas.
Diles, Príncipe: Huraños, lenguaraces bastardos. Y a mí:
Mentira que de un solo mal no escapas. Los otros
en el calor se aburren, por ejemplo. Salen de camiseta,
balanceando los brazos. Salen. Balanceando los brazos.
Miran hacia lo alto. Un edificio. Y otro. Y otro.
—Eh, tú. A nosotros nos gustan los relojes automáticos.
En realidad (¡Simón! ¡Simón!) no me aprendí las reglas
—sólo alcancé la paz que se otorga a los huesos
del conejo, el borboteo del oso
que alguien insiste ahogar en la bañera—.
Podrían cesar
el brillo ahora, y los ademanes con excesivo vetiver de las doncellas.
Y así como separan los codos los camareros y van y van y vienen
en esa retahíla, nosotros nos percatamos: Escupimos

sobre su litografía. No fue el padre de aquellos quien ordenó
desfallecer. Así no. Nadie más vuelva a fila. Nadie más.

Yo me allego al horror del que estoy hecho.
(¿Van los pobres ramajes que me golpearon
loco en la carrera a prescindir de mí?)
Veo tu pulmón rosado. Veo el hielo y la gangrena
de tus vísceras. Sé de los aptos para lustrar
las mascarillas de oro. Sé del trasiego que me expulsan;
"Él ve, él ve la repetición incesante de muertes no marciales".
—¡Hey! *Il sole non si mouve!* —Ja. Bailando. Sudan como chicos.
Hacen las alharacas de los picaneados por ti.
Mienten: "¡Oh!, ¿qué es esto? ¿Un hombre tapado?"
Giran: "¿Ves algún dios detrás de mí?"
¿Ves algún dios?

Chillan. Arriscando los labios. *Il sole non si mouve.*
Salta. Y dice: "Maldita cosa qué me importa".
Enola Gay tenía un pubis tan tierno (el Organon)
como Albertine en Spoon River. Y: "Ya hemos
explicado por qué ello es así". ¿Habrían
de importar los excesivos tics nerviosos, Franz?
Vivimos adornando con potes de cerveza la Antología
de Kuei Mei. Tal vez eso nos reconforta. Al haragán
empleado de banco, al traidor. *Le pendu,* el fusilado
—de Beulah comentábamos con ganas de astillar
las vitrinas—: Qué pocas las pepitas.
Gritan: "¡Fuego! ¡Fuego!"

Y ya. No hay casa para nosotros. Ni siquiera la otra
a un paso de los farallones, la de los platos azules
del borracho. Sólo el desfiladero es para mí. Y las piedras
que prefiguran el agua. ¿No lloré acaso por todas

esas sonrisas que me cercaron?: "Sin embargo
eres tú quien pone el nombre". ¿Yo? ¿O Juan Inaudi?
¿Un edificio? ¿Y otro? ¿Y otro? No. Se sigue siendo
el orangután imbécil que fascina.
¿Acaso somos aquellos camareros para llevar
—ay los gladiolos. Ay, el pelo de las muchachas
púberes— y traer las vísceras así? ¿Así no más? ¿Así?

"Dos muchachos corriendo." Es evidente. Y alguien
los ve pasar, sudorosos. Ahora bien: Nosotros somos
el tercero. Incluso digo que nadie nos espera; ni a Dios,
ni a la Naturaleza: Excelentes paraguas rotos
—en medio del trasiego de insecticidas—.
¿No lo querían? Me he detenido a sopesar
las utopías histéricas, dividendos y usuras.
(Es la puerta cancel. Veo al cruzado.)
Las caras sobre los pergaminos. (No eran.) Y ya.
(Los dedos que entran.) Dicen: "El barro tan filoso
hiere". Y en verdad hiere. El barro tan filoso hiere.
Estas palabras no son para ti. Yo no juego
en la arena. No estoy en un aeropuerto internacional
pateando una caja vacía de Original Russian Vodka.
Ni me rajé la cara con una botella rota. Yo no cargo
a mi hermano. Ni a ningún otro muerto. Yo no me cargo
a mí. Las olas muerden. No hay ni un puñadito de candor.
Tu ojo me ve bailando sobre el filo de las imprecaciones.
La arena es la que es verde, el mar arena. Duermen
tres; cuatro te hablan; dos mil se hacen añicos. Sólo uno,
entre el cristal del trópico y la esperma del lunes, vocifera
—y eso que está de vacaciones, que está de vacaciones.

No soy yo. No eres tú. No son cuatro ni tres.
Ni dos mil. Ni los posibles datos del Obispo,
nuestra computadora. También tú buscas enemigos,
y hay quien te usurpa el nombre. (Alguien lo cumplirá
—se está cumpliendo, se cumplió.) Realmente no te molesta
la frivolidad metafísica de Scheler, Nadie, ¡Atón! ¡Atón!—
Oh, aquellos tres viejitos del basural cantando, ay,
danza extraña; mira sus marcapasos. Míralos. No al *héros*
Saturday Evening Post. También se gasta mi cigarrillo
—y miente. Al final uno vuelve a cavar otro túnel— uno,
viejo topo corrupto, Franz, al arca, al arca, Franz.

Sigfredo Ariel
[Santa Clara, 1962]

Obra poética: *Algunos pocos conocidos* (1987); *Manualidades* (1988); *El cielo imaginario* (1996); *El enorme verano* (1996); *Las primeras itálicas* (1997); *Hotel central* (1999); *Los peces & la vida tropical* (2000).

LA LUZ, BRÓDER, LA LUZ

MIRAR CAER LA NIEVE en la oficina de registro
cuando uno es la señal con un pañuelo, un sauce
que huele a mar del trópico, un animal aislado.
Pudiera caer ahora mismo la nieve sobre los edificios
en copos graves
pudiera morirme si me viera en una cerrazón
que tumba la cabeza
hasta las manos de los padres
que esperan sentados en un parque
y que no saben nada.

Un hombre quitaría con una vieja pala esta ceniza.
Vagamente regresa a aquel lugar
donde llovía detrás de la cabeza
cuando tuvo otro nombre y una cicatriz en la barbilla
y era hipócrita y humano
como un pobre diablo.
Bebía en los circos de ocasión

y tenía el bolsillo repleto de llaves inservibles
y un temor absoluto de la soledad.

Seré yo mismo acaso si fuera tenedor de libros
o fuera neerlandés y conociera la magia
y si en el extremo de mi vida la nostalgia
me pasmara las manos sobre el hielo.

Job pudo reposar sin violentarse
sobre este caracol marino
y las sabanas pudieran estar llenas de alfalfas
o de termas brillantes o de casas de troncos.
Quiénes seríamos entonces / calle abajo
acaso compraríamos el periódico de la mañana
cayéndonos de sueño
y las mandarinas y el pan dulce.

Estos años románticos los querrán los hijos de los hijos
y buscarán la letra en el registro, nuestros discos
los papeles sucios.
Voy a morir sin ver la nieve
qué hubiéramos adelantado bajo la nieve harinosa
esa pequeña aventura en nuestra luz:
el paso de un astro, la carrera de una estrella.

Estos días van a ser imaginados
por los dioses y los adolescentes que pedirán estos días
para ellos.
Y se borrarán los nombres y las fechas
y nuestros desatinos
y quedará la luz, bróder, la luz
y no otra cosa.

LA VIDA AJENA

SI ESTE PAPEL ya ha sido escrito
sobre otra mesa, debajo de otra oscuridad
que respiramos juntos, qué voracidad
por las palabras reúne las palabras que repito

aquí: he estado dando
palos de ciego / fabricando
mi historia sobre estos canalizos, estoy
de nuevo dando calladas

a cambio de respuestas o es que voy
contigo en otras vidas: mucho antes
de haberse levantado esta ciudad

nos estuvo acechando con sus encrucijadas
y la inseguridad
que aleja y aproxima los seres semejantes.

LA HORA DE COMER

ÉSTOS SON LOS PLÁTANOS que ha mandado
mi hermana desde Oriente

y un poco de café porque imagina
que a la hora de comer cae la penuria

como un relámpago y la memoria
camina hacia los pueblos

buscando la señal, la cueva humana
con los perros ladrando alrededor

de las iglesias y los magos plomizos
entre el ruedo de mosquitos y la natividad.

A la hora de comer
cuando el plátano chirría

y la conserva da un golpe, mete su arponazo
en nuestra tarde brevemente histórica

una de estas en que llovizna siempre
la familia anterior espera nuestra prueba

un signo de calor en nuestra cueva humana
entonces uno apaga el globo de la luz

duerme como el hombre más viejo
como el príncipe

cansado de probar sus mejores caballos.

Damaris Calderón

[La Habana, 1967]

Obra poética: *Con el terror del equilibrista* (1988); *Duras aguas del trópico* (1992); *Guijarros* (1994); *Se adivina un país* (1999); *Sílabas, ecce
homo* (2000).

EL QUELTEHUE

Para Elvira Hernández

EL PÁJARO QUE ENTRÓ no saldrá
ni por el hueco de la sien.
Perdió las alas.
No saldrá.

No metamorfosis.
No Ovidio.

El pensamiento de lo que América sería
si los clásicos tuvieran una vasta circulación
no turba mi sueño.

El queltehue
cuyos huevos empollan en la cabeza del hombre.
La cabeza se inclina con frondosidad.
Toda la podredumbre alcanza su cocción.

El frailecillo susurró:
"No os dejéis tentar por la letra".

Un insecto devorando un clásico
no turba mi sueño, oh no,
ni el pensamiento de lo que América sería.

LÍMITES

La docilidad
—y la astucia—
de las puertas
te confinan
a un metro cuadrado
donde las llaves
para entrar
—aparentemente—
son las mismas
que para salir.

CÉSPED INGLÉS

Los segadores
tienen una rara vocación por la simetría
y recortan las palabras sicomoro,
serbal, abeto, roble.
Guardan las proporciones
como guardan sus partes pudendas.
Y ejercen sin condescendencia

el orden universal
porque el hombre
—como el pasto—
también debe ser cortado.

EN LA CASA DEL MIEDO

En el hueco
de la mano
como un pájaro
el miedo hace
su pequeño nido.

Y el soplo del pánico
no purifica.

LECCIONES DE FAMILIA

Sin conocer
a Heráclito
ni creer
que las cosas fluyen
mi abuela
eligió
para vivir
y morir
el fuego.
Se ató
a una estaca

—la conexión invisible es más fuerte que la visible—
Y allí
(nada para el gusano)
ardió y ardió
hasta la consumación de los tiempos.

Antologías de poesía culta y popular cubana: listado cronológico (1903-2002)

(preparado por Jesús J. Barquet, Norberto Codina
y Jorge Luis Arcos)

Nicolás Heredia, *El lector cubano. Trozos selectos en prosa y verso de autores cubanos*, La Habana, 1903.

Un vueltabajero, *Poetas guajiros,* La Habana, 1904.

Aniceto Valdivia (Conde Kostia, seud.), *Arpas cubanas,* La Habana, 1904.

Adrián del Valle, *Parnaso cubano,* Barcelona, 1906.

Antonio González Curquejo, *Florilegio de escritoras cubanas,* La Habana, 1910.

Regino Eladio Boti y Barreiro, *La lira cubana,* Guantánamo, 1913.

Osvaldo Bazil, *Parnaso antillano,* Barcelona, 1916.

Carlos A. Valdés Codina, *Las letras cubanas,* La Habana, 1917.

————, *Los mejores sonetos cubanos,* Pinar del Río, 1918.

Adrián del Valle, *Parnaso cubano,* nueva ed. aumentada, Barcelona, 1920.

José María Chacón y Calvo, *Las cien mejores poesías cubanas,* Madrid, 1922.

Paulino González Báez, *Poetas jóvenes cubanos,* Barcelona, 1922.

Leopoldo Valdés Codina, *Brisas del Mar Caribe,* Guantánamo, 1924.

Félix Lizaso y José Antonio Fernández de Castro, *La poesía moderna en Cuba (1882-1925),* Madrid, 1926.

Valentín Riva Abreu, *Parnaso cubano,* Barcelona, 1926.

Constantino Suárez, *Galería de poetas cubanos,* Barcelona, 1926.

José Manuel Carbonell, *La poesía lírica en Cuba,* 5 vols., La Habana, 1928.

————, *La poesía revolucionaria en Cuba,* La Habana, 1928.

Emilio Ballagas, *Antología de la poesía negra hispanoamericana,* Madrid, 1935.

Juan Ramón Jiménez, *La poesía cubana en 1936,* La Habana, 1937.

Ramón Guirao, *Órbita de la poesía afrocubana, 1928-1937,* La Habana, 1939.

Justo Rodríguez Santos, *Antología del soneto,* La Habana, 1942.

Emilio Ballagas, *Mapa de la poesía negra americana,* Buenos Aires, 1946.

Aldo Menéndez, Alcides Iznaga y Samuel Feijoo, *Concierto,* La Habana, 1947.

Rafael Esténger, *Cien de las mejores poesías cubanas,* 2ª ed. aumentada, La Habana, 1948.

Cintio Vitier, *Diez poetas cubanos (1937-1947),* La Habana, 1948.

———, *Cincuenta años de poesía cubana (1902-1952),* La Habana, 1952.

Alberto Baeza Flores, *Las mejores poesías de amor cubanas,* Barcelona, 1954.

———, *Las mejores poesías cubanas, desde José María Heredia hasta los poetas de 1955,* Barcelona, 1955.

———, *Cuatro poetas cubanos,* Barcelona, 1956.

Chester Pérez Lamadrid, *Cuba, poesía de carácter popular,* Monterrey, 1957.

Samuel Feijoo, *Colección de poetas de la ciudad de Camagüey,* La Habana, 1958.

Cintio Vitier, *Las mejores poesías cubanas,* Lima, 1959.

Samuel Feijoo, *Los trovadores del pueblo,* La Habana, 1960.

Roberto Fernández Retamar y Fayad Jamís, *Poesía joven de Cuba,* Lima, 1960.

Samuel Feijoo, *La décima popular,* La Habana, 1961.

José Álvarez Baragaño, *Para el 26 de julio,* La Habana, 1962.

Reinaldo Felipe (García Ramos) y Ana María Simo, *Novísima poesía cubana, I,* La Habana, 1962.

Nigulasi Jilian deng zhu y Wang Zhongnian deng yi, *Yao Guba, bu yao Meiguo lao,* Shangai, 1962.

Samuel Feijoo, *La décima culta en Cuba,* La Habana, 1963.

Humberto López Morales, *Poesía cubana contemporánea,* Cádiz, 1963.

D. Samoilova *et al., Molodye poety Kuby,* Moscú, 1963.

Samuel Feijoo, *Sonetos en Cuba,* Santa Clara, 1964.

Varios, *Antología de jóvenes y viejos, poetas de vanguardia,* La Habana, 1964.

Varios, *5 poetas jóvenes,* La Habana, 1965.

Varios, *Pueblo en verso,* La Habana, 1966.

J. M. Cohen, *Writers in the New Cuba,* Baltimore, 1967.

Samuel Feijoo, *Panorama de la poesía cubana moderna,* Santa Clara, 1967.

Luis Marré, *Poemas. Antología,* La Habana, 1967.

Sergio Mondragón, y Margaret Randall, "Poesía cubana moderna / New Cuban Poetry", ed. bilingüe, *El Corno Emplumado* (México, julio de 1967), pp. 5-129.

Heberto Padilla y Luis Suardíaz, *Cuban Poetry, 1959-1966*, ed. bilingüe, La Habana, 1967.

———, *Poésie cubaine, 1959-1966*, ed. bilingüe, La Habana, 1967.

Roger Prentice, *Three Cuban Poets, "In the Turmoil of the People"*, ed. bilingüe, Vancouver, 1967.

Asociación de Espirituanos en el Exilio, *Sancti Spíritus, sus poetas*, Miami, 1968.

Manish Nandy, *Some Modern Cuban Poems*, Calcuta, 1968.

José Miguel Oviedo, *Antología de la poesía cubana*, Lima, 1968.

Lasse Söderberg, *Kubas poeter drommer inte mer*, Estocolmo, 1969.

Nathaniel Tarn, *Con Cuba, an Anthology of Cuban Poetry of the Last Sixty Years*, ed. bilingüe, Londres, 1969.

Ángel Aparicio Laurencio, *Cinco poetisas cubanas, 1935-1969*, Miami, 1970.

U. Baldi, y José Agustín Goytisolo, *Poeti a Cuba*, Barcelona, 1970.

Antonio Carbajo, *Antología de sonetos cubanos selectos, desde 1800 hasta el presente*, Miami, 1970.

Robert Davies, *Cuba sí! Poésie cubaine / Poesía cubana*, ed. bilingüe, Montreal, 1970.

José Agustín Goytisolo, *Nueva poesía cubana*, Barcelona, 1970.

Raúl Luis, *David 69*, La Habana, 1970.

Ana Rosa Núñez, *Poesía en éxodo, el exilio cubano en su poesía, 1959-1969*, Miami, 1970.

Raúl Rivero y Germán Piniella, *Punto de partida*, La Habana, 1970.

Anita Whitney, *Somos, We Are, Five Contemporary Cuban Poets*, ed. bilingüe, Brooklyn, 1970.

José Más Godayol, *Las mejores poesías de amor antillanas*, Barcelona, 1971.

Carlos Manuel Taracido, *Breve antología de la poesía en Cuba, 1800-1959*, Nueva York, 1971.

Varios, *Seis poetas*, La Habana, 1971.

Pavel y M. Samaev Grushko, *Iz sovremennoi kubinskoi poezii*, Moscú, 1972.

Orlando Rodríguez Sardiñas, *La última poesía cubana. Antología reunida (1959-1973)*, Madrid, 1973.

Varios, *Poesía de la revolución cubana*, Lima, 1973.

Omelio Ramos Medero, *Trabajadores poetas*, La Habana, 1974.

Carlos Ripoll y Alfredo E. Figueredo, *Naturaleza y alma de Cuba, dos siglos de poesía cubana, 1760-1960*, Madrid, 1974.

Roberto Díaz, *Nuevos poetas,* La Habana, 1975.

Margarita Mateo, *Poesía de combate,* La Habana, 1975.

Varios, *10 poetas de la revolución,* La Habana, 1975.

Edmundo Aray, *Poesía de Cuba, antología viva,* Valencia, Venezuela, 1976.

Ernesto Cardenal, *Poesía cubana de la revolución,* México, 1976.

Jesús Cos Causse y Carlos Martí Brenes, *26 jóvenes poetas cubanos,* La Habana, 1976.

Bernardo Callejas, *Poetas de la colina,* La Habana, 1977.

J. R. Pereira, *Poems From Cuba,* ed. bilingüe, Mona, Jamaica, 1977.

Norberto Codina, Waldo González López y Nelson Herrera Ysla, *Poesía joven,* La Habana, 1978.

Eliana Dávila, *Crónicas y rumores,* La Habana, 1978.

Maritza González, *Poesía joven,* La Habana, 1978.

Margaret Randall, *Estos cantos habitados / These Living Songs, Fifteen New Cuban Poets,* ed. bilingüe, Fort Collins, Colorado, 1978.

Varios, *Cuatro poetas jóvenes,* La Habana, 1978.

Varios, *Escrito en Cuba. Cinco poetas disidentes,* Madrid, 1978.

Mirta Aguirre, *Dice la palma,* La Habana, 1979.

Antonio Carbajo, *Antología de poesías cubanas patrióticas,* Miami, 1979.

Nelson Herrera Ysla, *Páginas abiertas*, La Habana, 1979.

Enrique Márquez, *Entronque, cuatro poetas cubanos, 1969-1979*, Madrid, 1979.

Juana Rosa Pita, *Antología solar,* Washington, 1979.

Ángel Augier, *Poemas a la revolución cubana,* La Habana, 1980.

Enrique Saínz, *La poesía cubana entre 1928 y 1958,* La Habana, 1980.

Varios, *Poesía compartida. Ocho poetas cubanos,* Miami, 1980.

Varios, *Poesía social cubana,* La Habana, 1980.

Jorge Gómez, *Canciones de la Nueva Trova,* La Habana, 1981.

Nelson Herrera Ysla y Virgilio López Lemus, *Poesía por la victoria,* La Habana, 1981.

José Jurado Morales, "Selección de poemas de diecisiete poetas cubanos en el exilio", *Azor en Vuelo,* 5 (Barcelona, 1987).

José Luis Morales, *Poesía afroantillana y negrista,* nueva ed. aumentada, Río Piedras, 1981.

Varios, *Antología de poetas,* Santiago de Cuba, 1981.

Varios, *Cuban Poets in Exile,* ed. bilingüe, Miami, 1981.

536

Margaret Randall, *Breaking the Silences, an Anthology of 20th-Century Poetry by Cuban Women,* ed. bilingüe, Vancouver, 1982.

Víctor Rodríguez Núñez, Reina María Rodríguez y Osvaldo Sánchez, *Cuba, en su lugar la poesía, antología diferente,* México, 1982.

Alga Marina Elizagaray, *Por el Mar de las Antillas, selección de poesía cubana para niños,* México 1983.

Denia García Ronda, *Antología de la poesía cubana. Siglo XX,* La Habana, 1983.

Luis Rogelio Nogueras, *Poesía cubana de amor. Siglo XX,* La Habana, 1983.

Manuel G. Valdés, *Poesías de amor. Cuba.* Hialeah, Florida, 1983.

Diego García Elío, *Una antología de poesía cubana,* México, 1984.

Raúl Luis, *Seis a la mesa,* La Habana, 1984.

Luis Suardíaz, y David Chericián, *La generación de los años 50,* La Habana, 1984.

Varios, "Cuarenta poetas contemporáneos", *Mariel,* 2-6 (Nueva York, 1984).

Varios, *9 poetas cubanos,* selección de Felipe Lázaro, Madrid, 1984.

Alberto Rocasolano, *Poetisas cubanas,* La Habana, 1985.

Víctor Rodríguez Núñez, *Usted es la culpable. Nueva poesía cubana,* La Habana, 1985.

Armando Yong, *Ecos de las prisiones de Castro,* Miami, 1985.

Varios, *Poesía cubana contemporánea,* selección de Felipe Lázaro, Madrid, 1986.

Waldo González López, *Como jamás tan vivo,* La Habana, 1987.

Antonio Merino, *Nueva poesía cubana (Antología 1966-1986),* Madrid, 1987.

Omar Perdomo, *Siempre la vida,* La Habana, 1987.

Silvia Burunat y Ofelia García, *Veinte años de literatura cubano-americana. Antología (1962-1982),* Tempe, Arizona, 1988.

Bertha Caluff, *Ellos pisan el césped, antología de joven poesía cubana,* Matanzas, 1988.

Darío Espina Pérez, *107 poetas cubanos del exilio,* Miami, 1988.

Waldo González López, *Rebelde en mar y sueño,* La Habana, 1988.

Carolina Hospital, *Cuban American Writers. Los atrevidos,* Princeton, 1988.

Felipe Lázaro, *Poetas cubanos en España,* Madrid, 1988.

———, *Poetas cubanos en Nueva York,* Madrid, 1988.

Raúl Luis y José Prats Sariol, *Tertulia poética,* La Habana, 1988.

Varios, *Como las huellas de Acahualinca. Pequeña antología de jóvenes poetas cubanos,* Matanzas, 1988.

Carlos Augusto Alfonso Barroso, Víctor Fowler Calzada *et al. Retrato de grupo,* La Habana, 1989.

Darío Espina Pérez, *Antología de poetas cubanos,* Miami, 1989.

Soleida Ríos, *Poesía infiel. Selección de jóvenes poetisas cubanas,* La Habana, 1989.

Marino Wilson Jay, *Ecos para su memoria,* La Habana, 1989.

Gaspar Aguilera Díaz, *Un grupo avanza silencioso. Antología de poetas cubanos nacidos entre 1958 y 1972,* 2 vols., México, 1990.

Darío Espina Pérez, *Poetisas cubanas contemporáneas*, Miami, 1990.

Varios, "Escritores y artistas cubanos en el exilio", *Linden Lane Magazine,* vol. 9, núm. 4 y vol. 10, núm. 1 (Princeton, octubre-diciembre de 1990 y enero-marzo de 1991).

Felipe Lázaro, *Poetas cubanas en Nueva York. Antología breve / Cuban Poets in New York. A Brief Anthology,* ed. bilingüe, Madrid, 1991.

Reynaldo López, *Antología de Ámbito,* Holguín, 1991.

Luis Suardíaz, *No me dan pena los burgueses vencidos,* La Habana, 1991.

Varios, *El asunto es estar localizable,* Santiago de Cuba, 1991.

Varios, *Para no ser leído en recital,* Santiago de Cuba, 1991.

Nedda G. de Anhalt, Víctor Manuel Mendiola y Manuel Ulacia, *La fiesta innombrable. Trece poetas cubanos,* México, 1992.

Roberto Fránquiz, *Doce poetas en las puertas de la ciudad,* La Habana, 1992.

Alejandro González Acosta, "Poesía cubana de hoy", *Universidad de México,* núm. 46 (México, mayo de 1992), pp. 62-75.

Antonio Gutiérrez Rodríguez, *Selección de poesía tunera, siglos XIX-XX,* Las Tunas, 1992.

Agustín Labrada, *Jugando a juegos prohibidos,* La Habana, 1992.

Pedro N. Regalado, *Antología de poetas güineros en el exilio,* Miami, 1992.

Arsenio Cícero Sancristóbal, *Poemas transitorios. Antología de nuevos poetas cubanos,* Mérida, Venezuela, 1992.

Mihály Dés, *Noche insular,* Barcelona, 1993.

Fajardo Ledea, Nidia, *De transparencia en transparencia,* La Habana, 1993.

González Herrero, Lourdes, *Provincia del universo, selección de poetas holguineros,* Holguín, 1993.

Virgilio López Lemus y Gaetano Longo, *Ode alla giovane luce. Panorama della poesia cubana contemporanea,* ed. bilingüe, Udine, Italia, 1993.

Omar López Montenegro, *El desierto que canta (poesía "underground" cubana)*, Florida, 1993.

Eliseo Diego, Fina García Marruz y Roberto Fernández Retamar, *Nuevos poetas cubanos, II*, La Habana, 1994.

Raúl Dopico Echevarría, *Tras la huella de lo imposible, antología de nuevos poetas cubanos, según la tendencia de la agresividad*, Guadalajara, México, 1994.

Darío Espina Pérez, *Lírica del exilio cubano*, Miami, 1994.

Mayra Hernández Menéndez y Alpidio Alonso Grau, *Nuevos poetas cubanos*, La Habana, 1994.

León de la Hoz, *La poesía de las dos orillas. Cuba (1959-1993)*, Madrid, 1994.

Alicia Llarena Rosales, *Poesía cubana de los años 80*, Madrid, 1994.

Víctor Rodríguez Núñez, *El pasado del cielo. La nueva y novísima poesía cubana*, Medellín, 1994.

Unión de Escritores y Artistas de Cuba, *Anuario. Poesía. 1994*, La Habana, 1994.

Varios, *14 poetas contemporáneos cubanos*, Buenos Aires, 1994.

Jesús J. Barquet y Rosario Sanmiguel, *"Rumor de la tierra". Más allá de la Isla, 66 creadores cubanos*, vol. 2, núms. 5 y 6, Ciudad Juárez, México, verano de 1995, pp. 59-105.

Marilyn Bobes León, *Eros en la poesía cubana*, La Habana, 1995.

Norberto Codina, *Los ríos de la mañana, poesía cubana de los 80*, La Habana, 1995.

Darío Espina Pérez, *Guitarras del exilio cubano*, Miami, 1995.

Daniuska González, *Poetas cubanos actuales*, Miranda, Venezuela, 1995.

Lourdes González Herrero, *Poetas de la Isla, selección de poetas cubanos*, Holguín, 1995.

Felipe Lázaro, y Bladimir Zamora, *Poesía cubana, la isla entera*, Madrid, 1995.

Oscar Abel Ligaluppi, *Cuba, la cercana lejanía (los poetas del éxodo)*, La Plata, 1995.

Virgilio López Lemus y Gaetano Longo, *Poetas de la Isla. Panorama de la poesía cubana contemporánea*, Sevilla, 1995.

Virgilio López Lemus, *Vinte poetas cubanos do século XX*, ed. bilingüe, Florianópolis, Brasil, 1995.

Rolando Sánchez Mejías, *Mapa imaginario, dossier, 26 nuevos poetas cubanos*, La Habana, 1995.

Varios, *Poesía cubana hoy*, Madrid, 1995.

José Rafael Vilar y Ricardo Alberto Pérez, *El jardín de símbolos (Poetas nacidos a partir de 1959),* La Habana, 1995.

Jorge Yglesias, *Donde irrumpe la luz, 18 poetas cubanos,* Santa Marta, Colombia, 1995.

Carolina Hospital y Jorge Cantera, *A Century of Cuban Writers in Florida. Selected Prose and Poetry,* Sarasota, Florida, 1996.

José Antonio Michelena, *Algunos pelos del lobo, jóvenes poetas en La Habana,* Veracruz, 1996.

Juan Nicolás Padrón Barquín, *Con una súbita vehemencia, antología de poesía contemporánea en Cuba,* La Habana, 1996.

Delia Poey y Virgil Suárez, *Little Havana Blues, A Cuban-American Literature Anthology,* Houston, 1996.

Aitana Alberti León, *Con un mismo fuego, poesía cubana,* Torremolinos, 1997.

Germán Bode Hernández, y María Teresa Linares, *Décimas rescatadas del aire y del olvido,* La Habana, 1997.

Claude Couffon, *Poésie cubaine du XXe siècle,* ed. bilingüe, Ginebra, 1997.

Carlos Fermín Díaz, *Surtidor, selección de poetas habaneros,* La Habana, 1997.

Antonio Gutiérrez Rodríguez, *Diez de espada, poesía tunera actual,* La Habana, 1997.

Mayra Hernández Menéndez, *Nuevos juegos prohibidos, jóvenes poetas de Cuba,* La Habana, 1997.

Carlos Martí Brenes, *Cuba, maestros y novísimos de la poesía, en un abrir y cerrar del siglo,* Buenos Aires, 1997.

Luis Carlos Suárez, *Al sur está la poesía, selección de poetas gramnenses,* Bayamo, 1997.

Mirta Yáñez, *Álbum de poetisas cubanas,* La Habana, 1997.

Jorge Luis Arcos, *La isla poética. Antología de poetas cubanos nacidos a partir de 1940 / Die Poetische Insel. Antologie kubanischer Dichter ab Jahrgang 1940,* ed. bilingüe, La Habana, 1998.

Fredo Arias de la Canal, *Antología cósmica de ocho poetas cubanas,* México, 1998.

Ruth Behar, *Bridges to Cuba/Puentes a Cuba.* Ann Arbor, Michigan, 1998.

Benigno Dou y Fernando Villaverde, *Reunión de ausentes,* Cincinnati, 1998.

Víctor Fowler Calzada, *Donde termina el cuerpo (jóvenes poetisas en La Habana),* La Habana, 1998.

540

Ronel González, José Luis Serrano y Roberto Infante, *Los pies del tiempo. Diez poemas cubanos.* Santiago de Cuba, 1998.

Virgilio López Lemus, *"De la poesía cubana", Zurgai* (Bilbao, diciembre de 1998).

Francisco J. Peñas Bermejo, *Poetas cubanos marginados,* Ferrol, 1998.

Orestes Santos, *100 poesías para millones de almas,* Hialeah, Florida, 1998.

Enid Vian y Miriam González Giménez, *Un elefante en la cuerda floja, antología de poesía cubana para niños,* La Habana, 1998.

Sergio Andricaín, *Isla de versos, poesía cubana para niños,* Bogotá, 1999.

Jorge Luis Arcos, *Las palabras son islas. Panorama de la poesía cubana. Siglo XX (1900-1998),* La Habana, 1999.

Jesús J. Barquet, *"Los doce de Tlalpan", Nao,* núm. 0, México, octubre de 1999, pp. 34-41.

Jorge Cabezas Miranda, *Novísima poesía cubana, antología, 1980-1998,* Salamanca, 1999.

Juan Luis Hernández Milián y Nilda de la Paz, *Poetas en Matanzas V,* Matanzas, 1999.

Virgilio López Lemus, *Doscientos años de poesía cubana, 1790-1990. Cien poemas antológicos,* La Habana, 1999.

Carlos Martí Brenes, *La violenta música de la libertad, antología poética de la revolución,* La Habana, 1999.

Fredo Arias de la Canal, *Antología de la poesía cósmica cubana.* 2 vols., México, 2000 y 2001.

Aymara Aymerich y Edel Morales, *Cuerpo sobre cuerpo sobre cuerpo. Catálogo de nuevos poetas cubanos,* La Habana, 2000.

Víctor Fowler Calzada, *La eterna danza, antología de poesía erótica cubana desde el siglo XVIII a nuestros días,* La Habana, 2000.

Marlene E. García Pérez, *Antología de décimas, Canarias-Cuba,* Tenerife, 2000.

Aurora Luque y Jesús Aguado, *La casa se mueve. Antología de la nueva poesía cubana,* Málaga, 2000.

Teresa Melo, Aida Bähr y Asela Suárez, *Mujer adentro,* Santiago de Cuba, 2000.

Francisco Morán, *La isla en su tinta. Antología de la poesía cubana,* Madrid, 2000.

Rolando Sánchez Mejías, *Nueve poetas cubanos del siglo XX,* Barcelona, 2000.

Carlos Espinosa Domínguez, *La pérdida y el sueño. Antología de poetas cubanos en La Florida,* Cincinnati, 2001.

Aurelio Giraldo Aices, *Antología de la décima cósmica de Las Tunas, Cuba*, México, 2001.

Osmín Pérez Borroto, *Desde el laurel luminosos, muestrario de poetas placeteños*, Santa Clara, 2001.

Jesús J. Barquet y Kathleene West, "The Island Odyssey, Contemporary Cuban Poets", ed. bilingüe, *Puerto del Sol*, vol. 37, núm. 1, Las Cruces Nuevo México, primavera de 2002, pp. 1-120.

Carlota Caulfield, *Voces viajeras (poetisas cubanas de hoy)*, Madrid, 2002.

Zoé Valdés, *Anthologie de la poésie cubaine censurée*, París, 2002.

Índice

Dulce María Borrero

Agustín Acosta

José Manuel Poveda

Mariano Brull

ELISEO DIEGO

CINTIO VITIER

JESÚS ORTA RUIZ (EL INDIO NABORÍ)

FINA GARCÍA MARRUZ

CÉSAR LÓPEZ

ANTÓN ARRUFAT

MANUEL DÍAZ MARTÍNEZ

RITA GEADA

Lourdes Casal

Juana Rosa Pita

José Kozer

Miguel Barnet

Nancy Morejón

Luis Rogelio Nogueras

Reinaldo García Ramos

Lina de Feria

Raúl Rivero

555

Ángel Escobar

Sigfredo Ariel

Damaris Calderón

Este libro se terminó de imprimir en noviembre de
2002 en los talleres de Impresora y Encuaderna-
dora Progreso, S. A. de C. V. (IEPSA), Calz. San
Lorenzo, 244; 09830 México, D. F. En su tipogra-
fía, parada en el Taller de Composición Electrónica
del FCE por *Juliana Avendaño López,* se emplearon
tipos Simoncini Garamond de 14, 11:15 y 9 puntos.
La edición, que consta de 2 000 ejemplares, estuvo
al cuidado de *Maribel Madero Kondrat.*